云南省哲学社会科学创新团队成果文库

最优消费率与
中国经济稳定增长研究

Research on Optimal Consumption Rate
and Stable Economic Growth in China

赵鑫铖　著

社会科学文献出版社
SOCIAL SCIENCES ACADEMIC PRESS(CHINA)

基金资助

国家社会科学基金 "最优消费率与我国经济稳定增长研究"项目
云南大学一流大学建设"发展经济学理论创新高地"项目
云南大学一流大学建设"区域合作理论创新高地"项目
云南大学一流大学建设"'一带一路'建设与西部开放格局优化研究"创新团队

出版资助

2016年度云南省哲学社会科学创新团队成果文库资助

《云南省哲学社会科学创新团队成果文库》
编辑说明

《云南省哲学社会科学创新团队成果文库》是云南省哲学社会科学创新团队建设中的一个重要项目。编辑出版《云南省哲学社会科学创新团队成果文库》是落实中央、省委关于加强中国特色新型智库建设意见，充分发挥哲学社会科学优秀成果的示范引领作用，为推进哲学社会科学学科体系、学术观点和科研方法创新，为繁荣发展哲学社会科学服务。

云南省哲学社会科学创新团队 2011 年开始立项建设，在整合研究力量和出人才、出成果方面成效显著，产生了一批有学术分量的基础理论研究和应用研究成果，2016 年云南省社会科学界联合会决定组织编辑出版《云南省哲学社会科学创新团队成果文库》。

《云南省哲学社会科学创新团队成果文库》从 2016 年开始编辑出版，拟用 5 年时间集中推出 100 本云南省哲学社会科学创新团队研究成果。云南省社科联高度重视此项工作，专门成立了评审委员会，遵循科学、公平、公正、公开的原则，对申报的项目进行了资格审查、初评、终评的遴选工作，按照"坚持正确导向，充分体现马克思主义的立场、观点、方法；具有原创性、开拓性、前沿性，对推动经济社会发展和学科建设意义重大；符合学术规范，学风严谨、文风朴实"的标准，遴选出一批创新团队的优秀成果，根据"统一标识、统一封面、统一版式、统一标准"的总体要求，组织出版，以达到整理、总结、展示、交流，推动学术研究，促进云南社会科学学术建设与繁荣发展的目的。

编委会

2017 年 6 月

前 言

改革开放以来，中国经济保持了年均 9.58% 的高增长，被称为"中国奇迹"；与此同时，经济增长的稳定性也逐步得到提高，据林建浩和王今美（2013）的研究，我国经济 1996 年起从高波动与低波动交替出现的"活乱循环"时期，进入了以微波化为主要特征的"大稳健"阶段。但与经济高增长与稳定性提高形成对比的是，作为国民经济福利水平最重要衡量指标和经济稳定增长基础性力量的消费占 GDP 的比重却逐年下降，最终消费率由 1978 年的 61.4% 下降到 2016 年的 53.6%。这一经济现实是否意味着消费对我国经济长期增长的作用在下降？是否存在一个最优消费率，在最优消费率下经济更能实现稳定增长？我国的最优消费率为多少？最优消费率对经济增长的作用机制是什么？这是当前保持我国经济稳定增长应回答的重要理论和实践问题。

由于发达国家经济发展过程中并没有遭遇消费率偏低的问题，以发达国家经验发展起来的西方经济学并没有直接针对最优消费率的研究，但已从最优储蓄率或最优投资率的视角进行了相关研究，如马尔萨斯（Malthus，1798）指出，"产出被分割为消费和投资，投资是未来的生产力，则两者之间必然存在一个最优分割点，在该点充分考虑消费的可持续性和经济的生产能力，从而能够实现最大的财富（经济）增长"；菲尔普斯（Phelps，1961）提出了著名的经济增长黄金律，当经济实现黄金律增长时，消费者的消费（效用）水平达到最大，此时对应的消费率就是最优消费率。本书在前人研究的基础上，从经济增长理论出发，采用多种方法测度中国经济的最优消费率，并试图从理论和实证两个层面分析最优消费率对经济增长的影响机制及路径。本书的研究思路如下。

首先，基于对国内外学者在这一问题上的研究评述，本书在经济动态效率、索洛模型、拉姆齐模型、开放经济条件下一般均衡模型、DSGE 模型等五个理论框架下研究了最优消费率问题，并结合我国数据运用比较分析、回归分析、参数校准等方法测算了我国的最优消费率，测算结果表明：①经济动态效率框架下我国的最优消费率大致为 55%，虽然这一比例远低于同期的世界平均水平和中等收入国家水平，但本书认为这一比例在 1992～2016 年已是经济主体对各经济条件进行反应后做出的最优选择。因此我国最终消费率偏低是一个相对的概念。②从索洛模型的角度分析，我国的最优消费率合理取值区间为 [64.9%，67.7%]。从最优消费率的取值区间来看，这一区间的中间值大致为 66%，高于基于动态效率视角下的最优消费率（55%）11 个百分点，主要原因为索洛模型是基于经济长期最优增长来进行分析的，而经济动态效率视角则更注重经济中短期及与经济现实的结合。③拉姆齐模型中，在参数校准的基础上，得出我国最优消费率为 62.75%，技术进步率、贴现率、消费者的相对风险厌恶系数对最优消费率的影响是正向的，产出的资本弹性、人口增长率和折旧率对最优消费率的影响是反向的。④通过构建开放经济条件下的一般均衡模型，运用数值模拟方法得到最优消费率在不同参数下的取值范围为 [51.1%，80.8%]，在各参数符合经济现实的条件下取其中间值 66.0%，也就是说，将开放经济条件下的最优消费率取值确定为 66.0%。这一数值与索洛模型、拉姆齐模型两个长期模型得出的最终消费率结果相差不大。⑤在 DSGE 模型中，根据校准参数进行数值模拟，得到经济达到稳态时的消费率（最优消费率）为 58.02%，这一消费率是最终消费率，包括了居民消费率和校准的政府消费率 15%，从而居民消费率为 43.02%。这一数值与我国现实经济消费率较为接近，1978～2016 年我国最终消费率均值为 58.7%。

通过五个模型对我国最优消费率的测算表明：一方面，动态效率和DSGE 模型侧重于刻画我国经济的短期现实特征，两个模型测算的最优消费率水平（55% 和 58.02%）可作为"十三五"期间我国需求结构调整的短期目标值，通过使最终消费率由 2016 年的 53.6% 逐渐向其最优值收敛，不仅能使经济增长的消费动力有保障，而且也能在一定程度上提高经济增长稳定性。另一方面，索洛模型、拉姆齐模型和开放经济条件下的一般均衡模型作为经济增长模型，侧重从长期最优增长的角度刻画我国经济的现实特征，因此，综合三个模型结果并从长期增长的角度来看，最优消费率合理取值区间为［62.75%，67.7%］，可作为我国未来很长一段时间需求结构调整的目标。

其次，在对我国最优消费率进行测算后，本书从实证层面对我国的经济增长稳定性进行评估，并分析了其主要影响因素，结果表明：无论从需求层面还是供给层面我国经济增长稳定性都在逐步提高，与国内相关学者提出的我国经济进入"大稳健"时代相一致；从经济增长稳定性的影响因素来看，需求结构的演进在一定程度上加剧了经济波动，要素结构调整、产业结构调整、所有制结构调整都在一定程度上提高了经济增长稳定性。

再次，本书运用我国经济数据从三个层面分析提高最终消费率对经济增长及其稳定性的影响：①从国民经济核算层面，在消费、投资、净出口的增长率保持不变的条件下，假定消费率上升、投资率下降和净出口率不变的情况下，模拟最终消费率变动对经济增长及其稳定性的影响，结果表明提高消费率对经济增长率影响较小，但对经济增长稳定性的提高有显著效应；②从投入产出分析层面，假定消费率上升、投资率下降和净出口率下降的情况下，最终消费率提高对我国经济增长率影响较小；③运用我国1978～2016年数据，通过建立最终消费率、投资率和经济增长率的 VAR 模型分析消费率变动对我国经济增长及其稳定性的影响，从经济增长率对最终消费率冲击的响应程度来看，经济增长率的变化较小；从经济增长率与最终消费率两者的方差分解结果看，经济增长率波动主要受其自身波动的影响，最终消费率变化对经济增长率变化的影响非常小。

最后，结合研究结论，提出了使我国最终消费率向其中短期和长期最优值收敛，确保经济持续稳定增长的政策建议。

目 录

第一章

导 论

第一节 选题背景与问题的提出

一 选题背景

一般情况下，参照发达国家发展经验，消费占 GDP 的比重一般高达 70% 左右，因此消费作为经济增长的三驾马车之一，对一国经济的稳定增长具有极其重要的作用。改革开放以来我国经济取得了举世瞩目的成就，1978~2016 年 GDP 年均增长 9.58%[①]，最终消费对经济增长的贡献率平均为 58.06%（图 1-1），年平均拉动经济增长 5.40 个百分点（图 1-2），最终消费的稳定为我国经济实现持续快速增长奠定了坚实的基础。

但在经济快速增长的过程中，我国经济在消费方面也暴露出一系列的问题，其中最为突出的是我国的消费率水平一直低于相同发展阶段国家的水平和世界平均水平，且消费率一直在下降。从最终消费率来看，呈现一个波浪式的下降过程，从 1978 年的 61.4% 上升到 1983 年的 66.8%，然后下降到 1994 年的 57.9%，继而上升到 2000 年的 63.3%，2000 年后一直下降到 2016 年的 53.6%（图 1-3）。从最终消费的两大组成部分来看[②]，我

[①] 运用几何平均法计算。

[②] 需要注意的是，此处计算的最终消费率、居民消费率、政府消费率、农村居民消费率和城镇居民消费率均以支出法国内生产总值为分母。

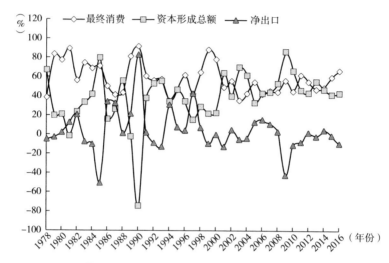

图1-1 中国三大需求对经济增长的贡献率

资料来源：国家统计局数据库。

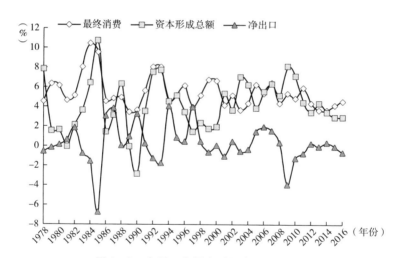

图1-2 中国三大需求对经济增长的拉动

资料来源：国家统计局数据库。

国的政府消费率一直维持在14%左右，上下波动不是很大；我国居民消费率则显示出与最终消费率同步变化的趋势，由于政府消费率基本固定，因此居民消费率下降造成了最终消费率的下降。进一步将居民消费率分解为农村居民消费率和城镇居民消费率，农村居民消费率从1978年的30.1%提高到1982年的33.5%，此后一直下降到2016年的8.6%；而城镇居民消费率则从1978年的18.3%上升到2000年的31.2%，然后下降到 2008 年的 27.0%，2008 年后微弱上升到 2016 年的 30.6%，因此从简单的统计分析可知，我国居民消费率的下降主要是由农村居民消费下降引起的。（图 1-4）

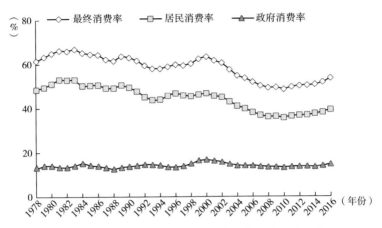

图 1-3　中国最终消费、居民消费率、政府消费率
资料来源：国家统计局数据库。

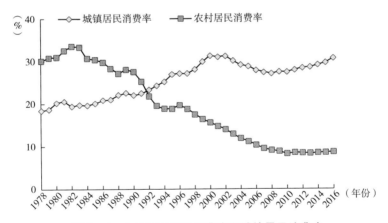

图 1-4　中国农村居民消费率和城镇居民消费率
资料来源：国家统计局数据库。

二　问题的提出

在外需不足的形势下，扩大内需、扩大消费成为我国当前和未来很长一个时期宏观经济政策的着力点，我国国民经济和社会发展第十三个五年规划中明确提出要"增强发展协调性，不断加大消费对经济增长贡献"。消费作为拉动经济增长的"三驾马车"之一，对保持国民经济稳定发展具有重要作用。而消费率偏低一直是制约我国经济稳定增长的重要影响因素（袁志刚、朱国林，2002[①]；方福前，2009[②]）。我国扩大消费的政策为何成效有限，消费率提高到什么水平是最优的，我国是否存在一个合理的消费率区间，这是当前保持我国经济稳定增长应回答的重要理论和实践问题。

西方经济增长理论中已隐含着最优消费率。马尔萨斯（Malthus，1798）[③] 指出，"产出被分割为消费和投资，投资是未来的生产力，则两者之间必然存在一个最优分割点，在该点充分考虑消费的可持续性和经济的生产能力，从而能够实现最大的财富（经济）增长"；菲尔普斯（Phelps，1961）[④] 提出了著名的经济增长黄金律，当经济实现黄金律增长时，消费者的消费（效用）水平达到最大，此时对应的消费率就是最优消费率。戴蒙德模型则表明经济通过市场竞争达到稳态时，可能会存在资本积累过度的情况，也就是说稳态消费率低于最优消费率（罗默，1999）[⑤]。而国内已有学者探索了中国最优消费率的存在性，刘迎秋（2002）[⑥]、杨圣明（2005）[⑦] 证明了经济中存在最优消费率；曾令华（1997）[⑧] 则提出了理论最优消费率的概念。

经验研究也表明，不同发展阶段的国家都存在一个合理的消费率区间。钱纳里和塞尔昆（1975）[⑨] 研究发现，消费率的高低与经济发展阶段

① 袁志刚、朱国林：《消费理论中的收入分配与总消费——及对中国消费不振的分析》，《中国社会科学》2002 年第 2 期。
② 方福前：《中国居民消费需求不足原因研究——基于中国城乡分省数据》，《中国社会科学》2009 年第 2 期。
③ 〔英〕马尔萨斯：《人口原理》，朱泱等译，商务印书馆，1992。
④ E. Phelps, "The Golden Rule of Accumulation: A Fable for Growthmen," *American Economic Review*, 1961, 51 (4): 638 – 643.
⑤ 〔美〕戴维·罗默：《高级宏观经济学》，苏剑、罗涛译，商务印书馆，1999。
⑥ 刘迎秋：《次高增长阶段的中国经济》，中国社会科学出版社，2002。
⑦ 杨圣明：《杨圣明文集》，上海辞书出版社，2005。
⑧ 曾令华：《理论最优消费率之我见》，《求索》1997 年第 3 期。
⑨ 〔美〕霍利斯·钱纳里、〔以〕莫伊斯·塞尔昆：《发展的型式：1950—1970》，李新华等译，经济科学出版社，1988。

有关，在农业社会经济发展水平低，消费率相对较高，因为收入中的很大部分都被用来维持生计；进入工业社会后，工业化对资金需求较大，经济中很大比例的产出被用来投资，消费率随之下降；到工业化后期，经济增长主要受制于市场需求，消费率随着居民收入提高而回升；进入服务业主导的发达经济后，消费率则由于居民收入的稳定而趋于稳定；消费率随经济发展阶段的演进呈现出典型的"U 型"曲线特征。闻潜（2005）[1] 通过研究 1990 年以来中国的宏观经济运行后认为，中国消费率适度区间的下限为 63%，上限为 68%，尚需进一步推进消费的启动。田卫民（2008）[2] 以巴罗提出的自然效率条件为基础，通过将消费纳入柯布 - 道格拉斯生产函数中，以产出的消费弹性衡量最优消费率，得出中国最优消费率为 66.46%。吴忠群（2011）[3] 利用中国的统计数据计算出中国的最优消费率为 80.63%。但他们仅估计了最优消费率，尚未展开基于最优消费率和投资率的经济稳态模型分析。

国际金融危机以来，中国经济进入了依靠投资拉动保增长的轨道，但长期依赖投资将带来经济产能过剩、消费率下降等问题，导致投资效率下降、长期增长乏力。当前最紧迫的任务是采取措施提高我国的消费率，使消费率向其最优水平靠拢，促进国民经济稳定健康增长。

本书将运用经济增长理论，以最优消费率为主线，通过理论模型分析，探讨经济体满足最优消费率的条件、消费率随经济的可能演化路径以及经济在稳态上的消费率与最优消费率的关系；通过实证分析，运用经济动态效率与最优消费率之间的关系界定中国经济的最优消费率，并利用中国 31 个省份的数据进行更进一步的分析；在参数校准的基础上，运用索洛模型、拉姆齐模型、开放经济条件下的一般均衡模型、DSGE 模型模拟中国经济的最优消费率并分析其影响因素；基于最优消费率研究提出扩大消费需求的对策建议。

① 闻潜：《消费启动与收入增长分解机制》，中国财政经济出版社，2005。
② 田卫民：《基于经济增长的中国最优消费规模：1978—2006》，《财贸研究》2008 年第 6 期。
③ 吴忠群、张群群：《中国的最优消费率及其政策含义》，《财经问题研究》2011 年第 3 期。

第二节　研究思路与研究方法

一　研究思路

在我国经济迅速增长而最终消费率却在逐年下降的背景下，研究最优消费率及其对经济稳定增长的作用机制，对保持经济稳定增长显得尤为重要。第一，对最优消费率、经济稳定增长及最优消费率对经济稳定增长的相关文献进行评述，进而指出现有文献的不足及本书研究的必要性。第二，通过对改革开放以来我国最终消费率变化及经济增长数据的考察，得出最终消费率演变及经济增长稳定性的特征事实。第三，从经济增长理论发展的脉络来分析最优消费率及消费对经济稳定增长的作用机制、可能路径，确立最优消费率的分析模型。第四，结合中国实际数据测算中国的最优消费率，并运用模型分析中国的最优消费率促进经济的稳定增长的途径。第五，基于实证分析结果给出提高最终消费率向最优消费率收敛促进我国经济稳定增长的政策建议。

二　研究方法

文献研究。通过大量阅读经济增长、消费经济学和最优消费率等方面的文献，并以经济增长模型为基础，分析经济稳定增长与最优消费率之间的关系。

理论推演。本书运用动态效率、索洛模型、拉姆齐模型等模型来分析最优消费率决定的问题。

数值模拟。在运用拉姆齐模型、开放经济一般均衡模型和 DSGE 模型分析最优消费率决定、最终消费率提高对经济增长及其稳定性影响研究中，采用了参数校准和数值模拟的方法。

计量分析。最优消费率决定相关研究中，结合中国数据运用统计方法、回归分析方法、VAR 模型等方法来研究最优消费率的决定及其对经济增长稳定性的影响。

第三节　概念界定及文献评述

一　相关概念界定

由于我国国民经济核算体系和西方的差异，且本书后续实证分析部分涉及国际比较等内容，因此有必要对本书的相关概念进行界定。

最终消费支出[①]：指常住单位为满足物质、文化和精神生活的需要，从本国经济领土和国外购买的货物和服务的支出。它不包括非常住单位在本国经济领土内的消费支出。最终消费支出分为居民消费支出和政府消费支出。本书中采用我国支出法国内生产总值核算中的年度最终消费支出来核算，具体包括居民消费支出和政府消费支出。

最终消费率：一个经济体在一定时期内最终消费支出占国内生产总值的比重。具体计算公式为最终消费率 CR = 现价最终消费支出/现价国内生产总值 × 100%。

最优消费率：本书中的最优消费率与最终消费率概念对应，从两个角度对其进行界定。一是从动态效率的角度，当经济处于动态有效和无效的临界点上时，对应经济达到了最优消费率；当经济处于动态无效状态时，现实经济的消费率低于最优消费率；当经济处于动态有效状态时，现实经济的消费率高于最优消费率。二是从模型均衡的角度，由于在拉姆齐模型等模型中不存在经济动态无效的情况，因此在进行分析时本书将经济达到均衡时的消费率界定为最优消费率。

经济增长：在一定时期内[②]，一个经济体产出增量与上期产出的比值。在国民经济核算中，产出通常用 GDP 来衡量。设 ΔY_t 为本期总产出的增量，Y_t 和 Y_{t-1} 分别为本期和上期的总产出，则本期的经济增长率 g_Y 的计算公式为[③]：

$$g_Y = \frac{Y_t - Y_{t-1}}{Y_t} \times 100\%$$

---

① 该指标解释来源于国家统计局网站。

② 通常为一年或一个季度。

③ 由于在现实中常用百分比来表示经济增长，因此我们在公式中乘上了 100%。

对经济增长的度量上通常有两个不同的角度：总量角度和人均角度。从总量角度的定义，经济增长是指一个经济体所生产的最终产品和服务在一个相当长的时期内的持续增长，也即实际总产出的增长。例如我国的国家统计局发布的宏观统计数据都是按总量来计的，如"初步核算，2017 年国内生产总值 827122 亿元，比上年增长 6.9%"。从人均角度的定义，经济增长是指人口平均 GDP 的增长。由于本书分析的是我国经济增长与最终消费率、最优消费率之间的关系，因此下面分析中提及的经济增长均指的是总量层面 GDP 的增长而非人均 GDP 的增长。

经济增长稳定性：现有研究一般用经济增长率的变化情况来评价经济增长稳定性，这其中又有两种类型的指标：经济增长率的变动幅度和经济增长率的（滚动）标准差系数。本书也采用这两种方法来衡量经济增长稳定性。

此外，需要对本书各章节使用的变量符号进行说明，由于本书涉及的模型较多，使用的公式和数学符号较多，在各章间难以统一，因此除特别指出之处外，数学符号代表的含义都只在章内有效。

二 国内外研究现状

（一）中国最终消费率偏低研究

20 世纪 90 年代末，由于东南亚金融危机导致我国经济外部需求不足，经济增长的需求动力相对不足，我国提出了"扩大内需"的政策，并通过积极的财政和货币政策来扩大国内需求。这一时期我国最终消费率基本维持在 60% 左右，最终消费率虽然低于世界平均水平，但由于最终消费率基本保持稳定且经济增长形势较为严峻，因此国内学术界并没有过多的关注最终消费率低的问题，只有少数学者在研究中有所涉及，如刘国光（1999[①]，2000a[②]，2000b[③]）指出，"据一项研究测算，1996 年我国消费率

[①] 刘国光：《对我国经济形势与宏观调控一些问题的看法》，《经济学动态》1999 年第 10 期。

[②] 刘国光：《中国经济增长形势分析》，《经济研究》2000 年第 6 期。

[③] 刘国光：《中国经济增长形势分析和前景展望》，《现代经济探讨》2000 年第 6 期。

已降到 56.09%，远低于处在大体类似发展阶段的一些国家的消费率。国民收入分配中居民可支配收入比率下降，消费率下降，是形成目前我国最终消费需求不足的一个重要背景"。

2002 年以后，我国最终消费率一路走低，由 2002 年的 60.6% 下降到 2016 年的 53.6%，下降了近 7.0 个百分点，而同期资本形成率则由 2002 年的 36.9% 上升到 2016 年的 44.2%，上升了 7.3 个百分点。最终消费率的下降幅度与资本形成率的上升幅度基本相当，且由于 2002 年后我国经济进入了新的上升周期，进而引发众多国内学者对这种"高投资、低消费"增长模式可持续性的研究。关于中国最终消费率偏低的相关研究主要从三个层面进行分析：一是通过国际比较来分析中国的消费率偏低问题；二是从"高投资、低消费"增长模式可持续性来进行分析；三是从核算层面分析中国消费率低估问题，其核心观点是我国消费率并不偏低而是存在低估。

1. 通过国际比较来分析中国的消费率偏低问题的相关研究

从国际比较探讨我国的消费率偏低问题研究一般采取两种方法。一是以钱纳里等（Chenery，1975）[①] 关于经济发展各阶段最终消费率、资本形成率的经验研究为参照来分析我国最终消费率偏低问题。代表性的文献主要有：肖泽群（2004）[②] 指出我国消费率长期与钱纳里"标准结构"的偏差近 20 个百分点，与国际水平相差较大；吴先满等（2006）[③] 对比钱纳里标准与我国消费率与投资率变化情况，得出了"GDP 中投资与消费的比重明显偏离钱纳里'标准模式'，具体表现为我国投资率显著偏高，而最终消费率和居民消费率却严重偏低"的结论；晁钢令和王丽娟（2009）[④] 结合我国经济发展现实对钱纳里模型消费率的标准结构进行修正，对照我国经济发展中消费率数据进行实证分析，并得出了我国消费率确实偏低的结

① 〔美〕霍利斯·钱纳里、〔以〕莫伊斯·塞尔昆：《发展的型式：1950—1970》，李新华等译，经济科学出版社，1988。
② 肖泽群：《用科学发展观协调投资与消费的比例关系》，《湖南社会科学》2004 年第 5 期。
③ 吴先满、蔡笑、徐春铭：《中外投资、消费关系的比较研究》，《世界经济与政治论坛》2006 年第 1 期。
④ 晁钢令、王丽娟：《我国消费率合理性的评判标准——钱纳里模型能解释吗?》，《财贸经济》2009 年第 4 期。

论；宁军明和涂大坤（2010）[①] 基于钱纳里一般工业化模型，对消费率与投资率进行国际比较，得出了我国消费投资比偏离标准结构的结论；付立春（2011）[②] 运用 WDI 数据重新验证钱纳里的消费率标准结构，并提出了提高我国消费率的政策建议。

二是直接收集比较世界各国经济数据，比较与我国处于相同发展阶段的国家及发达国家处于我国发展阶段时的最终消费率，得出我国最终消费率偏低的结论。罗云毅（2000）[③] 指出"简单的国际横向比较似乎并不能为判断我国消费率高低与否提供确确实实的依据"；乔为国（2005）[④] 认为我国消费率远低于世界平均水平 77.5%，消费率偏低已影响到宏观经济运行；江林等（2009）[⑤] 比较分析了我国与世界最终消费率的特征，得出了我国最终消费率远低于世界平均水平，也低于高收入和中低收入国家水平；雷辉（2009）[⑥] 通过对我国消费率与投资率的国际比较，得出了我国最终消费率显著偏低的结论。

2. 从"高投资、低消费"增长模式可持续性分析消费率低的相关研究

在国民经济核算中，若不考虑进出口因素，高投资必然意味着低消费，因此国内很多学者也从"高投资、低消费"增长模式可持续性分析消费率偏低问题，大多数学者认为"高投资、低消费"的增长模式不能长期持续。罗云毅（2004）[⑦] 研究表明高投资、低消费是现阶段我国经济运行的常态，不能用简单的国际比较结论来分析消费投资结构问题，投资率本质上是由消费率决定的；经济增长前沿课题组（2005）[⑧] 研究指出高投资

① 宁军明、涂大坤：《投资率与消费率的国际比较及启示——基于钱纳里一般工业化模型》，《河南商业高等专科学校学报》2010 年第 4 期。
② 付立春：《中国消费率问题研究》，博士学位论文，中国社会科学院研究生院，2011。
③ 罗云毅：《我国当前消费率水平是否"偏低"》，《宏观经济研究》2000 年第 5 期。
④ 乔为国：《我国投资率偏高消费率偏低的成因与对策》，《宏观经济研究》2005 年第 8 期。
⑤ 江林、马椿荣、康俊：《我国与世界各国最终消费率的比较分析》，《消费经济》2009 年第 1 期。
⑥ 雷辉：《改革以来我国投资率、消费率的国际比较及趋势分析》，《开发研究》2009 年第 4 期。
⑦ 罗云毅：《低消费、高投资是现阶段我国经济运行的常态》，《宏观经济研究》2004 年第 5 期。
⑧ 经济增长前沿课题组：《高投资、宏观成本与经济增长的持续性》，《经济研究》2005 年第 10 期。

导致低消费，提出通过提高投资效率等方式来提高消费率；梁东黎（2006）[①] 指出我国高投资率、低消费率现象和我国转轨经济的特殊性有着非常密切的关系；战明华（2006）[②] 认为资本边际产出的非递减特征与渐进的利率市场化改革是保证中国高投资、低消费条件下仍可保持经济长期平稳增长的两个必要条件；龚敏和李文溥（2013）[③] 指出低消费已成为制约中国经济健康发展的主要因素，高资本报酬占比是消费率降低的主要原因；吕冰洋和毛捷（2014）[④] 在确认高投资、低消费是我国经济运行的典型现象的基础上，分析了高投资、低消费的财政基础。

3. 从核算层面分析中国消费率低估的相关研究

在高投资、低消费成为我国经济发展过程中的典型事实后，许多学者通过国际核算比较分析等方面来验证这一命题，认为由于统计核实遗漏等因素的影响，我国消费率存在一定程度的低估。高敏雪（2014）[⑤] 探讨了隐性收入对当前中国居民消费率低估的影响机理，并指出隐性收入的存在确实导致了消费率的低估；王秋石和王一新（2013）[⑥] 通过将影响消费率的主要因素指标化，针对这些指标进行国际比较，得出了中国消费率并非偏低而是被低估的结论；王秋石和王一新（2013）[⑦] 认为中国居民消费率并非偏低，而是被低估的；朱天和张军（2014）[⑧] 的研究表明官方数据大大低估了中国的消费水平，真实的消费率比官方公布的水平高出 10 个百分点以上，超过 GDP 的 60%，与东亚高收入经济体在其快速增长时期的消

---

① 梁东黎：《我国高投资率、低消费率现象研究》，《南京师大学报》（社会科学版）2006 年第 1 期。

② 战明华、许月丽、宋洋：《转轨时期中国经济增长的可持续性条件及其转换路径：中国高投资、低消费经济增长模式的一个解释框架》，《世界经济》2006 年第 8 期。

③ 龚敏、李文溥：《中国高资本报酬率与低消费率的一个解释——基于动态一般均衡模型的分析与校准》，《学术月刊》2013 年第 9 期。

④ 吕冰洋、毛捷：《高投资、低消费的财政基础》，《经济研究》2014 年第 5 期。

⑤ 高敏雪：《隐性收入对当前中国居民消费率低估的影响机理——基于国民经济核算原理和实务的探讨》，《统计研究》2014 年第 7 期。

⑥ 王秋石、王一新：《中国消费率低估研究——兼议中国"投资过热论"》，《山东大学学报》（哲学社会科学版）2013 年第 3 期。

⑦ 王秋石、王一新：《中国居民消费率真的这么低么——中国真实居民消费率研究与估算》，《经济学家》2013 年第 8 期。

⑧ 朱天、张军：《中国的消费率被低估了多少？》，《经济学报》2014 年第 2 期。

费率非常相似。康远志（2014）[1] 指出官方统计数据存在对服务业的不全面统计、对居民自有住房服务价值定价过低、企业付费对个人社会化消费的替代及住户调查数据技术性低估了居民收入和消费等方面的问题，低估了中国消费率。

（二）最优消费率研究

目前，国内学者直接研究我国最优消费率的文献相对较少，很多学者往往通过投资消费比例关系来探讨消费率的合理取值区间。因此，对最优消费率的相关研究综述也分为两部分：一是消费率合理区间相关研究，二是最优消费率相关研究。

1. 消费率合理区间相关研究

罗云毅（1999[2]，2006[3]）从消费投资比例关系的角度探讨了消费率取值区间问题，认为人为地确定一个最优比例，然后以此为出发点制定相应的调控政策是不可取的。吴忠群（2006）[4] 在分析我国经济发展轨迹的基础上，通过定量与定性分析结合的方法确定了合理的消费率是 61% ~ 65%，合理的投资率是 35% ~38%。谭小芳等（2006）[5] 通过经济增长模型结合我国投资消费演化过程，指出目前我国的投资率和消费率的适度区间应该分别是 31.0% ~32.9%、66.2% ~67.4%。贺铿（2006）[6] 参照历史比较、国际比较和投资效率分析结果，提出将我国投资率控制在 30% ~35%、消费率控制在 60% ~65%，有利于我国经济的长期增长。蔡跃洲和王玉霞（2010）[7] 在国际比较的基础上，匡算了我国合意消费率与投资率

---

① 康远志：《消费不足还是低估？——兼论扩大内需话语下适度消费理念的构建》，《消费经济》2014 年第 2 期。

② 罗云毅：《投资消费比例关系理论研究回顾》，《宏观经济研究》1999 年第 12 期。

③ 罗云毅：《关于最优消费投资比例存在性的思考》，《宏观经济研究》2006 年第 12 期。

④ 吴忠群：《中国经济增长中消费和投资的确定》，《中国社会科学》2002 年第 3 期。

⑤ 谭小芳、王迪明、邹存慧：《我国投资和消费结构合理区间的实证研究》，《财经问题研究》2006 年第 3 期。

⑥ 贺铿：《中国投资、消费比例与经济发展政策》，《数量经济技术经济研究》2006 年第 5 期。

⑦ 蔡跃洲、王玉霞：《投资消费结构影响因素及合意投资消费区间——基于跨国数据的国际比较和实证分析》，《经济理论与经济管理》2010 年第 1 期。

的取值区间，认为我国当前合意的消费率和投资率区间为 55%～60% 和
40%～45%。吴振球（2014）[①] 借鉴钱纳里关于消费率的分析方法，研究
我国经济合意消费率的取值区间，实证分析结果表明 1982～2010 年 5 个时
间段内我国消费率低于其合意水平，并预测 2011～2016 年最终消费率、居
民消费率的合意值分别为 50.26% 和 36.85%。荆林波和王雪峰（2011）[②]
运用柯布－道格拉斯方程推导出消费率决定理论模型应用该模型测算了
1991～2008 年中国理论消费率及消费率合理区间，指出"不考虑净出口的
消费率均值合理区间为（57.8%，63.8%），考虑净出口的消费率均值合
理区间为（53.74%，59.74%）"。陈梦根（2014）[③] 指出中国目前的投资
与消费结构偏离了合理区间，投资率的合理区间应在［35%，40%］，而
居民消费率的合理区间应在［45%，55%］。欧阳峣等（2016）[④] 采用阈
值协整模型测度了我国居民消费率的阈值为 53.6%，加上政府消费率，则
最终消费率阈值大约为 67.6%，只有当最终消费率达到这一水平及以上
时，消费对经济增长的作用才会发生转变。[⑤]

2. 最优消费率相关研究

学者们针对最优消费率问题的研究主要从两个不同的角度来开展：
一是直接研究经济的最优消费率；二是研究经济的最优储蓄率（或最优
投资率）。由于国民收入等于消费与投资（储蓄）之和，因此研究最优消
费率和研究最优储蓄率（或最优投资率）是同一个硬币的两面。相关研究
的理论依据主要包括经济增长模型（哈罗德－多马模型、索洛模型、拉姆
齐模型、世代交叠模型）、黄金律增长、动态效率、钱纳里等人的经验
研究。

关于最优消费率的相关研究，诸多学者主要从最优消费率是否存在和

① 吴振球、王芳、周昱：《我国经济发展中合意消费率与合意居民消费率确定与预测研究》，《中央财经大学学报》2014 年第 11 期。
② 荆林波、王雪峰：《消费率决定理论模型及应用研究》，《经济学动态》2011 年第 11 期。
③ 陈梦根：《关于投资与消费最优结构问题的探讨》，《财贸研究》2014 年第 2 期。
④ 欧阳峣、傅元海、王松：《居民消费的规模效应及其演变机制》，《经济研究》2016 年第 2 期。
⑤ 其原文描述为"具体地说，当居民消费规模低于 0.539 时，居民消费率上升 0.1，第 2 年经济增长率仅上升 0.077；居民消费率高于 0.539 时，居民消费规模上升 0.1，第 2 年经济增长率则上升 0.121"。

对其数值进行估计两个层面进行研究。西方学者虽没有直接提出最优消费率并进行实证研究，但在经济增长理论中却提出了"黄金律增长"的概念（费尔普斯，1961）[1]，表示当消费者的消费水平达到最高时对应的增长路径为黄金律增长路径[2]，在黄金律增长路径上实现了最优的经济增长、最高的消费水平，因此该理论实际上表明经济中存在最优消费率。钱纳里和塞尔昆（1988）[3] 通过经验研究发现，消费率的高低与经济发展阶段有关，消费率随经济发展阶段演变的过程类似于一条平缓的 U 型曲线。刘迎秋（2002）[4]、杨圣明（2005）[5] 证明了经济中存在最优消费率，曾令华（1997）[6] 则提出了理论最优消费率的概念。吴忠群（2009）[7] 证明了最优消费率的存在性，并提出了相应的评价标准。吴忠群和张群群（2011）[8] 从经济动态效率角度提出了最优消费率的计算方法，其研究结果表明我国的最优消费率为 80.6%。纪明等（2013）[9] 在拉姆齐框架下将均衡增长路径上的稳态消费率界定为最优消费率，研究了中国经济发展过程中消费率的演进与经济增长的关系。毛中根等（2014）[10] 在跨期模型中通过代表性家庭的效用最大化估算最优居民消费率，结果表明，1991 年后我国居民消费率低于其最优水平。林艳玉（2016）[11] 利用 C – D 函数构建了消费率测度模型，并测算了 1991 年以来我国的最优消费率，并在中上等收入这一视

---

① E. Phelps, "The Golden Rule of Accumulation: A Fable for Growthmen," *American Economic Review*, 1961, 51 (4): 638 – 643.

② 具体条件是资本边际产出等于人口增长率、技术进步率与折旧率之和，参见罗默（2014）。

③ 〔美〕霍利斯·钱纳里、〔以〕莫伊斯·塞尔昆：《发展的型式：1950—1970》，李新华等译，经济科学出版社，1988。

④ 刘迎秋：《次高增长阶段的中国经济》，中国社会科学出版社，2002。

⑤ 杨圣明：《杨圣明文集》，上海辞书出版社，2005。

⑥ 曾令华：《理论最优消费率之我见》，《求索》1997 年第 3 期。

⑦ 吴忠群：《最优消费率的存在性及其相关问题》，《中国软科学》2009 年第 S1 期。

⑧ 吴忠群、张群群：《中国的最优消费率及其政策含义》，《财经问题研究》2011 年第 3 期。

⑨ 纪明、刘志彪、岑树田：《消费率稳态、演进及中国经济持续均衡增长的现实选择——基于 R – C – K 模型的分析框架》，《经济与管理研究》2013 年第 4 期。

⑩ 毛中根、孙豪、黄容：《中国最优居民消费率的估算及变动机制分析》，《数量经济技术经济研究》2014 年第 3 期。

⑪ 林艳玉：《我国中上等收入阶段最优消费率测算》，《成都大学学报》（社会科学版）2016 年第 3 期。

角下估算个跨越"中等收入陷阱"的合适消费率区间。刘金全和王俏茹（2016）[1] 通过面板平滑转移模型（PSTR 模型）研究了最终消费率与经济增长之间的非线性关系，实证结果表明最终消费率对经济增长的影响呈现倒"V型"关系，并通过门限值的计算得出我国的最优消费率为 68.12%，当消费率低于 68.12% 时，消费对经济增长有显著的促进作用；当消费率高于 68.12% 时，消费对经济增长的促进作用有所减弱。

王小鲁（2016）[2] 扩展了卢卡斯的人力资本增长模型，模型包含人力资本、物质资本、研发投入、市场化改革、对外开放、城市化、政府管理成本、消费率、债务杠杆率等变量，运用增长核算回归分析定量测算了各变量对经济增长的贡献。基于回归结果的模拟分析表明，"最终消费率（最终消费占 GDP 的比重）对 TFP 和增长的影响呈倒 U 型曲线（图 1 - 5）"，图中横坐标为最终消费率，纵坐标为增长效应。最终消费率的增长效应临界值为 66.22%，消费率高于或低于 66.22% 将不利于经济的长期增长。这实际上是从经验层面验证了最优消费率的存在性，并测算出我国的最优消费率为 66.22%。2016 年我国经济的消费率为 53.6%，低于最优消费率值近 13 个百分点，未来通过结构调整和供给侧改革等措施使投资率回落、消费率上升，将有利于我国的长期增长。

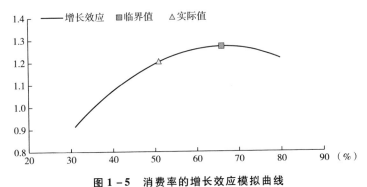

图 1 - 5　消费率的增长效应模拟曲线

资料来源：王小鲁：《结构调整与中国经济增长前景》，《比较》2016 年第 5 期，第 45 ～ 73 页。

---

① 刘金全、王俏茹：《最终消费率与经济增长的非线性关系——基于 PSTR 模型的国际经验分析》，《国际经贸探索》2017 年第 3 期。

② 王小鲁：《结构调整与中国经济增长前景》，《比较》2016 年第 5 期。

　　国内诸多学者对最优储蓄率的研究表明，我国最优储蓄率低于实际储蓄率，也就是说最优消费率高于消费率。袁志刚和宋铮（2000）[①]通过分析人口年龄结构、养老保险制度与最优储蓄率，其研究结论表明，中国目前的储蓄率高于最优储蓄率，反过来理解中国的消费率低于最优消费率。万春和邱长溶（2005）[②]通过将混合养老保障制度纳入世代交迭模型分析了我国城镇居民的最优自愿储蓄率问题，实证结果表明按中国目前的状况储蓄率偏高是个不争的事实。郑纯雄（2008）[③]通过梳理经济增长模型演变过程，并针对各模型进行实证分析，得出了"中国目前最优储蓄率为40%左右，我国目前的储蓄率有偏高趋势"的结论，对应的我国最优消费率在60%左右，消费率低于最优消费率。丁海云（2014）[④]分别基于哈罗德-多马模型和索洛模型估算出两种最优储蓄率36.2%和46.4%，并将我国最优储蓄率区间确定为［36.2%，46.4%］，则对应的最优消费率区间为［53.6%，63.8%］。范祚军等（2014）[⑤]借助菲尔普斯的"黄金律水平"，研究得出了中国最优储蓄率长期低于实际储蓄率的结论，也就是说中国最优消费率长期高于消费率。

　　最优投资率相关研究表明，我国最优投资率低于实际投资率，反过来理解也就是最优消费率高于消费率。乔为国和潘必胜（2005）[⑥]确定了充分就业目标的合理投资率模型，实证分析表明"我国合理投资率或储蓄率不应该超过32.4%，相应地，消费率不应低于67.6%"。弓戈（2010）[⑦]将收入分配因素引入消费、投资与经济增长关系分析中，得出了当基尼系数在0.2~0.3时，我国最优投资率区间为［31.8%，35.2%］的结论。李稻葵

① 袁志刚、宋铮：《人口年龄结构、养老保险制度与最优储蓄率》，《经济研究》2000年第11期。
② 万春、邱长溶：《基于福利经济学的最优自愿性储蓄率分析——从中国养老保险制度角度》，《数量经济技术经济研究》2005年第12期。
③ 郑纯雄：《中国最优储蓄率的决定及宏观经济效应》，博士学位论文，中共中央党校，2008。
④ 丁海云：《中国经济增长的最优储蓄率研究》，硕士学位论文，首都经济贸易大学经济学院，2014。
⑤ 范祚军、常雅丽、黄立群：《国际视野下最优储蓄率及其影响因素测度——基于索洛经济增长模型的研究》，《经济研究》2014年第9期。
⑥ 乔为国、潘必胜：《我国经济增长中合理投资率的确定》，《中国软科学》2005年第7期。
⑦ 弓戈：《最优投资率及其实现途径》，硕士学位论文，华北电力大学（北京），2010。

等（2012）① 从福利经济学角度出发，通过数值模拟分析使福利最大化的最优投资率路径，其研究结果表明，2002 年后，中国的国民投资率明显高于福利最大化的投资率，且这一差距逐渐扩大，目前已达 15% 左右的差幅。

（三）经济增长稳定性评价相关研究

1. 经济增长稳定性评价指标的相关研究

目前国内学者对于经济增长稳定性分析主要从四个方面来展开。

一是从传统的经济周期的角度出发来评价经济增长的稳定性。改革开放以来，我国经济呈现出周期波动微波化、稳定化趋势，要提高经济增长的稳定性，必须充分发挥市场机制在资源配置中的基础性作用的同时，不断加强和改善宏观调控（刘树成，2007②；张军，2012③；陈乐一，2010④）。

二是用经济增长率的变化情况来评价经济增长稳定性，这其中又有两种类型的指标：经济增长率的变动幅度和经济增长率的标准差系数。曼昆（2006）⑤ 用经济增长的标准差系数来评估美国经济增长的稳定性，得出了 20 世纪 90 年代以来美国经济呈现出前所未有的稳定性的结论。李延军和金浩（2007）⑥ 用经济增长率的增长率来衡量经济增长的稳定性，给出了改革开放以来的河北省经济增长稳定性逐渐得到改善的结论。吕小宁（2002）⑦ 认为用经济增长率的变动程度衡量的山西经济增长稳定性较差。刘华军（2004）⑧ 指出自 1978 年以来山东经济增长的稳定性逐渐加强，经济增长率的波动幅度和波动次数均逐渐减少。

---

① 李稻葵、徐欣、江红平：《中国经济国民投资率的福利经济学分析》，《经济研究》2012 年第 9 期。
② 刘树成：《论又好又快发展》，《经济研究》2007 年第 6 期。
③ 张军：《中国特色的经济增长与转型》，《学习与探索》2012 年第 3 期。
④ 陈乐一、李玉双、李星：《我国经济增长与波动的实证研究》，《经济纵横》2010 年第 2 期。
⑤ 〔美〕曼昆：《宏观经济学》（第 6 版），张帆译，中国人民大学出版社，2006。
⑥ 李延军、金浩：《经济增长质量与效益评价研究》，《工业技术经济》2007 年第 2 期。
⑦ 吕小宁：《山西经济增长的稳定性分析》，《生产力研究》2002 年第 3 期。
⑧ 刘华军、李运胜、尹奥：《山东经济增长的稳定性与持续性实证分析》，《山东轻工业学院学报》2004 年第 3 期。

三是通过反映经济稳定方面特征的指标如通货膨胀率、失业率、经济波动率等指标合成经济增长稳定性评价指标。钞小静和惠康（2009）[1] 运用通货膨胀率、失业率、经济波动率等指标进行主成分分析，并构建经济增长稳定性指数，结果显示中国经济增长稳定性在波动中上升。李萍和冯梦黎〔2016）[2] 以产出波动比率和价格波动比率为经济稳定性的主要衡量指标，运用熵值赋权法合成经济增长稳定性指数，测算了我国经济增长稳定性，测算结果表明我国经济增长稳定性相对于持续性和协调性波动较大。

四是通过时间序列建模方法来测度经济增长稳定性。陈守东和刘洋（2016）[3] 以动态结构时变自回归（AR）过程的滞后项系数之和（ARC）指标来测度经济指标保持其自身状态稳定性的能力，以 GDP 增长率与 CPI 增长率的 ARC 指标为基础，结合波动项、截距项与结构断点概率，构建经济增长稳定性的测度模型，研究结果表明中国经济增长率在 2010 年后，呈现出动态趋势稳定、波动性降低、局部平稳等新常态特征。

综上所述，学术界在评价经济增长稳定性方面，除了传统的经济周期"波峰—波峰"或者"波谷—波谷"法外，采用的指标主要有三种：一是经济增长率的滚动标准差或标准差系数（曼昆，2006）[4]；二是经济增长率的波动幅度，即经济增长率的增长率（李延军和金浩，2007）[5]；三是经济增长的稳定指数，即经济增长稳定指数 = 100 ×（1 - 实际经济增长率与潜在经济增长率离差的绝对值 ÷ 潜在经济增长率）（向爱保，2008）[6]。本书分别采用这三种指标来评价改革开放以来我国经济增长的稳定性。

（1）增长率的滚动标准差系数

标准差系数通常用来描述变量的波动性，但实际上标准差系数也能用

① 钞小静、惠康：《中国经济增长质量的测度》，《数量经济技术经济研究》2009 年第 6 期。
② 李萍、冯梦黎：《利率市场化对我国经济增长质量的影响：一个新的解释思路》，《经济评论》2016 年第 2 期。
③ 陈守东、刘洋：《经济增长的稳定性测度与经验分析》，《山东大学学报》（哲学社会科学版）2016 年第 4 期。
④ 〔美〕曼昆：《宏观经济学》（第 6 版），张帆译，中国人民大学出版社，2006。
⑤ 李延军、金浩：《经济增长质量与效益评价研究》，《工业技术经济》2007 年第 2 期。
⑥ 向爱保：《改革以来我国经济增长稳定性研究》，硕士学位论文，湖南大学，2008。

来描述变量的稳定性。一般来说，标准差系数越大，说明经济增长波动性大，经济增长稳定性差；标准差系数越小，经济增长波动性越小，经济增长稳定性越好。经济增长率标准差和标准差系数的计算公式如下：

$$经济增长率的标准差——\delta = \left[\left(\frac{1}{n} \sum (g_t - \bar{g})\right)^2 \right]^{\frac{1}{2}};$$

$$平均经济增长率——\bar{g} = \frac{\sum g_t}{n};$$

$$经济增长率的标准差系数——V_\delta = \frac{\delta}{\bar{g}}$$

$$(1-1)$$

式中，δ 为标准差，g_t 为考察期内各年增长速度，t 表示年份，n 为项数（考察期内年数），$\bar{g}$ 为平均增长速度，V_δ 为标准差系数。为了克服考察期内单一经济增长率标准差系数隐含假设在考察期内经济增长稳定程度不变的缺点，同时为了反映经济增长稳定程度的渐变性，本书借鉴布兰查德和西蒙（Blanchard and Simon，2001）[1]、曼昆（2006）[2]、刘金全和刘志刚（2004）[3] 的做法采用滚动标准差系数，即每一个年度计算一个标准差系数，该标准差系数使用此前 10 个年度数据计算（包括该年度的 10 个年度）。

（2）经济增长率的变动幅度

经济增长率变动幅度即经济增长率的增长率计算公式为：

$$\eta_t = \frac{g_t - g_{t-1}}{g_{t-1}} \times 100\%$$

$$(1-2)$$

其中 g_t、g_{t-1} 分别为本年和上年经济增长率，η_t 为经济增长率变动幅度。一般来说，经济增长率变动幅度在 [-30%，+30%]，表明经济增长稳定性较好；变动幅度在 [-50%，-30%] 或 [30%，50%]，表明经济增长稳定性较差；变动幅度大于 +50% 或小于 -50% 则表明稳定性极差。

（3）经济增长的稳定指数

经济增长的稳定指数的构建主要依据实际经济增长与潜在经济增长的

①　O. Blanchard, and J. Simon, "The Long and Large Decline in U. S. Output Volatility," *Brookings Papers on Economic Activity*, 2001, 32 (1): 135–164.

②　〔美〕曼昆：《宏观经济学》（第 6 版），张帆译，中国人民大学出版社，2006。

③　刘金全、刘志刚：《我国经济周期波动中实际产出波动性的动态模式与成因分析》，《经济研究》2005 年第 3 期。

路径偏离程度：当实际经济增长率等于潜在经济增长率时，认为经济增长稳定性达到了最优水平；当实际经济增长率高于或低于潜在经济增长率时，经济增长稳定性偏离了其最优水平。经济增长的稳定指数为

$$W_t = \left(1 - \frac{\mid g_t - g_{tP} \mid}{g_{tP}} \right) \times 100 \qquad (1-3)$$

其中，W_t 为经济增长稳定指数，g_t 为实际经济增长率，g_{tP} 为潜在经济增长率。

因此要计算经济增长稳定指数，需要分两个步骤来进行：首先计算潜在 GDP；然后根据潜在 GDP 计算潜在经济增长率；再根据实际与潜在经济增长率来计算经济增长稳定指数。从式（1-3）可以看出，经济增长稳定指数 W 达到最优水平时 W = 100，即 100 是 W 的最大值。当实际经济增长率高于或低于潜在经济增长率时，W 值都小于 100。当然，当经济出现古典型的波动（经济总量下降）或实际经济增长与潜在经济增长率相差两倍的时候，W 值也可能取负值。这时，经济增长极不稳定。

2. 经济增长稳定性提高的相关研究

在美国及 G7 国家产出波动性显著下降的同时，我国主要宏观经济变量的波动性也呈现出下降的趋势，当前国内外学者主要从两个方面来研究经济增长稳定性提高的问题：一是从"大稳健"角度来探讨经济增长稳定性问题；二是从结构（需求、产业）层面来分析经济增长稳定性提高的问题。

（1）经济"大稳健"研究

随着增长型经济周期的出现，有研究表明具有快速且相对稳定增长的国家，其产出波动性呈现出显著降低的特征，这种特征被学者们称为"大稳健"时代。20 世纪 80 年代以来，美国及 G7 国家主要宏观经济变量的方差都不同程度地呈现出下降的趋势[①]，伯南克（Bernanke，2004）[②] 基于布

---

① J. H. Stock, M. W. Watson, "Has the Business Cycle Changed and Why?" *NBER Macroeconomics Annual*, 2002, 17 (1): 159–218.

② B. Bernanke, "The Great Moderation," Remarks at the Meetings of the Eastern Economic Association, 2004.

兰查德和西蒙（Blanchard and Simon，2001）[①] 的研究结论，"美国产出波动性下降了近一半，通货膨胀波动性降低了近三分之二"，指出自 20 世纪 80 年代中期美国经济进入了"大稳健"时代。此后，诸多学者研究了美国经济"大稳健"的原因，经济政策、结构变化、运气成分（冲击减少）、技术进步等可能是导致"大稳健"的主要原因（弗兰克尔、欧尔萨格，2004[②]；Clark，2009[③]）。林建浩和王美今（2013）[④] 分析了中国经济增长稳定性，并指出"以 1995 年第四季度为界，中国的经济周期从高波动与低波动交替出现的'活乱循环'时期，进入以微波化为主要特征的'大稳健'阶段"；通过数据分析探讨中国经济进入"大稳健"阶段的原因，固定资产投资与货币政策结构变化是中国经济"大稳健"的重要根源。杨继军和范从来（2015）[⑤] 分析了"中国制造"对全球经济"大稳健"时期的影响，研究结果表明"中国制造"显著降低了各国产出增长的波动性，有助于全球经济增长维系在"高水平、低波动"区制。

（2）经济结构变化与经济增长稳定性

目前，经济结构变化（产业结构、需求结构）与经济增长稳定性的文献研究结果表明，结构变化是经济增长稳定性提高的重要原因。艾格斯和奥恩尼德斯（Eggers and Ioannides，2006）[⑥] 从需求结构、产业结构角度运用统计核算数据将美国经济增长率的方差分解为结构效应、波动效应和联动效应，并进行实证分析表明美国 1947 年以来的需求结构调整和产业结构调整对美国经济稳定增长起到了积极作用。

国内学者都认为产业结构变动起到稳定经济的作用，且沿着两个不同

[①] O. Blanchard, and J. Simon, "The Long and Large Decline in U. S. Output Volatility," *Brookings Papers on Economic Activity*, 2001, 32（1）：135 – 164.

[②] 〔美〕杰夫里·弗兰克尔、〔美〕彼得·欧尔萨格：《美国 90 年代的经济政策》，徐卫宇等译，中信出版社，2004。

[③] Todd E. Clark, "Is the Great Moderation Over? An Empirical Analysis," *Economic Review – Federal Reserve Bank of Kansas City* 94（2009）：5 – 42.

[④] 林建浩、王美今：《中国宏观经济波动的"大稳健"——时点识别与原因分析》，《经济学（季刊）》2013 年第 2 期。

[⑤] 杨继军、范从来：《"中国制造"对全球经济"大稳健"的影响——基于价值链的实证检验》，《中国社会科学》2015 年第 10 期。

[⑥] A. Eggers, and Y. M. Ioannides, "The Role of Output Composition in the Stabilization of U. S. Output Growth," *Discussion Papers*, 2006, 28（3）：585 – 595.

的视角来展开：一是验证产业结构是否具有熨平经济波动的作用（方福前、詹新宇，2011[①]；干春晖等，2011[②]）；二是沿用艾格斯和奥恩尼德斯（Eggers and Ioannides，2006）的方差分解模型来具体测算产业结构调整对经济波动降低的贡献率（杨天宇、刘韵婷，2011[③]；李强，2012[④]；李猛，2010[⑤]）。

需求结构对经济增长稳定性影响的研究结果表明，我国需求结构的演进对经济增长稳定性的提高作用不明显。纪明和刘志彪（2014）[⑥]通过构建需求结构高级化和合理化指标分析需求结构对经济波动的影响，研究结果表明需求结构高级化和合理化水平的提高均能有效抑制经济波动，提高经济增长稳定性。杨天宇和刘韵婷（2011）[⑦]运用艾格斯和奥恩尼德斯（Eggers and Ioannides）提出的方法，将中国经济增长率的方差分解为结构效应、波动效应和联动效应，研究结果表明：从需求层面看，中国需求结构调整并没有对经济稳定增长起到积极作用（结构效应为 −3.48%）。

（四）消费率与经济增长稳定性研究

最终消费率提高会对我国经济增长及其稳定性产生什么影响，国内学者在这个领域的研究较少，只有少数几个学者有所涉及，且并未针对此问题进行研究。如沈利生（2011）[⑧]利用投入产出表分析最终需求变动对产业结构变动的影响分析中提到，"在消费的比重增加 5 个百分点，资本形

---

① 方福前、詹新宇：《我国产业结构升级对经济波动的熨平效应分析》，《经济理论与经济管理》2011 年第 9 期。
② 干春晖、郑若谷、余典范：《中国产业结构变迁对经济增长和波动的影响》，《经济研究》2011 年第 5 期。
③ 杨天宇、刘韵婷：《中国经济结构调整对宏观经济波动的"熨平效应"分析》，《经济理论与经济管理》2011 年第 7 期。
④ 李强：《产业结构变动加剧还是抑制经济波动——基于中国的实证分析》，《经济与管理研究》2012 年第 7 期。
⑤ 李猛：《产业结构与经济波动的关联性研究》，《经济评论》2010 年第 6 期。
⑥ 纪明、刘志彪：《中国需求结构演进对经济增长及经济波动的影响》，《经济科学》2014 年第 1 期。
⑦ 杨天宇、刘韵婷：《中国经济结构调整对宏观经济波动的"熨平效应"分析》，《经济理论与经济管理》2011 年第 7 期。
⑧ 沈利生：《最终需求结构变动怎样影响产业结构变动——基于投入产出模型的分析》，《数量经济技术经济研究》2011 年第 12 期。

成、出口的比重各减少 2.5 个百分点的情况下，最终需求的结构变动对 GDP 的总量似乎没有多大影响"；李建伟（2003）[①] 在梳理投资率和消费率的演变规律基础上，研究了我国消费率与经济增长的关系，指出依靠投资规模扩张、提高投资率和刺激投资相对快速增长的措施，促进经济快速增长的政策选择空间已日益缩小。赵鑫铖（2015）[②] 在评价我国经济增长稳定性的基础上分析了经济增长稳定性的影响因素，认为需求结构对经济增长稳定性有重要影响。

三　文献评述

基于上述的文献梳理，本书发现：第一，虽然由于统计核算等原因我国最终消费率存在一定程度的低估，但最终消费率相对偏低是一个不争的特征事实。第二，最优消费率涉及的不是一个短期经济问题，而是一个与长期经济增长相关联的概念，因此最优消费率的研究要在经济长期增长的理论框架下进行，就目前的研究来看，主要从动态效率、索洛模型和拉姆齐模型等角度来开展，但各个理论框架得出的结果之间存在较大差异且没有协接性。第三，关于经济增长稳定性研究方面，大多数学者只是从定性研究的方面来开展，如从"高投资不可持续"等方面来论述经济增长可持续性；从定量层面研究的文献还相对较少，代表性的文献有林建浩和王美今（2013）提出的我国经济进入"大稳健"时期等，因此，如何定量评价我国经济增长稳定性也是一个亟待研究的问题。第四，从消费与经济增长稳定性关系的研究来看，目前文献没有直接针对这一问题开展的研究，只有学者们普遍形成的一个共识"消费作为需求中稳定性最高的一部分，提高消费占 GDP 的比重（最终消费率）会提高经济增长的稳定性"，但对最终消费率的提高在什么条件下会提高经济增长稳定性、在什么条件下会降低经济增长稳定性和影响程度有多大等问题并没有开展研究。

[①]　李建伟：《投资率和消费率的演变规律及其与经济增长的关系》，《经济学动态》2003 年第 3 期。

[②]　赵鑫铖：《中国经济增长稳定性评价及其影响因素分析》，《工业技术经济》2015 年第 1 期。

第四节　结构安排

本书以经济增长理论为背景，以最优消费率为主线，从理论上系统地研究了经济体满足最优消费率的条件、消费率随经济的可能演化路径以及经济在稳态上的消费率与最优消费率的关系；从实证上，运用动态效率、索洛模型、拉姆齐模型以及 VAR 模型对我国改革以来经济增长的最优消费率进行了实证检验，并在对影响我国最优消费率的因素实证分析的基础上，提出了提高我国经济最优消费率的相关建议。本书按照理论研究——实证检验——对策建议的思路展开论述，主要内容如下。

第一章介绍了研究背景及问题的提出、研究思路、研究方法、相关概念界定及国内外研究现状，在此基础上开展理论和实证分析。

第二章分析了我国经济发展过程中消费率与经济增长稳定性演变的特征事实，具体来说主要包括消费率演变特征及国际比较，经济增长稳定性的直观评价，最终消费率影响因素的实证分析。

第三章将动态效率和最优消费率二者统一在动态效率分析框架下进行研究，并从实证角度研究我国经济动态效率情况和最优消费率水平。本章将经济实现黄金律增长时对应的消费率界定为最优消费率，则经济动态效率为判断现实经济消费率与最优消费率之间的关系提供了一种思路：当经济处于动态无效状态时，现实经济的消费率低于最优消费率；当经济处于动态有效状态时，现实经济的消费率高于最优消费率。

第四章以索洛模型为基础，通过理论模型推演，探讨消费率对经济增长的作用机制及经济体满足最优消费率的条件，并运用中国1978～2013 年的数据进行了实证分析。

第五章运用拉姆齐模型来分析最优消费率问题。首先探讨了拉姆齐模型中最优消费率的决定问题；然后结合我国经济发展实际校准了相关参数，得到我国的最优消费率，并在此基础上模拟了各种参数变化对最优消费率的影响。

第六章通过构建开放经济条件下的一般均衡模型，讨论开放经济下的最优消费率决定问题，由于一般均衡模型的复杂性要获得解析解较为困难，在理论模型构建完成后，最优消费率的求解及影响因素分析中采用了数值模拟的方法。

第七章通过构建动态随机一般均衡模型研究消费率问题，由于 DSGE 模型是基于经济主体最优化出发来研究相关问题的，出于方便的考虑本章将经济处于稳态时的消费率界定为最优消费率，进而分析最优消费率和经济产出对各种外生冲击的响应。

第八章对中国经济增长稳定性进行评价，并分析了经济增长稳定性的影响因素。首先，依据相关经济理论对需求结构、产业结构、要素结构、所有制结构等四种结构因素如何影响经济增长稳定性进行分析；其次，构建计量模型将各影响因素统一在一个分析框架内，进而定量分析各因素对经济增长稳定性的影响程度；最后，根据研究结论提出了改善中国经济增长稳定性的政策建议。

第九章从三个层面分析消费率变动对经济增长及其稳定性的影响。首先，从国民经济核算层面，在消费、投资、净出口对的增长率保持不变的条件下，假定消费率上升、投资率下降和净出口率不变的情况下，模拟最终消费率变动对经济增长的影响；其次，从投入产出分析层面，假定消费率上升、投资率下降和净出口率下降的情况下，分析最终消费率变动对我国经济增长的影响；最后，运用我国 1978～2016 年数据，通过建立最终消费率、投资率和经济增长率的 VAR 模型分析消费率变动对我国经济增长及其稳定性的影响。

第十章通过上述研究归纳研究结论，并提出使我国最终消费率向最优消费率收敛的政策建议。

第二章

中国消费率与经济增长稳定性：特征事实

诸多研究都表明我国消费率的一个特征事实：虽然我国经济增长远高于世界平均水平，但消费率却逐年下降且低于世界平均水平。本章讨论改革开放以来我国消费率与经济增长稳定性的特征事实：第一节通过横向比较分析我国与世界主要国家消费率，进而分析我国消费率是否偏低；分析改革开放以来我国消费率演变情况。第二节通过需求和供给各组成部分增长率变化情况粗略分析了改革开放以来我国经济增长稳定性的变化情况。第三节对影响最终消费率的各因素进行了研究，并运用我国统计数据做了粗略的实证分析。

第一节　中国消费率的变化特征

一　最终消费率的国际比较

关于消费率的跨国研究以罗斯托、库兹涅兹、钱纳里等为代表，他们通过经验统计研究总结了消费率随经济发展条件变化的规律。罗斯托（1962）[①] 在其《经济成长的阶段——非共产党宣言》中将一个国家经济发展划分为 5 个阶段，分别是传统社会阶段、准备起飞阶段、起飞阶段、

[①] 〔美〕罗斯托：《经济成长的阶段——非共产党宣言》，国际关系研究所编辑室译，商务印书馆，1962。

走向成熟阶段、大众消费阶段①，其理论实际上也间接给出了消费率随经济发展的演变过程，即随着经济发展消费率先逐渐下降，而后又逐渐上升，最后处于一个稳定的水平。库兹涅兹则在其系列论文《各国经济增长的数量方面》中从国民经济核算的角度对各国经济增长模式和 20 世纪 50 年代国家间经济的共同点进行了归纳总结，其中也涉及消费、投资等的研究，但由于其采用的数据样本不可比，研究结果也受到相应的局限。钱纳里和塞尔昆（1975）② 在《发展的型式：1950—1970》中利用 101 个国家的统计数据进行回归分析，研究了消费率随经济发展水平（人均 GNP）的演变规律：人均 GNP 以 1964 年美元来衡量，最终消费率和居民消费率在人均 GNP 低于 100 美元时最高（分别为 89.8%、77.9%），随着人均 GNP 增加，最终消费率和居民消费率逐渐下降，而当人均 GNP 超过 1000 美元时，最终消费率和居民消费率逐渐趋于稳定，并有小幅上升。从政府消费率来看，其变化过程也类似：人均 GNP 从 100 美元增加到 1000 美元过程中，政府消费率将逐步上升，人均 GNP 超过 1000 美元后，政府消费率开始下降。（表 2 - 1）

表 2 - 1　1950 ~ 1970 年世界消费率与经济发展阶段关系

人均 GNP （1964 年美元）	< 100	100	200	300	400	500	800	1000	> 1000
最终消费率（%）	89.8	85.7	82	80.2	79	78.3	76.9	76.5	76.5
居民消费率（%）	77.9	72	68.6	66.7	65.4	64.5	62.5	61.7	62.4
政府消费率（%）	11.9	13.7	13.4	13.5	13.6	13.8	14.4	14.8	14.1

资料来源：〔美〕霍利斯·钱纳里、〔以〕莫伊斯·塞尔昆著《发展的型式：1950—1970》，李新华等译，经济科学出版社，1988。

付立春（2011）③ 遵循钱纳里的分析范式，研究了 1960 ~ 2007 年全球

---

① 罗斯托的 6 个发展阶段的特征为：传统社会阶段以农业为主消费水平低；准备起飞阶段的主导产业则通常是第一产业或者劳动密集型的制造业，为积累发展所需资本消费空间被压缩，消费率相对也较低；起飞阶段大量的劳动力从第一产业转移到制造业，外国投资明显增加，投资率进一步上升，消费率也处于较低水平；走向成熟阶段投资的重点从劳动密集型产业转向了资本密集型产业，国民福利、交通和通信设施显著改善，消费水平开始上升；大众消费阶段人们在休闲、教育、保健、国家安全、社会保障项目上的花费增加，消费水平和消费率处于较为稳定的水平。
② 〔美〕霍利斯·钱纳里、〔以〕莫伊斯·塞尔昆：《发展的型式：1950—1970》，李新华等译，经济科学出版社，1988。
③ 付立春：《中国消费率问题研究》，博士学位论文，中国社会科学院研究生院，2011。

及不同收入等级国家消费率与经济发展阶段的关系，结论与钱纳里的基本一致。本节我们通过描述全球及不同收入等级国家消费率的演变态势，试图反映全球平均消费率水平；根据 2014 年 GDP 全球排名，选取 GDP 排名前十的国家：美国、中国、日本、德国、英国、法国、巴西、意大利、印度、俄罗斯，反映大国消费率演变过程；选择与中国处于相同发展阶段的金砖五国，通过比较五国消费率的演变过程，反映中国消费率在国际上的位置。由于最终消费率 = 居民消费率 + 政府消费率，且一般情况下政府消费率波动程度较小，一国最终消费率和居民消费率的变化趋势基本相同，因此本节仅对最终消费率的变化情况进行分析。另外，本节数据均来自世界银行 WDI 数据库。

根据世界银行 WDI 数据库提供的资料，分别选择世界、低收入国家、中等收入国家、高收入国家的最终消费率，以时间为横轴，以最终消费率为纵轴，即得全球不同收入等级国家最终消费率的演变态势。第一，世界平均最终消费率由 1970 年的 73.6% 提高到 2013 年的 77.7%，虽然是一个缓慢上升的趋势，40 多年间围绕 75% 上下波动 2 个百分点。第二，低收入国家的最终消费率最高，1990～2013 年均值为 93.0%，且从 1990 年以来呈现出在波动中下降的趋势。第三，中等收入国家的最终消费率也呈现出下降趋势，在 1975 年前高于世界平均水平，1975 年后低于世界平均水平，2013 年低于世界平均水平 8 个百分点。第四，高收入国家的最终消费率与世界平均水平走势基本一致，在 2000 年后略高于世界平均水平。第五，从不同收入等级国家最终消费率比较来看，低收入国家最高，中等收入国家最低，而高收入国家的最终消费率与世界平均水平基本一致，趋于稳定的水平。（图 2 - 1）

图 2 - 2 给出了 2014 年 GDP 排名前十的国家的最终消费率演变情况，由图可知：第一，从大国经济的最终消费率来看，中国最终消费率基本呈现在波动中下降的趋势，且在大多数年份低于其他 9 个国家的水平，2013 年低于 10 个国家最高水平 34.0 个百分点，分别低于同期世界平均水平和中等收入国家水平 28.1 个百分点、20.1 个百分点。第二，美国、英国、德国、法国、巴西、意大利等国的最终消费率基本处于稳定的水平。第三，日本在 20 世纪 70 年代由中等收入国家进入发达国家行列，其最终消

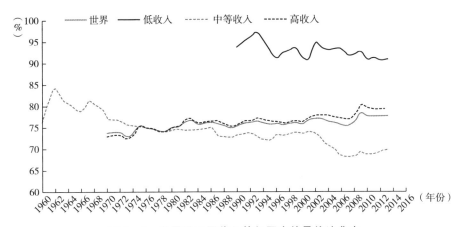

图 2 - 1　世界及不同收入等级国家的最终消费率

资料来源：世界银行 WDI 数据库。

费率呈现出稳步上升的趋势，目前已达到高收入国家平均水平。第四，俄罗斯最终消费率水平波动较大，基本达到中等收入国家的平均水平。第五，印度最终消费率变化趋势与中等收入国家和中国一致，呈现出稳定下降的趋势，印度最终消费率达到了中等收入国家水平。

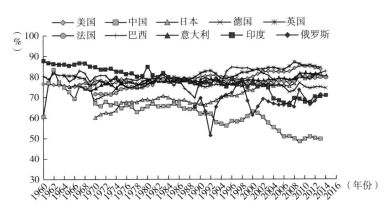

图 2 - 2　1960 ～ 2014 年 GDP 排名前十国家最终消费率演变情况

资料来源：世界银行 WDI 数据库。

从处于同一发展阶段的金砖五国的最终消费率来看①（图 2 - 3），首先，只有中国和印度的最终消费率变化趋势与中等收入国家一致，都呈现出下降趋势；其次，南非和巴西的最终消费率基本维持在稳定水平，大

---

①　金砖五国都为中等收入国家。

约为 80%；再次，俄罗斯最终消费率水平波动较大，但也基本达到中等收入国家的平均水平；最后，中国最终消费率低于其他几个金砖国家，2013年分别低于巴西、南非、印度、俄罗斯32.1 个百分点、32.6 个百分点、20.9 个百分点、21.7 个百分点。

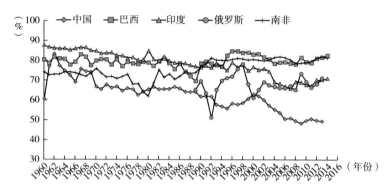

图 2 - 3 1960 ~ 2014 年金砖五国最终消费率演变情况
资料来源：世界银行 WDI 数据库。

综合上述分析，依据世界银行 WDI 数据库提供的资料，1960 ~ 2014年中国最终消费率呈现出在波动中下降的趋势，低于世界平均水平、中等收入国家水平和金砖国家的一般水平。

二 中国消费率演进分析

改革开放以来，随着经济快速增长，我国需求结构失衡问题越来越严重，主要表现为投资率急剧攀升，消费率逐年下降，经济增长越来越依靠固定资产投资来维持，消费对经济增长的贡献逐年下降。本节主要考察改革开放以来我国消费率演变态势，并对其原因进行简单探讨。

根据《中国统计年鉴 2017》提供的资料（表 2 - 2），在"高投资、高增长"发展战略导向下，我国最终消费率和居民消费率呈现出在波动中稳定下降的趋势。其演变过程大致经历了上升—下降—上升—下降的过程，可划分为四个阶段。

第一阶段（1978 ~ 1983）：从 1978 年开始，最终（居民）消费率连续六年上升，到 1983 年达到 66.8%（53.0%），比 1978 年高了 5.3 个百分点（4.6 个百分点）。该阶段最终消费率和居民消费率的上升是由于在改革开放后我国重新审视当时重积累、轻消费、重生产、轻生活的发展战略，通过提高工资和农产品价格等措施对改革开放前的历史欠账进行清算，在一定程度了提高了广大人民群众的收入水平。

第二阶段（1984～1995）：最终（居民）消费率持续下降，由 1984 年的 65.1%（50.2%）下降为 1995 年的 58.8%（45.6%），降低了 6.3 个百分点（4.6 个百分点）。

第三阶段（1996～2001）：这一时期最终消费率有小幅上升，大致在 61.1%（46.1%）上下波动。这一时期消费率上升主要有两方面的原因：一是我国扩大内需政策开始实施，除了投资增加外，也推出了一些促进消费的政策；二是当时恰逢亚洲金融危机，我国实施了一定的刺激政策，也有刺激消费增长的作用。

第四阶段（2002 年至今）：我国最终（居民）消费率下降非常明显，大致下降了 7 个百分点（5.8 个百分点）。其主要原因可归结为几方面：一是，经济发展环境变化较大，居民面临的不确定性增加，使得居民的预防性储蓄增加，消费支出减少，进而导致整体消费率下降；二是，随着我国商品房改革进程的推进，2002 年后商品房价格大幅上涨，居民收入中很大一部分被住房需求所消耗，可用于消费的收入减少；三是，随着我国高等教育市场化推进，居民家庭收入中有很大比例被子女教育费用消耗，导致可用于消费的收入减少；四是，从我国收入分配来看，居民收入占国民收入比重逐年下降，也是导致我国最终消费率和居民消费率下降的主要原因。

表 2-2 1978 年以来中国消费率和资本形成率变化情况

单位：%

年份	最终消费率	居民消费率	农村居民消费率	城镇居民消费率	政府消费率
1978	61.4	48.4	30.1	18.3	13.0
1979	63.2	49.4	30.8	18.6	13.8
1980	64.8	51.1	30.9	20.2	13.8
1981	66.1	53.0	32.5	20.5	13.1
1982	65.9	52.8	33.5	19.3	13.1
1983	66.8	53.0	33.3	19.7	13.8
1984	65.1	50.2	30.6	19.6	14.9

续表

年份	最终消费率	居民消费率	农村居民消费率	城镇居民消费率	政府消费率
1985	64.5	50.4	30.4	20.1	14.1
1986	64.2	50.5	29.7	20.8	13.7
1987	62.1	49.2	28.2	21.0	12.9
1988	61.5	49.1	27.1	22.0	12.3
1989	63.6	50.6	28.0	22.5	13.0
1990	62.9	49.5	27.5	22.0	13.5
1991	61.5	47.7	25.2	22.5	13.9
1992	59.4	45.0	21.8	23.3	14.3
1993	57.9	43.7	19.5	24.2	14.2
1994	57.9	43.9	18.8	25.1	14.0
1995	58.8	45.6	18.7	26.9	13.2
1996	59.8	46.7	19.6	27.1	13.1
1997	59.4	45.8	18.7	27.1	13.6
1998	60.2	45.4	17.4	28.0	14.8
1999	62.3	46.1	16.3	29.8	16.2
2000	63.3	46.7	15.5	31.2	16.6
2001	61.6	45.6	14.6	30.9	16.0
2002	60.6	45.0	13.9	31.1	15.5
2003	57.5	42.9	12.9	30.1	14.6
2004	54.7	40.9	11.8	29.1	13.8
2005	53.6	39.8	11.1	28.7	13.9
2006	51.9	38.0	10.2	27.8	13.8
2007	50.1	36.7	9.4	27.3	13.4
2008	49.2	36.1	9.0	27.0	13.2
2009	49.4	36.2	8.8	27.4	13.2
2010	48.5	35.6	8.2	27.4	12.9
2011	49.6	36.3	8.5	27.9	13.3
2012	50.1	36.7	8.4	28.3	13.4
2013	50.3	36.8	8.3	28.5	13.5
2014	50.7	37.5	8.4	29.1	13.3
2015	51.8	38.0	8.5	29.6	13.8
2016	53.6	39.2	8.6	30.6	14.4

说明：此处消费率的计算都以 GDP 为分母。

资料来源：本表根据《中国统计年鉴 2017》计算得到。

三　城镇居民消费率和农村居民消费率变化情况

我国存在比较典型的城乡二元结构，居民消费由城镇居民消费和农村居民消费构成，从而居民消费率 = 农村居民消费率 + 城镇居民消费率。图2 - 4 给出了改革开放以来我国农村居民消费率和城镇居民消费率演变态势：以 1992 年为分界点，1992 年前我国农村居民消费率高于城镇居民消费率，1992 年及以后农村居民消费率低于城镇居民消费率。

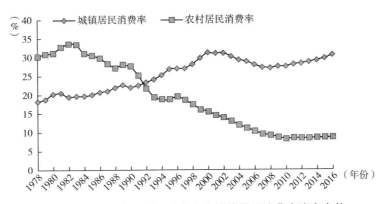

图 2 - 4　中国农村居民消费率和城镇居民消费率演变态势

农村居民消费率的演变经历了两个阶段：第一阶段（1978 ~ 1983），农村居民消费率由 1978 年的 30.1% 上升到 1983 年的 33.3%，5 年上升了3.2 个百分点，平均每年上升 0.64 个百分点。改革开放初期对家庭联产承包责任制的实施和国家对农业的政策性倾斜，使得人均农民纯收入上升，使得这一时期农村居民消费率的上升。第二阶段（1984 年至今），农村居民消费率逐年下降，由 1984 年的 30.6% 降低到 2016 年的 8.6%，降幅高达 22.0 个百分点。这一时期农村居民消费率下降的主要原因有两个方面：一是农村居民收入增长率长期低于经济增长率，导致农村居民收入在国民收入中比重下降；二是我国城乡收入差距持续扩大。

城镇居民消费率的演变经历了两个阶段：第一阶段（1978 ~ 2002），城镇居民消费率逐年上升，由 1978 年的 18.3% 上升到 2002 年的 31.1%，24 年上升了 12.8 个百分点，平均每年上升约 0.53 个百分点。从与同期农村居民消费率的下降趋势对比来看，城镇居民消费率上升主要是由于我国一直偏重城市建设，城镇居民比农村居民更多地享受到了我国经济增长的成果。第二阶段（2002年至今），城镇居民消费率有微弱下降趋势，主要与我国房价上涨、高等教育市场化等因素相关。

四　政府消费率变化情况

比较而言，政府消费率波动幅度远小于最终消费率和居民消费率，改革开放以来我国政府消费率一直围绕其均值14.0%在12.3%～16.6%这个范围内波动（图2－5），其最高值是2000年的16.6%，最低值为1988年的12.3%。一般来说，政府消费率的波动是由我国财政政策波动引起的，比如说在某些年份增加基础设施支出等措施会提高当年的政府消费率。对照上一节的分析结果表明，我国政府消费率基本处于中等收入国家标准，中国的政府消费率并不低于相同发展阶段国家的平均水平。

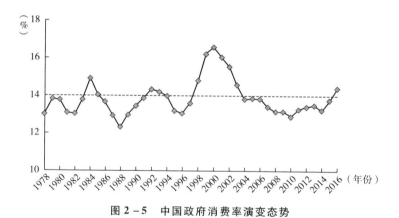

图2－5　中国政府消费率演变态势

五　中国消费率波动性分析

根据经济发展阶段相关理论，最终消费率和居民消费率一般表现出如下的波动特征：在经济发展初期处于较高水平，进入经济准备和起飞阶段后，由于需要较多的资本积累，最终消费率和居民消费率会下降，随着经济发展达到一定程度后，居民开始注重生活质量等导致消费率逐步上升，经济继续发展过程中消费率将趋于稳定；政府消费率则相对稳定，一般在10%～20%波动。由表2－2可知，我国最终消费率和居民消费率在2010年前后达到了其最低点，目前已处于逐步上升的通道中（参见本章第三节），而政府消费率一直围绕其均值14.0%在12.3%～16.6%这个范围内波动。从统计分析看，1978～2016年我国最终消费率、居民消费率和政府消费率的均值分别为58.36%、44.49%、13.86%，标准差分别为5.78%、5.62%、0.94%，标准差系数分别为0.10、0.13、0.07，因此相对来看，居民消费率波动性最大，最终消费率次之，政府消费率最小。（表2－3）

表2－3　1978～2016年中国消费率波动性分析

	均值（%）	标准差（%）	标准差系数
最终消费率	58.36	5.78	0.10
居民消费率	44.49	5.62	0.13
政府消费率	13.86	0.94	0.07

资料来源：本表根据《中国统计年鉴2017》计算得到。

第二节　中国经济增长稳定性特征

本节通过需求和供给各组成部分增长率变化情况粗略分析了改革开放以来我国经济增长稳定性的变化情况，结果表明各宏观经济变量的波动幅度在逐渐收窄，直观反映了经济增长稳定性提高。

一　中国经济增长稳定性需求层面考察

从需求方来看，GDP由最终消费支出、资本形成总额和净出口组成。图2－6给出了1978年以来我国GDP、最终消费和资本形成总额增长率。从图2－6可知，首先，我国GDP、最终消费和资本形成总额增长率变化经历了两个阶段：第一阶段（1978～1991），这一时期各变量增长率波动范围较大，最典型的资本形成总额增长率1985年的高达27.1%，而1989年则降低到了 -8.4%；第二阶段（1992年至今），各变量的波动幅度明显收窄。其次，资本形成总额增长率波动性最大，最终消费支出增长率波动性次之，GDP增长率波动性最小。最后，净出口增长率的波动性比最终消费支出和资本形成总额的波动性大，但由于净出口占GDP的比重较小，因此对经济增长稳定性的影响较小。

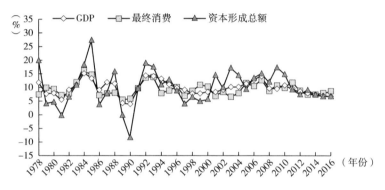

图2-6 1978年以来中国GDP、最终消费和资本形成总额增长率

二 中国经济增长稳定性供给层面考察

从供给层面来看，GDP由第一产业、第二产业和第三产业增加值组成。图2-7给出了1978年以来我国GDP及三次产业增长率。从图2-7可知，首先，我国GDP及三次产业增长率变化经历了两个阶段：第一阶段（1978～1991），由于我国刚开始推进市场化改革，体制改革及各种外生冲击对经济影响较大，因此GDP及三次产业增长率波动性较大；第二阶段（1992年至今），GDP及三次产业增长率波动范围逐渐收窄。其次，三次产业中第二产业增长率波动性最大，第一产业次之，第三产业最小。最后，1992年后各产业增长率与GDP增长率基本保持同步变动。

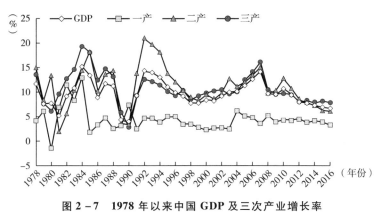

图 2 – 7　1978 年以来中国 GDP 及三次产业增长率

第三节　中国最终消费率的影响因素分析

一　引言

消费作为三驾马车中比重最大的支出项，同时也是最为稳定的支出项，对于经济持续稳定健康增长具有重要的支撑作用。最终消费率则衡量了总消费对 GDP 的总量贡献，最终消费率高则消费对经济总量的贡献大；反之，最终消费率低则消费对经济总量的贡献小。[①] 但自 2000 年以来，我国的最终消费率却呈现出逐年下降的态势，从 2000 年的 63.3% 下降到 2010 年的 48.5%，随着国家促消费政策的实施，到 2016 年又小幅回升到 53.6%。2007 年后，消费的疲软使我国经济的经济增长率逐渐下降，由 2007 年的 14.2% 下降到 2016 年的 6.7%。最终消费率持续下降严重地影响了我国经济增长的稳定性及可持续性。哪些因素影响最终消费率，通过对

---

① 需要注意的是，消费对经济的贡献可从两个角度来衡量：一是对经济总量（GDP）的贡献；二是对经济增量（经济增长）的贡献。前者一般用最终消费率来衡量，最终消费率是最终消费占国内生产总值的比重，反映了消费总量对支出法 GDP 总量的贡献。消费的增量贡献用消费贡献率来衡量，消费贡献率反映最终消费增量对支出法 GDP 增量的贡献。最终消费率与最终消费贡献率之间的联系在于：最终消费贡献率与最终消费率的变动方向是一致的，通常情况下，最终消费贡献率上升时，最终消费率也上升，反之，最终消费贡献率下降时，最终消费率也随之下降。因此，也可以利用最终消费率间接地反映消费对经济增长的拉动。

这些影响因素的调整能否遏制最终消费率的下降趋势，从而促进经济的稳健增长，对这些问题的解答对我国未来一段时间经济的可持续稳健增长尤为重要。

目前，直接研究消费率的影响因素的文献相对较少，由于国民收入等于消费与投资（储蓄）之和，因此研究消费率和研究储蓄率（或最优投资率）是同一个硬币的两面，大部分学者是从研究我国高储蓄率的影响因素的视角来分析这一问题的，这一领域的文献众多。在此，仅对直接研究消费率影响因素的文献进行分析。吴振球（2017）[①] 通过构建消费需求的"拉动力"和"推动力"相结合的理论模型，并在此基础上实证分析了劳动收入份额、相对全要素生产率、居民消费价格指数、城镇化率、基尼系数、居民储蓄存款利率和融资约束对居民消费的影响，结果表明基尼系数、居民储蓄存款利率和融资约束对居民消费有负影响，其余因素的影响均为正。易行健和杨碧云（2015）[②] 运用跨国面板数据对影响居民消费率的因素进行了分析，他们将人均 GDP、经济结构、对外开放、文化因素、城市化率、社会保障支出等 17 个变量纳入计量模型，研究发现文化因素、人均 GDP 增长率、通货膨胀率、政府消费率与经济结构变量、社会保障支出显著影响世界各国的居民消费率。周灵（2016）[③] 通过构建 VAR 模型分析了人口、土地及自然资源、资本、制度和创新五个方面因素对我国居民消费率的影响，结果表明老年抚养比、城乡居民收入差距、流转税税收收入抑制了居民消费率的提高，网民人数的增长则有利于居民消费率的提高。蔡跃洲和袁静（2009）[④] 指出，经济外向度、经济发展阶段、经济体制、居民收入水平、城市化等因素影响一个国家的消费率，其中消费率随人均 GDP 的提高先下降后上升，随后趋于稳定，经济外向度与消费率负相关，城市化水平的提高有助于消费率的提高。李立辉和

---

① 吴振球：《我国扩大居民消费：理论模型与实证研究》，《学习与实践》2017 年第 9 期。

② 易行健、杨碧云：《世界各国（地区）居民消费率决定因素的经验检验》，《世界经济》2015 年第 1 期。

③ 周灵：《供给侧结构性改革下我国居民消费率变动影响因素实证研究》，《商业经济研究》2016 年第 24 期。

④ 蔡跃洲、袁静：《消费率影响因素与促进居民消费的几点建议》，《中国经贸导刊》2009 年第 23 期。

何慧（2010）[1] 运用灰色关联法分析了最终消费率的影响因素，研究结果表明贫富差距、产业结构、资本形成率对最终消费率的影响依次排列，而且产业结构的影响变得越来越显著。韩金蓉[2]（2015）认为影响我国居民消费率的因素主要有消费习惯、地区经济发展水平、政府民生性财政支出、城市化水平、城乡收入差距、物价水平、人口结构等。徐汝嘉（2015）[3] 通过构建 VAR 模型分析了消费意愿（消费倾向）、收入分配、物价指数、市场化指数等因素对消费率的影响，平均消费倾向对消费率的影响较大，而基尼系数、价格指数和市场化程度也对消费率有一定程度的影响。

本节将对最终消费率的影响因素进行逐一考察，并在此基础上进行实证分析，以期解答 2000 年以来最终消费率的下降哪些因素起到了主要作用，哪些因素起到了减缓消费率下降的作用，进而为我国扩大消费政策提供参考。

二　最终消费率的影响因素

一般说来，最终消费率被认为受到诸多因素的影响，如人均 GDP、劳动收入份额、收入差距、经济转型、经济开放度、人口结构、文化因素等。

经济发展阶段（人均 GDP）。钱纳里和塞尔昆（1975）[4] 研究发现，消费率随经济发展阶段的演进呈现出典型的"U 型"曲线特征，消费率随人均 GDP 的增加先下降后上升。Gong（2012）[5] 进一步以 OECD 国家 1950~2004 年的数据进行实证分析，将消费率"U 型"演变规律进

---

[1] 李立辉、何慧：《我国最终消费率与各影响因素的灰关联分析》，《知识经济》2010 年第 5 期。

[2] 韩金蓉：《我国居民消费率变动及其影响因素的实证分析——基于省际面板数据》，硕士学位论文，华中科技大学，2015。

[3] 徐汝嘉：《中等收入背景下我国消费率的影响因素研究》，硕士学位论文，湖南师范大学，2015。

[4] 〔美〕霍利斯·钱纳里、〔以〕莫伊斯·塞尔昆：《发展的型式：1950—1970》，李新华等译，经济科学出版社，1988。

[5] Gang Gong, *Contemporary Chinese Economy*, Routledge Press, 2012.

一步总结为消费库兹涅茨曲线（消费占 GDP 比例随人均 GDP 的演变）（图 2 - 8）。将我国人均 GDP 折算为 2000 年不变价，图 2 - 9 给出了我国消费率随人均 GDP 的散点图及拟合曲线，表明我国消费率的演变符合钱纳里、龚刚提出的"U 型"演变规律，进一步计算消费率"U 型"曲线的拐点：表明当人均 GDP 达到 21000 元时，消费率达到其最低点 49%，对应到我国现实中，大致在 2010 年消费率达到了消费库兹涅茨曲线的拐点。

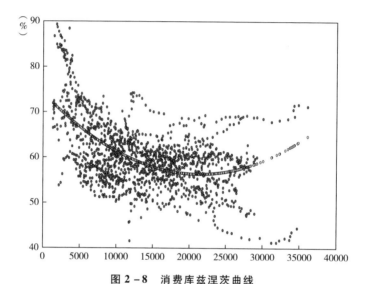

图 2 - 8　消费库兹涅茨曲线

说明：本图引自龚刚、杨光（2013）和 Gong（2012）。

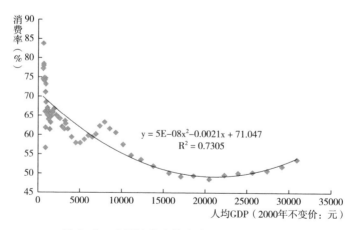

$$y = 5E\text{-}08x^2 - 0.0021x + 71.047$$
$$R^2 = 0.7305$$

图 2 - 9　中国消费率随人均 GDP 的演变轨迹

劳动收入份额。现有文献中直接研究劳动收入份额与消费率关系的并不多，且大多侧重于实证研究。刘东皇和沈坤荣（2017）[①] 分析了劳动收入份额对消费率的影响机理，劳动收入份额的变化通过影响各部门在国民收入初次分配中的比例影响消费能力（消费规模），通过影响社会的消费倾向进而影响消费需求（GDP）；若劳动收入占比对居民消费规模表现出正向影响，且劳动收入占比对 GDP 的影响不显著，则劳动收入占比对居民消费率一定表现出正向的影响；结合中国数据的实证研究表明，劳动收入份额的上升是近年来我国消费率回升的主要原因，但劳动收入份额对消费率的影响是由劳动收入占比对 GDP 表现出负向影响导致的。邹红和喻开志（2011）[②] 从另一角度分析了劳动收入份额与中国居民消费的关系，其理论研究指出劳动收入份额对消费率的影响包括了直接效应和间接效应，间接效应通过劳动收入份额变化对收入差距的影响来实现。高帆（2014）[③] 通过省际数据的实证研究表明，劳动者报酬占比每提高 1 个百分点，会导致居民消费率提高 0.2658 个百分点。刘社建和李振明（2010）[④] 指出，劳动收入份额的下降导致了我国消费率的持续走低。

收入差距。由于富人的边际消费倾向较低，而穷人的边际消费倾向较高，收入差距的扩大导致了最终消费增长低于 GDP 增长，最终导致了最终消费率的下降（朱国林等[⑤]，2002；杨汝岱、朱诗娥[⑥]，2007）。陈斌开（2012）[⑦] 通过构建生命周期模型，阐述了收入差距扩大对消费率的作用机

---

① 刘东皇、沈坤荣：《劳动收入占比与居民消费率：机理与中国经验》，《社会科学研究》2017 年第 1 期。

② 邹红、喻开志：《劳动收入份额、城乡收入差距与中国居民消费》，《经济理论与经济管理》2011 年第 3 期。

③ 高帆：《劳动者报酬占比、城乡收入分配与中国居民消费率——基于省际面板数据的实证研究》，《学术月刊》2014 年第 11 期。

④ 刘社建、李振明：《扩大消费研究：提高劳动者报酬份额的思路》，《上海经济研究》2010 年第 2 期。

⑤ 朱国林、范建勇、严燕：《中国的消费不振与收入分配：理论和数据》，《经济研究》2002 年第 5 期。

⑥ 杨汝岱、朱诗娥：《公平与效率不可兼得吗？——基于居民边际消费倾向的研究》，《经济研究》2007 年第 12 期。

⑦ 陈斌开：《收入分配与中国居民消费——理论和基于中国的实证研究》，《南开经济研究》2012 年第 1 期。

制，并运用省际面板数据对此进行了实证分析，结果表明城乡收入差距每扩大 1 单位，居民消费率下降 6.5 个百分点，城乡收入差距扩大导致居民消费率在 2000~2008 年间下降了 3.42 个百分点，解释了这一期间居民消费率下降的 30.8%。因此，收入差距是影响最终消费率的一个重要因素。在后续实证分析中，收入差距这一指标用城乡收入比（城镇居民年人均可支配收入/农村居民年人均纯收入）进行刻画。

经济开放度。改革开放以来，我国的对外开放程度在逐年提高，刻画开放程度的贸易依存度已高达 70%，根据比较优势理论，发展中国家在国际贸易中会促进其劳动密集型产业的发展，进而有利于劳动收入份额和消费率的提高。因此，预期经济开放度与消费率正相关。

人口结构。文献中考察人口结构对消费率的影响一般从少儿抚养比和老年抚养比两个指标着手（王欢、黄健元，2015[1]；李承政、邱俊杰，2012[2]）。刘铠豪（2016）[3]、刘铠豪和刘渝琳（2014）[4] 通过扩展的世代交叠模型构建的总体消费模型，考察人口结构变化对居民消费的影响，实证研究结果表明少儿抚养比对我国居民消费具有显著的正向影响，而老年抚养比对消费具有显著的负向影响。本节也运用这两个指标来分析人口结构对消费率的影响。

三　最终消费率影响因素的实证分析

（一）模型构建

基于前文分析的经济发展阶段、劳动收入份额、收入差距、人口结构、城市化率等因素对消费率的影响分析，本部分定量研究各因素对消费

① 王欢、黄健元：《中国人口年龄结构与城乡居民消费关系的实证分析》，《人口与经济》2015 年第 2 期。
② 李承政、邱俊杰：《中国农村人口结构与居民消费研究》，《人口与经济》2012 年第 1 期。
③ 刘铠豪：《人口年龄结构变化影响城乡居民消费率的效应差异研究——来自中国省级面板数据的证据》，《人口研究》2016 年第 2 期。
④ 刘铠豪、刘渝琳：《中国居民消费增长的理论机理与实证检验——来自人口结构变化的解释》，《劳动经济研究》2014 年第 2 期。

率的影响程度。通过建立简单的线性回归模型，粗略分析各因素对最终消费率的影响。构建如下模型：

$$CR = \beta_0 + \beta_1 LNGDP + \beta_2 LNGDP^2 + \beta_3 LIR + \beta_4 CDR + \beta_5 EDR + \beta_6 IG + \beta_7 MY + \mu$$

$$(2-1)$$

其中 CR 为消费率，LNGDP 是人均 GDP 的对数，LIR 是劳动收入份额，CDR 是少儿抚养比，EDR 是老年抚养比，IG 表示收入差距，MY 是贸易依存度。为了检验最终消费率随经济发展阶段的演变是否符合"消费库兹涅茨曲线"，在模型中加入了对数人均 GDP 的二次项。所有数据均来自国家统计局数据库和历年中国统计年鉴（表 2 - 4）。

表 2 - 4 1990 ~ 2016 年中国消费率及其影响因素数据

年份	最终消费率	劳动收入份额	收入差距	贸易依存度	少儿抚养比	老年抚养比	对数人均 GDP（2000 年不变价）
1990	62.94	53.10	2.20	29.46	41.49	8.35	8.09
1991	61.54	51.80	2.40	32.84	41.79	9.03	8.17
1992	59.36	51.70	2.58	33.53	41.67	9.30	8.29
1993	57.93	48.40	2.80	31.60	40.70	9.22	8.41
1994	57.91	49.40	2.86	41.91	40.52	9.54	8.52
1995	58.82	49.90	2.71	38.31	39.58	9.23	8.61
1996	59.76	49.20	2.51	33.61	39.27	9.54	8.70
1997	59.37	50.10	2.47	33.83	38.46	9.69	8.78
1998	60.20	49.60	2.51	31.52	38.02	9.91	8.84
1999	62.34	49.70	2.65	33.01	37.52	10.20	8.91
2000	63.30	47.50	2.79	39.16	32.64	9.92	8.98
2001	61.61	46.60	2.90	38.05	31.96	10.09	9.05
2002	60.57	47.40	3.11	42.21	31.86	10.38	9.13
2003	57.49	46.10	3.23	51.29	31.39	10.65	9.22
2004	54.74	47.60	3.21	59.03	30.32	10.69	9.31
2005	53.62	47.10	3.22	62.42	28.14	10.67	9.42
2006	51.86	45.90	3.28	64.24	27.31	10.96	9.53
2007	50.14	44.80	3.33	61.77	26.78	11.10	9.66
2008	49.22	44.80	3.31	56.31	26.03	11.33	9.74

年份	最终消费率	劳动收入份额	收入差距	贸易依存度	少儿抚养比	老年抚养比	对数人均GDP（2000年不变价）
2009	49.37	45.60	3.33	43.16	25.30	11.60	9.83
2010	48.45	44.30	3.23	48.84	22.30	11.90	9.93
2011	49.59	43.60	3.13	48.31	22.10	12.25	10.01
2012	50.11	45.40	3.10	45.18	22.20	12.66	10.08
2013	50.31	48.20	3.03	43.37	22.20	13.08	10.15
2014	50.73	46.51	2.97	41.03	22.45	13.69	10.22
2015	51.82	47.89	2.95	35.63	22.63	14.33	10.28
2016	53.62	47.46	2.85	32.71	22.90	15.00	10.34

（二）数据的平稳性及协整检验

运用 ADF 检验来检验数据的平稳性，检验结果如表 2-5 所示。分别对最终消费率、劳动收入份额、收入差距、贸易依存度、少儿抚养比、老年抚养比、对数人均 GDP 等 7 个变量的水平值及一阶差分进行 ADF 检验，结果表明：在 1% 的显著水平上，7 个变量的水平值都是不平稳的；在 5% 的显著水平上，7 个变量的一阶差分序列都是平稳的，也就是说，7 个变量序列都是一阶单整的。

表 2-5　单位根检验结果（ADF 检验）

变量	ADF 值	1% 临界值	5% 临界值	10% 临界值	检验形式（C，T，N）	检验结果
CR	-1.69908	-3.72407	-2.98623	-2.6326	(C, 0, 1)	不平稳
ΔCR	-2.11304	-2.66072	-1.95502	-1.60907	(0, 0, 1)	平稳
LNGDP	1.139049	-2.66072	-1.95502	-1.60907	(0, 0, 1)	不平稳
$\Delta LNGDP$	-4.2611	-4.37431	-3.6032	-3.23805	(C, T, 1)	平稳
LIR	-2.50153	-3.71146	-2.98104	-2.62991	(C, 0, 0)	不平稳
ΔLIR	-5.99697	-3.72407	-2.98623	-2.6326	(C, 0, 1)	平稳
CDR	-1.41319	-4.35607	-3.59503	-3.23346	(C, T, 0)	不平稳
ΔCDR	-4.48752	-4.37431	-3.6032	-3.23805	(C, T, 1)	平稳
EDR	-0.60225	-2.67974	-1.95809	-1.60783	(C, 0, 5)	不平稳
ΔEDR	-2.75128	-2.66485	-1.95568	-1.60879	(0, 0, 1)	平稳

续表

变　量	ADF 值	1% 临界值	5% 临界值	10% 临界值	检验形式（C，T，N）	检验结果
MY	− 0.65412	− 4.35607	− 3.59503	− 3.23346	（C，T，0）	不平稳
ΔMY	− 4.10942	− 4.37431	− 3.6032	− 3.23805	（C，T，1）	平　稳
IG	− 1.92227	− 4.37431	− 3.6032	− 3.23805	（C，T，1）	不平稳
ΔIG	− 2.36797	− 2.66072	− 1.95502	− 1.60907	（0，0，1）	平　稳

注：C、T、N 分别代表检验中是否带有常数项、时间趋势项及差分滞后阶数，差分滞后阶数的选择为 SIC 最小化原则。

最终消费率、劳动收入份额、收入差距、贸易依存度、少儿抚养比、老年抚养比、对数人均 GDP 等 7 个变量都不是平稳的，但它们都是一阶单整序列，满足协整检验前提条件。采用 Johansen 协整检验来检验变量间是否存在长期均衡关系。检验结果表明（表 2 − 6），在显著水平为 5% 的情况下，最终消费率、劳动收入份额、收入差距、贸易依存度、少儿抚养比、老年抚养比、对数人均 GDP 等 7 个变量间存在协整关系。

表 2 − 6　Johansen 协整检验结果

原假设	特征值	迹统计量	5% 临界值	相伴概率	最大特征根	5% 临界值	P 值
None *	0.956684	240.5661	125.6154	0.0000	78.48084	46.23142	0.0000
At most 1 *	0.869113	162.0852	95.75366	0.0000	50.83548	40.07757	0.0022
At most 2 *	0.795753	111.2497	69.81889	0.0000	39.71068	33.87687	0.0090
At most 3 *	0.770164	71.53906	47.85613	0.0001	36.75970	27.58434	0.0025
At most 4 *	0.527329	34.77936	29.79707	0.0123	18.73389	21.13162	0.1048
At most 5 *	0.405555	16.04547	15.49471	0.0413	13.00319	14.26460	0.0783
At most 6	0.114578	3.042278	3.841466	0.0811	3.042278	3.841466	0.0811

（三）实证分析

运用表 2 − 4 的数据对式（2 − 1）进行回归，得到如下的回归结果：

$$CR = - 646.0270 - 177.2493 \times LNGDP + 11.1690 \times LNGDP^2 + 0.2920 \times LIR + 1.2438 \times CDR$$

$$\quad（- 10.87）\quad（- 14.00）\qquad（14.89）\qquad\qquad（2.94）\qquad\qquad（1.68）$$

$$- 6.0492 \times EDR - 2.9920 \times IE - 0.2014 \times MY + [AR(1) = 0.3894, AR(2) = - 0.5368]$$

$$（- 0.89）\qquad（- 1.98）\qquad（- 5.32）\qquad\qquad（2.04）\qquad\qquad（- 3.53）$$

$$R^2 = 0.9832，\text{D. W} = 2.4353，\text{F} = 93.6374 \qquad\qquad （2 - 2）$$

从回归结果看，模型各变量除少儿抚养比和老年抚养比外，其他各回归参数的 t 统计量均大于显著水平为 5% 的临界值，调整后拟合优度大于 0.9832，DW 统计量为 2.4353，表明模型不存在自相关，模型设定良好。

由（2-2）式可知，我国最终消费率随人均 GDP 的演变符合"消费率'U 型'曲线"的演变规律，即消费率随人均 GDP 的增加先下降后上升；劳动收入份额对最终消费率有正的影响，每上升 1 个百分点会引起消费率上升 0.2920 个百分点，这一结果与高帆（2014）[1] 的研究结果较为接近，也说明劳动收入份额是最终消费率的重要影响因素；城乡收入差距每扩大 1 个单位（即城镇居民收入相对于农村居民收入每提高 1 倍），最终消费率下降近 3 个百分点，这一结果也与我国近年来的实际情况相符，由图 2-4 可知，我国近年来农村消费率下降是造成我国最终消费率下降的主要原因；最终消费率与贸易依存度负相关，贸易依存度每上升 1 个百分点，最终消费率下降 0.20 个百分点，说明由于经济开放带来的不确定性对消费率起到了负向作用[2]；少儿抚养比对最终消费率产生正向影响，老年抚养比对最终消费率产生负向影响，但由于 t 统计量没有通过检验，说明二者对最终消费率的影响不太显著。

第四节 小结

本章主要通过统计数据简单分析了我国最终消费率变化与经济增长稳定性的特征事实，得到以下结论。

第一，从国际比较来看，我国最终消费率低于世界平均水平、相同发展阶段国家平均水平。

第二，我国最终消费率降低主要由居民消费率降低引起，但在本书后

---

[1] 高帆：《劳动者报酬占比、城乡收入分配与中国居民消费率——基于省际面板数据的实证研究》，《学术月刊》2014 年第 11 期。

[2] 易行健和杨碧云（2015）将净出口占比作为居民消费率的影响因素，运用跨国数据进行分析表明，净出口占比对居民消费率的短期和长期效应均为负，表明国外需求对国内需求具有较强的替代性。

续研究中并没有探讨最终消费率低的原因，而侧重分析最终消费率对经济增长及其稳定性的影响。

第三，无论从供给方还是需求方来分析，我国经济增长稳定性在逐步提高是一个重要的经济事实。

第四，通过最终消费率的影响因素分析表明：我国最终消费率随人均GDP 的演变符合"消费率'U型'曲线"的演变规律，即消费率随人均GDP 的增加先下降后上升；劳动收入份额和收入差距是最终消费率的重要影响因素。

第三章

经济动态效率与最优消费率

本章从经济动态效率的视角对最优消费率的概念进行界定，经济实现黄金律增长时对应的消费率为一个经济体的最优消费率；讨论了经济动态效率和最优消费率的关系：当经济处于动态无效状态时，现实经济的消费率低于最优消费率；当经济处于动态有效状态时，现实经济的消费率高于最优消费率。在理论分析的基础上，运用全国和地区层面数据对最优消费率和动态效率问题进行了实证研究。

第一节　经济动态效率及其评价方法

一　动态效率与黄金律资本存量

经济动态效率涉及的是经济长期增长过程中的最优资本积累问题，具体来说分析的是一个经济体的资本存量是否与经济最优增长所要求的资本存量相一致的问题。[①] 菲尔普斯（Phelps，1961）[②] 以索洛模型为基础提出了资本积累黄金律（Golden Rule）[③] 的概念，进而最早分析了经济动态效率

---

① 袁志刚、何樟勇：《20 世纪 90 年代以来中国经济的动态效率》，《经济研究》2003 年第 7 期。
② E. Phelps, "The Golden Rule of Accumulation: A Fable for Growthmen," *American Economic Review*, 1961, 51 (4): 638 – 643.
③ 罗伯特·巴罗和哈维尔·萨拉伊伊马丁（2000）在所著的《经济增长》中指出，资本积累黄金律的名字来源于《圣经》中的行为的黄金律："己所不欲，勿施于人。"从经济学意义上来看可解释为：如果我们对当前和未来世代的成员提供相同数量的消费——也就是说我们给予未来世代的并不比给予我们自己的要少。

问题。因此，当一个经济体的资本存量超过黄金律资本存量时，该经济体处于动态无效状态——资本积累过度，资源配置在当期和未来没有达到帕累托最优，存在帕累托改进的余地。经济没有处于最优增长路径上，可以通过某种安排进行调整，使经济向其最优增长路径收敛。实际上，经济中存在一种特殊情况，经济满足这一条件时，就可实现经济增长的黄金律，即"劳动者消费其所得，资本所有者投资其所得"，也就是经济中的总消费等于劳动收入，总投资等于资本收益。[①]

二　动态效率评价方法

从理论层面分析，检验经济动态效率的方法主要有三种：（1）比较现实经济中的资本存量与黄金律资本存量，当资本存量大于黄金律资本存量时，经济动态无效；（2）比较资本的边际产出或利率与经济增长率，当资本边际产出或利率小于经济增长率时，经济动态无效；（3）AMSZ 现金流准则：当净资本收益小于零时，经济动态无效。若经济不存在不确定性，则这三种方法是等价的；但当经济存在不确定性的时候，则 AMSZ 现金流准则优于其他两种方法[②]。

在我国经济转型过程中，资本的迅速积累是改革开放 30 多年来我国经济高速增长的一个主要源泉，1978～2016 年我国的资本形成率平均为 39.6%，远远高于同期世界平均水平。经过 30 多年的高速资本积累，我国经济的资本积累是否过度成为国内外学者关注的一个热点问题。不同学者运用不同的方法检验了中国经济的动态效率问题：大部分学者运用 AMSZ 准则检验中国经济的动态效率，但由于使用的数据和统计数据的差别，检验结果并不一致，最开始以动态无效为主导，而近年来由于统计数据改善等原因则倾向于得到动态有效的结论（史永东、杜两省，2001[③]；史永东、齐鹰飞，2002[④]；袁志刚、何樟勇，

---

① 对这一命题的证明参见本章附录。
② 谭鑫、赵鑫铖：《经济动态效率研究综述》，《云南财经大学学报》2011 年第 4 期。
③ 史永东、杜两省：《资产定价泡沫对经济的影响》，《经济研究》2001 年第 10 期。
④ 史永东、齐鹰飞：《中国经济的动态效率》，《世界经济》2002 年第 8 期。

2003[1]；刘宪，2004[2]；项本武，2008[3]；黄伟力，2008[4]；孟祥仲、严法善，2008[5]；蒲艳萍、王维群，2009[6]）。另外一些学者则运用比较资本边际产出或利率与经济增长率的方法来检验动态效率，袁志刚和何樟勇（2003）、王晓芳和王维华（2007）[7] 得到了中国经济是动态无效的结论，而吕冰洋（2008）[8] 则得到了全国资本边际生产率均大大高于经济增长率，资本积累是动态有效的结论。

第二节 最优消费率与动态效率：理论框架

在实证研究中，AMSZ 现金流准则被广泛地用于评价经济动态效率，因此在分析动态效率与最优消费率的关系时，本节沿用埃布尔等（Abel et al.，1989）[9] 提出的 AMSZ 现金流准则及其扩展。

一 AMSZ 现金流准则及其扩展

如何评价中国经济的资本积累动态效率，本节沿用 Abel 等（1989）提出的 AMSZ 现金流准则。假定经济中的每一个行为人都存活两期且最大

---

① 袁志刚、何樟勇：《20 世纪 90 年代以来中国经济的动态效率》，《经济研究》2003 年第 7 期。

② 刘宪：《中国经济中存在资本的过度积累吗?》，《财经研究》2004 年第 10 期。

③ 项本武：《中国经济的动态效率：1992—2003》，《数量经济技术经济研究》2008 年第 3 期。

④ 黄伟力、隋广军：《中国经济的动态效率——基于修正黄金律的研究》，《山西财经大学学报》2007 年第 3 期。

⑤ 孟祥仲、严法善、王晓：《对我国经济增长动态效率的实证考察》，《世界经济文汇》2008 年第 5 期。

⑥ 蒲艳萍、王维群：《我国资本投入动态效率及区域差异：1952—2006》，《经济问题探索》2009 年第 4 期。

⑦ 王晓芳、王维华：《我国经济运行的"动态效率"——基于居民储蓄 - 消费决策机制的实证判断》，《山西财经大学学报》2007 年第 8 期。

⑧ 吕冰洋：《中国资本积累的动态效率：1978—2005》，《经济学（季刊）》2008 年第 1 期。

⑨ A. Abel, N. G. Mankiw, L. H. Summers, and R. J. Zeckhauser, "Assessing Dynamic Efficiency: Theory and Evidence," *Review of Economic Studies*, 1989, 56 (1): 1 - 20.

化其冯诺依曼 - 摩根斯坦效用函数

$$MaxU = u(c_{1t}) + E_t v(c_{2t+1}) \qquad (3-1)$$

t 时期出生的行为在 t 期的消费为 c_{1t}，在 $t+1$ 期的消费 c_{2t+1}，E_t 为基于 t 期信息的条件期望算子。t 时期有 N_t 的行为人出生，由于行为人在年轻时无弹性地供给 1 单位劳动，获得实际工资 w_t 而在年老时不工作，因此 N_t 也是 t 时期的劳动供给量。行为人消费掉第一期中的部分收入，剩余部分储蓄以用作第二期退休的消费。从而行为人的预算约束为

$$c_{1t} = w_t - V_t s_t \qquad (3-2)$$

$$c_{2t+1} = (D_{t+1} + V_{t+1}) s_t \qquad (3-3)$$

其中 w_t、s_t、V_t、D_t 分别为实际工资、行为人拥有的市场组合份额、支付股利后的市场组合的价值和股利。令 R_{t+1} 表示任意资产从 t 时期到 $t+1$ 时期获得的总收益，则根据行为人的目标及约束可得资本资产定价的一阶条件为

$$E_t \left[\frac{v'(c_{2t+1}) R_{t+1}}{u'(c_{1t})} \right] = 1 \qquad (3-4)$$

实际上，（3-4）对行为人持有的市场组合也是成立的，从而有 $R_{t+1} = R_{t+1}^M = (D_{t+1} + V_{t+1})/V_t$。

根据以上分析，经济的总消费等于当期年轻人的消费和老年人的消费，即有 $C_t = N_t c_{1t} + N_{t-1} c_{2t}$，且有 $N_t s_t = 1$。预算约束（3-2）式和（3-3）式表明，消费等于劳动收入与红利之和

$$C_t = w_t N_t + D_t \qquad (3-5)$$

令 Y_t 表示总产出，则资本收入为 $\pi_t = Y_t - w_t N_t$，投资为 $I_t = Y_t - C_t$。由（3-5）式有

$$D_t = \pi_t - I_t \qquad (3-6)$$

也就是说红利等于资本收入减去投资，也可以说红利等于消费减去劳动收入。需要注意的是这里的红利含义与一般意义上红利的差别，企业回

购份额被认为是红利支付，而新股发行被认为是红利发放。红利是除劳动收入外的从企业流向家庭的净商品流。

企业用资本和劳动两种要素生产产出。假定企业的生产函数如下：

$$Y_t = F(I_{t-1}, I_{t-2}, \cdots, I_{t-n}; N_t, \theta_t) \qquad (3-7)$$

其中 I_t 为 t 时期的总投资，向量 θ_t 是 t 时期的自然状态，该向量包含了所有当前和此前的冲击。若假定资本在当期完全折旧，则每个时期的投资就是下一个时期的资本存量，则生产函数简化为 $Y_t = F(I_{t-1}, I_{t-2}, \cdots, I_{t-n}; N_t, \theta_t)$。如果资本持续多期或者有资本装置成本，则在生产函数中体现出产出对过去投资的依赖性。生产函数（3-7）式是一般形式，即使在资本并非完全折旧或资本结构因技术变化而每期改变的条件下也成立。假定生产技术具有规模报酬不变的特性，即生产函数对过去的投资和当前劳动是一次齐次的，则竞争性工资为

$$w_t = \partial F(I_{t-1}, I_{t-2}, \cdots, I_{t-n}; N_t, \theta_t)/\partial N_t \qquad (3-8)$$

则资本总收益为

$$\pi_t = \sum_{i=1}^{\infty} F_t^i I_{t-i} \qquad (3-9)$$

其中 F_t^i 为偏导数 $\partial F(I_{t-1}, I_{t-2}, \cdots, I_{t-n}; N_t, \theta_t)/\partial I_{t-i}$，且假定 $F_t^i \geq 0$，（3-7）式的生产函数假定对于 $i > n$，$F_t^i = 0$，（3-9）式表明利润由所有处于寿命期内的资本的收益构成。

令 $\xi(\theta_t)$ 为 t 时期自然状态 θ_t 下出生的一代人的事后效用，则有

$$\xi(\theta_t) = u[c_{1t}(\theta_t)] + E_t v[c_{2t+1}(\theta_{t+1}) \mid \theta_t]$$

如果不能重新分配资源使得 $\{\theta_t\}$ 中某个状态 θ_s 的效用水平 $\xi(\theta_t)$ 上升而没有导致其他任何一个状态效用水平下降，就称当前的均衡水平处于动态有效，反之则称为动态无效。根据以上推导，可得 AMSZ 现金流准则。

AMSZ 现金流准则：如果对于所有时期和所有自然状态，$D_t/V_t \geq \varepsilon > 0$ 都成立，那么均衡经济是动态有效的；如果对于所有时期和所有自然状态，$D_t/V_t \leq -\varepsilon < 0$ 都成立，那么均衡经济是动态无效的。

　　该准则说明判断动态效率的标准是，看一个经济体的生产部门是现金流的净流入还是净流出，当流向生产部门的现金流大于从生产部门流出的现金流时，经济是动态无效的。

　　埃布尔等（Abel et al. , 1989）[1] 考虑到在他们提出 AMSZ 现金流准则之前，诸多学者都通过比较收益率和增长率来描述经济动态效率的条件，为保持与此前文献的可比性，他们对 AMSZ 现金流准则进行了扩展得到引理 1。根据前面分析，行为人持有的市场组合收益率 $R_{t+1}^{M} = (D_{t+1} + V_{t+1})/V_t$，定义 $G_{t+1} = V_{t+1}/V_t$ 是市场组合价值的增长率，可得

$$R_{t+1}^{M}/G_{t+1} = 1 + D_{t+1}/V_t \qquad (3-10)$$

　　由（3-10）式的经济含义可导出引理 1。

　　引理 1　如果对于所有时期和所有自然状态，$R_t^{M}/G_t \geq 1 + \varepsilon > 1$ 都成立，那么均衡经济是动态有效的；如果对于所有时期和所有自然状态，$R_t^{M}/G_t \leq 1 - \varepsilon < 1$ 都成立，那么均衡经济是动态无效的。

　　引理 1 表明可以运用资本收益率来判断经济是否动态有效，因为在均衡稳态时市场投资组合价值的增长率等于经济增长率。实际上，可通过对引理 1 进行扩展得到更一般性的结论，任何资产的竞争性收益都能够用于判断经济是否动态有效。令 R_{t+1} 表示任意资产从 t 时期到 $t+1$ 时期获得的竞争性收益率，从而可得定理 1。

　　定理 1　如果对于所有时期和所有自然状态，存在一种资产使其收益率 R_t 满足 $R_t/G_t \geq 1 + \varepsilon > 0$ 都成立，那么均衡经济是动态有效的；如果对于所有时期和所有自然状态，存在一种资产使其收益率 R_t 满足 $R_t/G_t \leq 1 - \varepsilon < 0$ 都成立，那么均衡经济是动态无效的。

　　由于经济动态效率收益率判定方法需要收集资产收益率，而在中国资产收益率的数据难以收集。考虑到我国统计核算体系与西方的差异，对 Abel 等的定理 1 进行扩展。由（3-5）式可知，$D_t = C_t - w_t N_t = C_t - L_t$，其中 $L_t = w_t N_t$，由此可导出与 AMSZ 现金流准则、定理 1 和等价的定理 2。

[1]　A. Abel, N. G. Mankiw, L. H. Summers, and R. J. Zeckhauser. "Assessing Dynamic Efficiency: Theory and Evidence," *Review of Economic Studies*, 1989, 56 (1): 1-20.

定理 2 如果对于所有时期和所有自然状态，经济中 $C_t/L_t \geqslant 1 + \varepsilon > 1$ 都成立，那么均衡经济是动态有效的；如果对于所有时期和所有自然状态，经济中 $C_t/L_t \leqslant 1 - \varepsilon < 1$ 都成立，那么均衡经济是动态无效的。

定理 2 表明判断经济的动态效率现在转换为比较消费和劳动收入之间的大小关系：若消费大于劳动收入，那消费超过劳动收入的部分必然来自资本收益，也就是 AMSZ 现金流准则中提到的红利（利润减去投资），当利润除去投资后还有剩余（即净资本收益），从而使得消费大于劳动收入，则均衡动态有效。根据我国统计核算体系的特点，支出法和收入法 GDP 核算都具备，因此在判断经济动态效率上定理 2 比 AMSZ 现金流准则更符合我国经济特点。

二 最优消费率与动态效率的关系分析

当经济处于动态有效和无效的临界点上时，对应经济达到了最优消费率：增加投资，进而使消费减少，消费率下降，则经济将进入动态无效状态；减少投资，进而使消费增加，消费率提高，则经济将进入动态有效状态。根据 AMSZ 现金流准则及定理 2，若 $D_t/V_t \geqslant \varepsilon > 0$（或 $C_t/L_t \geqslant 1 + \varepsilon > 1$）经济是动态有效的，此时投资相对不足进而使资本存量与黄金律资本存量有一定的距离，则经济的消费率高于其最优消费率，高于最优消费率的幅度与 ε 正相关；若 $D_t/V_t \leqslant -\varepsilon < 0$（或 $C_t/L_t \leqslant 1 - \varepsilon < 1$）经济是动态无效的，此时投资相对过剩进而使资本存量超过了黄金律资本存量，则经济的消费率低于其最优消费率，低于最优消费率的幅度与 ε 正相关。

分析现实经济中的消费率与最优消费率的关系时，可以通过评价经济动态效率来间接反映两者之间的关系：当经济处于动态无效状态时，现实经济的消费率低于最优消费率，低于最优消费率的幅度与 ε 正相关；当经济处于动态有效状态时，现实经济的消费率高于最优消费率，高于最优消费率的幅度与 ε 正相关。

第三节　最优消费率与动态效率：实证分析[①]

一　中国经济动态效率判断

（一）数据来源与处理说明

由前文分析可知，AMSZ 现金流准和定理 2 是等价的，即判断一个经济的动态效率可通过比较总消费和劳动收入之间的大小关系：若消费大于劳动收入，那消费超过劳动收入的部分必然来自资本收益，也就是 AMSZ 现金流准则中提到的红利（利润减去投资），当利润除去投资后还有剩余（即净资本收益），从而使得消费大于劳动收入，则经济动态有效。

总消费数据来源于我国支出法核算中的最终消费，包括居民消费和政府消费两部分。一般来说，劳动收入由劳动者报酬和劳动税收两部分构成[②]，但由于劳动税收数据核算较为困难，本书对劳动税收数据做如下处理：根据黄飞鸣（2010）[③] 论文中提供的数据进行分析，1985～2005 年中国劳动税收占劳动收入的比重均值为 5%，标准差为 2.5%，因此本书中涉及劳动税收的部分（全国和省级），均以占劳动收入的 5% 进行处理。劳动者报酬来源于实物交易资金流量表。由于我国基于实物交易资金流量表劳动者报酬数据从 1992 年开始，因此本书选取 1992～2016 年的最终消费和劳动者收入数据来评估我国经济的动态效率（表 3 - 1）。

[①] 为避免概念混乱，本节中需要明确几个概念：在通过动态效率来分析最优消费率问题时，模型中的总消费对应我国的最终消费，因此在本章中总消费等价于最终消费，最终消费率等价于现实经济消费率。在模型分析时采用了总消费和现实经济消费率的说法，而在实证分析我国情况时采用了最终消费和最终消费率的说法。如表 3 - 1、表 3 - 2 中为与前文模型对应，表头部分沿用总消费和现实经济消费率的说法。

[②] 刘溶沧、马拴友：《论税收与经济增长——对中国劳动、资本和消费征税的效应分析》，《中国社会科学》2002 年第 1 期。

[③] 黄飞鸣：《中国经济动态效率——基于消费—收入视角的检验》，《数量经济技术经济研究》2010 年第 4 期。

表 3 - 1　1992~2016 年中国经济动态效率

单位：亿元,%

年份	总消费	劳动收入	总消费与劳动收入之差	差额占 GDP 比重	动态效率
1992	16246.10	15431.54	814.56	2.99	动态有效
1993	20826.90	19082.07	1744.83	4.88	动态有效
1994	28305.90	26466.30	1839.60	3.78	动态有效
1995	36225.70	33691.77	2533.93	4.13	动态有效
1996	43117.60	38940.09	4177.51	5.81	动态有效
1997	47556.70	43963.92	3592.78	4.51	动态有效
1998	51509.80	46536.42	4973.38	5.84	动态有效
1999	56681.90	49491.33	7190.57	7.95	动态有效
2000	63729.20	52520.58	11208.62	11.20	动态有效
2001	68617.20	57093.02	11524.19	10.41	动态有效
2002	74171.70	63686.91	10484.79	8.62	动态有效
2003	79641.50	70173.81	9467.69	6.89	动态有效
2004	89224.80	84998.31	4226.49	2.62	动态有效
2005	101604.20	97805.39	3798.81	2.02	动态有效
2006	114894.90	111687.45	3207.45	1.46	动态有效
2007	136438.70	134314.87	2123.83	0.79	动态有效
2008	157746.30	158037.33	-291.03	-0.09	动态无效
2009	173093.00	175305.84	-2212.84	-0.64	动态无效
2010	199508.40	200412.94	-904.54	-0.22	动态无效
2011	241579.10	233545.03	8034.07	1.67	动态有效
2012	271718.60	269392.13	2326.47	0.44	动态有效
2013	301008.40	313914.40	-12906.00	-2.19	动态无效
2014	328312.61	334171.00	-5858.39	-0.91	动态无效
2015	362266.51	363467.43	-1200.92	-0.17	动态无效
2016	399910.10	388735.54	11174.56	1.50	动态有效

　　资料来源：Wind 数据库。总消费为支出法核算中的最终消费；劳动收入 = 劳动者报酬 + 劳动税收，其中劳动者报酬来自基于实物交易的资金流量表，劳动税收黄飞鸣（2010）的研究按劳动者报酬的 5% 计算。差额占比计算中的 GDP 运用支出法 GDP。

　　由表 3 - 1 可知，中国经济在 1992~2016 年的 25 年中有 6 年总消费小于劳动收入，经济呈现出的动态无效的特征，说明我国经济并没有满足经济动态有效的充分条件。我国经济的动态效率特征大致可分为两个阶段：第一阶段（1992~2007）经济呈现出动态有效的特点，总消费大于劳动收入，总消费与劳动收入之差占 GDP 比重平均为 5.2%，资本收益除了弥补折旧和新投资外，还有剩余，可以用来补贴消费，因此这一阶段的资本收益大于资本成本；第二阶段（2008 年至今），有 3 年（2011 年，2012 年，2016 年）经济呈现出动态有效的特点，但与前一阶段相比动态效率呈下降趋势，其他 6 年（2008~2010 年，2013~2015 年）呈动态无效的特点，总消费小于劳动收入，总消费与劳动收入之差占 GDP 比重平均为 - 0.61%，资本收益不足以弥补折旧和新投资，不足部分需要用劳动收入进行弥补，因此这一阶段的资本收益小于资本成本。1992 年以来我国投资效率的变化可以说明动态效率演变的情况，投资效率的变化可以通过资本产出比来反映（图 3 - 1），20 世纪 70~80 年代我国资本产出比基本保持稳定，在 1.5 左右波动，进入 20 世纪 90 年代后我国的资本产出比呈现缓慢上升的趋势，投资效率表现为缓慢下降；2008 年全球金融危机后，资本产出比上升很快，导致投资效率下降，进而使得资本收益小于投资成本，经济进入的动态无效的阶段。根据经济理论，资本投资效率下降使跨期消费中未来消费的成本上升，应增加当期消费，但我国却实行了以增加投资保增长的强刺激措施，导致经济动态无效和过度投资。

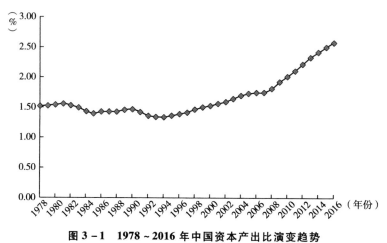

图 3 - 1　1978~2016 年中国资本产出比演变趋势

说明：资本存量和实际 GDP 均以 1978 年不变价计算，其中资本存量数据来源于单豪杰（2008）并扩展至 2016 年，GDP 数据来源于国家统计局。

二 经济动态效率视角下现实消费率与最优消费率的关系

根据定理 2，可通过比较总消费和劳动收入之间的关系来判断动态效率，若将总消费、劳动收入两个变量同时除以当年 GDP，也可通过比较最终消费率与劳动收入占 GDP 比重①来判断经济动态效率：具体来看，若最终消费率大于劳动收入占比，说明经济动态有效，且最终消费率大于劳动收入占比的部分是资本收入对消费率的拉动，也就是说资本收入提高的最终消费率，此时，则现实经济的消费率高于其最优消费率，高于最优消费率的幅度与最终消费率和劳动收入占比之差正相关；反之，若最终消费率小于劳动收入占比，说明经济动态无效，且最终消费率小于劳动收入占比的部分是劳动收入对投资率的拉动，也就是说劳动收入提高的投资率，此时，则现实经济的消费率低于其最优消费率，低于最优消费率的幅度与最终消费率和劳动收入占比之差正相关。

表 3-2 给出了通过比较最终消费率和劳动收入占比来分析动态效率和消费率的关系结果。

表 3-2 动态效率与消费率关系

单位:%

年份	最终消费率	劳动收入占GDP比重	消费率与劳动收入占比之差	动态效率	资本收入对消费率的拉动	现实消费率与最优消费率比较
1992	59.7	56.7	2.99	动态有效	2.99	最终消费率高于最优消费率
1993	58.3	53.4	4.88	动态有效	4.88	最终消费率高于最优消费率
1994	58.2	54.4	3.78	动态有效	3.78	最终消费率高于最优消费率
1995	59.1	54.9	4.13	动态有效	4.13	最终消费率高于最优消费率
1996	60.0	54.2	5.81	动态有效	5.81	最终消费率高于最优消费率
1997	59.6	55.1	4.51	动态有效	4.51	最终消费率高于最优消费率
1998	60.5	54.6	5.84	动态有效	5.84	最终消费率高于最优消费率
1999	62.7	54.7	7.95	动态有效	7.95	最终消费率高于最优消费率
2000	63.7	52.5	11.20	动态有效	11.20	最终消费率高于最优消费率

---

① 劳动收入占 GDP 比重在下文中简称为劳动收入占比。

年份	最终消费率	劳动收入占GDP比重	消费率与劳动收入占比之差	动态效率	资本收入对消费率的拉动	现实消费率与最优消费率比较
2001	62.0	51.6	10.41	动态有效	10.41	最终消费率高于最优消费率
2002	61.0	52.4	8.62	动态有效	8.62	最终消费率高于最优消费率
2003	57.9	51.1	6.89	动态有效	6.89	最终消费率高于最优消费率
2004	55.2	52.6	2.62	动态有效	2.62	最终消费率高于最优消费率
2005	54.1	52.1	2.02	动态有效	2.02	最终消费率高于最优消费率
2006	52.4	50.9	1.46	动态有效	1.46	最终消费率高于最优消费率
2007	50.6	49.8	0.79	动态有效	0.79	最终消费率高于最优消费率
2008	49.7	49.8	−0.09	动态无效	−0.09	最终消费率低于最优消费率
2009	50.0	50.6	−0.64	动态无效	−0.64	最终消费率低于最优消费率
2010	49.1	49.3	−0.22	动态无效	−0.22	最终消费率低于最优消费率
2011	50.2	48.6	1.67	动态有效	1.67	最终消费率高于最优消费率
2012	50.8	50.4	0.44	动态有效	0.44	最终消费率高于最优消费率
2013	51.0	53.2	−2.19	动态无效	−2.19	最终消费率低于最优消费率
2014	50.7	51.6	−0.91	动态无效	−0.91	最终消费率低于最优消费率
2015	51.8	52.0	−0.17	动态无效	−0.17	最终消费率低于最优消费率
2016	53.6	52.1	1.50	动态有效	1.50	最终消费率高于最优消费率

资料来源：《中国统计年鉴2017》，Wind资讯。

由表3-2可知，1992～2007年和2011年、2012年、2016年我国经济动态有效，说明总消费大于劳动收入，资本收益中除了弥补资本投资外，还有一部分流到了消费部门，使得最终消费率高于劳动收入占GDP的比重，如2003年资本收入使最终消费率在劳动收入占比的基础上提高了6.89个百分点；2008～2010年、2013～2015年我国经济动态无效，说明总消费小于劳动收入，资本收益不足以弥补资本投资，消费部门中有一部分流出到资本部门弥补投资，使得最终消费率低于劳动收入占GDP的比重，如2013年资本收入使最终消费率在劳动收入占比的基础上降低了2.19个百分点。

经济动态效率实际上也反映了现实经济效率与最优消费率的关系。1992～2007年，我国的最终消费率与劳动收入占比经历了三个阶段：第一阶段（1992～2002）最终消费率基本上围绕60%上下波动，且具有微弱的上升趋势；同期劳动收入占比围绕 54% 波动，也具有微弱的下升趋势。第二阶段（2003 ~ 2007）最终消费率从 2003 年的 57.9% 下降到 2007 年的 50.6%，劳动者收入占比则从 2003 年的 51.1% 下降到 2007 年的 49.8%。总体上来看，这一时期我国的最终消费率大于劳动收入占比，经济动态有效，现实经济的最终消费率高于最优消费率，以黄金律增长的标准来看，存在一定程度的消费过度问题。第三阶段（2008 年至今），我国的最终消费率基本稳定在 50% 左右，而劳动收入占比比上一时期有小幅的下降，在 50% 左右波动。总体上来看，这一时期我国的最终消费率小于劳动收入占比，经济动态无效，现实经济的最终消费率低于最优消费率，以黄金律增长的标准来看，存在一定程度的消费不足问题。

三 动态效率视角下的中国最优消费率的确定

由表 3 - 2 可知，2008 年前中国经济动态有效，从而最终消费率高于最优消费率；2008 ~ 2016 年中国经济动态无效，最终消费率低于最优消费率。这一期间，中国的最终消费率在 [49.7%，63.7%] 区间波动，经济动态效率实现了由动态有效向动态无效的转变，根据最终消费率及劳动收入占比两者差额占 GDP 的比重变化规律，大致可判断 1992 ~ 2016 年我国经济的最优消费率在 55% 左右。这一比重与同期世界平均水平（76.5%）和中等收入国家水平（71.5%）[1] 相比，分别低了约 21.5 个百分点和 16 个百分点。这实际上可以从两方面来进行解释。一方面，由于 $CR = \dfrac{C}{GDP} = \dfrac{C}{Y} \times \dfrac{Y}{GDP}$，其中 CR、C、Y、GDP 分别为消费率、最终消费、可支配收入、国内生产总值，$\dfrac{C}{Y}$ 为平均消费倾向，$\dfrac{Y}{GDP}$ 为可支配收入占比[2]，也就是说最终消费率可分解为平均消费倾向和可支配收入占比的

---

① 数据来源于世界银行发展指数数据库。
② 由于我国居民的资产性收入较低，所以在这里粗略地将可支配收入占比与劳动收入占比等同来处理。

乘积。根据潘春阳等（2010）[①] 的研究，我国的居民平均消费倾向从1992 年的 0.69 上升到 2001 年的 0.75，同期可支配收入占比基本维持在65% 左右（图 3 - 2），两者共同作用使最终消费率从 1992 年的 59.4% 上升到 2001 年的 61.6%；2001 年后，由于消费者面临的不确定性增加使居民平均消费倾向呈现明显的下降趋势[②]，同时可支配收入占比也呈现出下降趋势，导致我国最终消费率由 2001 年的 62.0% 下降到 2016 年的 53.6%，下降了 8.4 个百分点。另一方面，我国是受儒家文化影响最为深刻的国家，易行健和杨碧云（2015）[③] 的研究表明儒家文化国家最终消费率比其他国家低 5.5 个百分点，这也在一定程度导致我国消费率低于世界平均水平和中等收入国家水平。

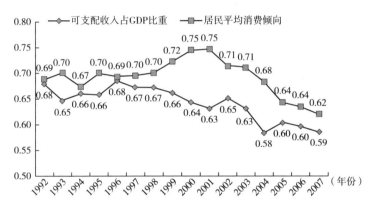

图 3 - 2　中国居民平均消费倾向和可支配收入占 GDP 比重

资料来源：潘春阳、杜莉、蔡璟孜著《中国消费率下降之谜：基于资金流量表的分析（1992—2007）》，《上海经济研究》2010 年第 7 期。

因此，根据定理 2 及"劳动者消费其所得，资本所有者投资其所得"的原则，劳动收入决定了总消费，劳动收入的变化趋势决定了总消费的变化趋势（图 3 - 3）。劳动收入占比的演变趋势也决定了最优消费率的演变趋势。为此，下面将进一步分析最终消费率与劳动收入占比之间的关系。

① 潘春阳、杜莉、蔡璟孜：《中国消费率下降之谜：基于资金流量表的分析（1992—2007）》，《上海经济研究》2010 年第 7 期。

② 2001 年以来高等教育产业化、医疗体制改革、商品房制度等都使消费者不确定的支出增加，导致消费者增加预防性储蓄，消费倾向降低。

③ 易行健、杨碧云：《世界各国（地区）居民消费率决定因素的经验检验》，《世界经济》2015 年第 1 期，第 3~24 页。

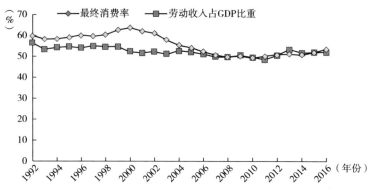

图 3 - 3　1992 年以来中国最终消费率与劳动收入占比走势

四　最终消费率与劳动收入占比之间的关系检验——基于 VAR 模型的分析

（一）VAR 模型的构建

首先运用 ADF 方法对最终消费率（用 *CR* 表示）和劳动收入占比（用 *LIR* 表示）进行单位根检验，检验结果如表 3 - 3 所示，最终消费率、劳动收入占比水平变量均为不平稳变量，而经过一阶差分的最终消费率、劳动收入占比在 5% 的显著水平上呈显著状态，二者都是平稳变量。因此，最终消费率、劳动收入占比两个变量都为一阶单整变量，可以进行协整检验。

表 3 - 3　最终消费率与劳动收入占比单位根检验

变量	ADF 值	10% 临界值	5% 临界值	1% 临界值	检验形式（C，T，N）	Prob.	结　论
CR	- 1.009928	- 2.650413	- 3.020686	- 3.808546	(C, 0, 1)	0.7289	不平稳
ΔCR	- 2.307855	- 1.607456	- 1.959071	- 2.685718	(0, 0, 1)	0.0237	平　稳
LIR	- 0.617855	- 1.607830	- 1.958088	- 2.679735	(C, 0, 0)	0.4375	不平稳
ΔLIR	- 4.801417	- 1.607456	- 1.959071	- 2.685718	(0, 0, 1)	0.0001	平　稳

说明：C、T、N 分别代表检验中是否带有常数项、时间趋势项及差分滞后阶数，差分滞后阶数的选择为 SIC 最小化原则。

由于最终消费率、劳动收入占比都是一阶单整的，符合 E - G 两部法协整检验的要求，运用 E - G 两步法对最终消费率、劳动收入占比进行协整检验，首先把最终消费率 *CR* 作为因变量，*LIR* 作为自变量，进行 OLS 回归，得回归方程如下：

$$CR = 1.07277\,LIR + \mu_t$$

$$(73.24) \tag{3-11}$$

$$R^2 = 0.459744,\ D.W = 1.72$$

若最终消费率、劳动收入占比存在协整关系，则由上式计算的 $\hat{\mu}_t$ 应具有平稳性，对残差序列 $\hat{\mu}_t$ 进行 ADF 检验。需要注意的是，这里的 DF 检验或 ADF 检验是针对协整回归计算出的残差 $\hat{\mu}_t$，而非真正的模型误差 μ_t 进行的，由于 OLS 的估计原理是残差平方和最小，因此模型的估计系数是被低估的，这样将导致更大的犯第一类错误的概率。于是对 $\hat{\mu}_t$ 平稳性检验的 DF 与 ADF 临界值应该比正常的 DF 与 ADF 临界值要小，麦金农（Mackinnon，1991）通过模拟试验给出了协整检验的临界值，1%、5%、10% 的临界值如表 3 - 4 所示，残差序列在 5% 的显著水平上呈显著状态，说明残差序列是平稳的，最终消费率、劳动收入占比两个变量存在协整关系。本章构建的最终消费率和劳动收入占比模型是有效的，劳动收入占比变动短期会导致最终消费率偏离均衡水平，但长期会促使最终消费率趋向均衡水平，有利于实现经济的平稳增长。

表 3 - 4　基于 E - G 两步法的残差平稳性检验

ADF 值	临界值 α = 1%	临界值 α = 5%	临界值 α = 10%
- 3.723857	- 2.6819	- 2.08682	- 1.62422

上述分析表明最终消费率 *CR* 和劳动收入占比 *LIR* 之间存在协整关系，可以进行脉冲响应函数分析，但在进行脉冲响应函数分析之前，还需检验 VAR 模型的平稳性，如果模型的特征根的倒数都落在单位圆内，则 VAR 模型是稳定的，可以进行脉冲响应函数分析，否则不能进行脉冲响应函数分析。由图 3 - 4 可知，所有根的倒数都落在单位圆内，VAR 模型整体拟合较好，可以进行脉冲响应函数分析。

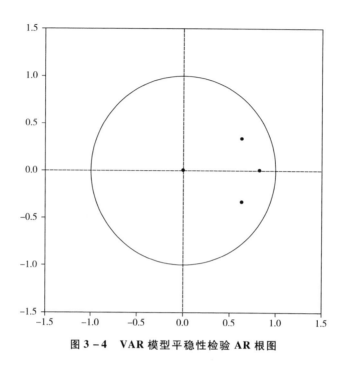

图 3 - 4   VAR 模型平稳性检验 AR 根图

（二）脉冲响应函数分析

脉冲响应函数可以给出当一个变量对应的随机扰动项受到一个标准差的新息冲击时，对系统内变量的动态影响。用脉冲响应函数分析最终消费率和劳动收入占比相互间的标准新息反映，揭示二者之间的动态响应过程。依据 VAR 模型，采用正交方法和 Choleski 分解技术，得到最终消费率和劳动收入占比的脉冲响应函数（图 3 - 5），图中中间实线为脉冲函数变动曲线，横坐标为冲击作用的滞后期，纵坐标为变量对新息冲击的正负响应。

从图 3 - 5 可知，当最终消费率向劳动收入占比发出正向冲击后，劳动收入占比会受到正向波动，在第 1 期达到正向波动的最高值，即最终消费率的上升在初期会导致劳动收入占比跟着上升，这可能是因为在资本积累过度的情况下消费率上升会导致整体经济的积累减少，投资效率提升，使得经济整体产出增加，经济中资本收入减少，劳动收入占比提高，这种效应随时间的推移逐渐减弱，到第 18 期最终消费率冲击对劳动收入占比的影响逐渐消失。

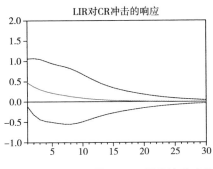
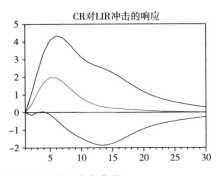

图 3 - 5　最终消费率和劳动收入占比脉冲响应曲线

当劳动收入占比向最终消费率发出正向冲击后，最终消费率一直受到正向波动，在短期内呈快速上升趋势，在第 5 期达到正向波动的最大值，即劳动收入占比的上升在初期会导致最终消费率跟着上升，这可能是因为劳动收入占比上升会导致劳动者积极性提高，从而经济增长加快，消费者收入提高，在消费者受到流动性约束的情况下导致消费增加，最终使得消费率提高。在第 5 期之后正向波动逐渐减弱，第 20 期劳动收入占比冲击对最终消费率的影响逐渐消失。此后，二者处于均衡发展的态势。

（三）方差分解分析

由于脉冲响应函数不能比较不同冲击对一个特定变量的影响强度，为更深入地分析最终消费率和劳动收入占比之间的相互作用过程，运用 Cholesky 方法对最终消费率和劳动收入占比进行动态方差分解。在劳动收入占比变化的过程中（表 3 - 5），第 1 期由于自身作用使其变化的贡献率达到 12%，劳动收入占比自身的变化对其方差的贡献率逐渐上升，到第 18 期，自身贡献率逐渐上升到 13%。在此过程中，最终消费率对劳动收入占比变化的贡献率逐步下降，表明最终消费率对劳动收入占比变动的作用趋于稳定，二者关系进入均衡发展阶段。在最终消费率变化的过程中，劳动收入占比对最终消费率方差变化起到了极大的推动作用，贡献率由第 1 期的 100% 下降到第 17 期的 37%，此后其影响幅度逐渐变得缓慢，说明随着时间的推移经济对劳动收入占比提高的反应逐步稳定，最终消费率和劳动收入占比两者之间关系趋于均衡水平。最终消费率对于自身的作用贡献从第

1期的0上升到第17期的63%，下降速度逐渐变慢。通过以上分析可以看出，冲击发生的初期劳动收入占比对最终消费率方差贡献率要大于最终消费率自身对其方差的贡献，且这一贡献随时间的推移并不消失，而是收敛于36%，表明劳动收入占比对最终消费率有持久性影响，这与脉冲函数分析结论基本一致。

表3-5 最终消费率和劳动收入的方差分解

时　　期	LIR 的方差分解			CR 的方差分解		
	S. E.	LIR	CR	S. E.	LIR	CR
1	1.358584	12.04512	87.95488	1.058062	100	0
2	1.737774	12.0345	87.9655	1.921741	94.59606	5.403942
3	1.939854	12.1568	87.8432	2.786513	80.36946	19.63054
4	2.059437	12.33472	87.66528	3.605297	65.66314	34.33686
5	2.134902	12.51597	87.48403	4.297454	54.52548	45.47452
6	2.184878	12.67139	87.32861	4.817426	47.14213	52.85787
7	2.219118	12.78984	87.21016	5.168185	42.60634	57.39366
8	2.243041	12.87198	87.12802	5.383615	39.98762	60.01238
9	2.259868	12.92459	87.07541	5.506374	38.56139	61.43861
10	2.271674	12.95617	87.04383	5.573183	37.82208	62.17792
11	2.279891	12.97431	87.02569	5.609434	37.44969	62.55031
12	2.285553	12.98458	87.01542	5.630099	37.26130	62.73870
13	2.289419	12.99058	87.00942	5.642992	37.16121	62.83879
14	2.292042	12.99435	87.00565	5.651855	37.10235	62.89765
15	2.293818	12.99692	87.00308	5.658381	37.06260	62.93740
16	2.295020	12.99879	87.00121	5.663331	37.03235	62.96765
17	2.295837	13.00019	86.99981	5.667076	37.00804	62.99196
18	2.296395	13.00123	86.99877	5.669846	36.98862	63.01138
19	2.296777	13.00200	86.99800	5.671833	36.97371	63.02629
20	2.297040	13.00254	86.99746	5.673213	36.96282	63.03718
21	2.297221	13.00292	86.99708	5.674148	36.95522	63.04478
22	2.297346	13.00317	86.99683	5.674770	36.95011	63.04989
23	2.297432	13.00335	86.99665	5.675180	36.94675	63.05325

续表

时　期	LIR 的方差分解			CR 的方差分解		
	S. E.	LIR	CR	S. E.	LIR	CR
24	2.297491	13.00346	86.99654	5.675453	36.94457	63.05543
25	2.297532	13.00354	86.99646	5.675635	36.94314	63.05686
26	2.29756	13.00359	86.99641	5.675758	36.94219	63.05781
27	2.297579	13.00362	86.99638	5.675843	36.94155	63.05845
28	2.297592	13.00365	86.99635	5.675902	36.94112	63.05888
29	2.297601	13.00366	86.99634	5.675943	36.94081	63.05919
30	2.297607	13.00367	86.99633	5.675971	36.94060	63.05940

（四）因果关系检验

经过前面的分析，最终消费率和劳动收入占比之间存在明显的相关关系。本章运用格兰杰（Granger）因果关系检验方法验证，从统计意义上检验变量最终消费率与劳动收入占比之间的因果关系。检验结果如表 3 - 6 所示，在 5% 的显著性水平下，对于 LIR 不是 CR 的 Granger 原因的原假设，拒绝它犯第一类错误的概率是 0.0387，表明至少在 95% 的置信水平下，可以认为 LIR 是 CR 的 Granger 原因，即劳动收入占比的变化是导致最终消费率变化的主要原因，这也可从前面的 OLS 分析中看出，当 LIR 变化 1 个百分点时，将引起 CR 变化 1.07 个百分点。而最终消费率不是劳动收入占比的 Granger 原因。这一结果与现实经济情况比较吻合，即收入变动引起消费变动，进而劳动收入占比变动引致最终消费率变动。

表 3 - 6　最终消费率和劳动收入占比的格兰杰（Granger）因果关系检验

原假设 H_0	样本量	F 统计量	概　率	结　论
LIR 不是 CR 的 Granger 原因	24	10.8823	0.0040	拒　绝
CR 不是 LIR 的 Granger 原因	24	0.34848	0.5623	接　受
LIR 不是 CR 的 Granger 原因	23	3.72526	0.0387	拒　绝
CR 不是 LIR 的 Granger 原因	23	0.00369	0.9963	接　受

五 中国最终消费率与经济动态效率的关系

理论上来看，资本积累过度将导致投资效率下降，动态效率会随着最终消费率的下降而下降（图3-6），这一过程的基本逻辑是：资本形成率上升导致资本积累过度，资本积累过度导致动态效率下降；那反过来看，资本积累过度伴随着消费率下降，而消费率下降伴随着动态效率下降。另外，间接反映消费水平是否最优的动态效率同样也对最终消费率的变化具有较大的作用。因此，理论上最终消费率与动态效率之间应该存在某种密切的统计关系。[①]

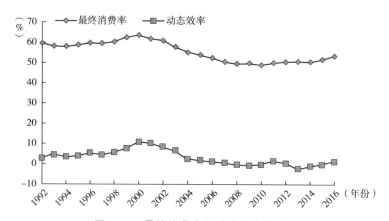

图3-6 最终消费率和动态效率的关系
说明：此处将最终消费率与劳动收入占比之差作为动态效率的定量衡量。

（一）最终消费率与动态效率正相关

1992~2000年最终消费率从59.7%提高到63.7%，与此同时动态效率从2.99%上升到11.2%；2001~2016年最终消费率从62.0%下降到2016年的53.6%，而动态效率则由10.41%下降到1.5%。通过皮尔逊相关检验发现，1992~2016年最终消费率与动态效率呈高度正相关关系，这实际上也可通过表3-7反映出来，两者的相关系数高达0.91，其相伴概

---

① 此处将最终消费率与劳动收入占比之差作为动态效率的定量衡量。

率为 0.0000，也就是说其显著水平高于 1%。

表 3 - 7　中国最终消费率与动态效率的相关检验

时　期	自由度	相关系数	T 统计量	相伴概率
1992~2016 年	25	0.908463	9.720353	0.0000

（二）最终消费率与动态效率之间存在单向因果关系

表 3 - 8 给出了取 1~3 阶滞后的我国最终消费率与动态效率格兰杰因果关系检验的结果。可以看出，检验模型都拒绝了"CR 不是 DR 的 Granger 原因"的假设①，而不拒绝"DR 不是 CR 的 Granger 原因"的假设，也就是说最终消费率的变化是动态效率变化的格兰杰原因，而动态效率变化不是最终消费率变化的格兰杰原因。因此，从统计分析结果来看，最终消费率的逐年下降导致了我国动态效率的下降，其基本逻辑是，最终消费率下降，投资率上升，投资效率下降，导致经济动态效率下降。

表 3 - 8　中国最终消费率与动态效率的格兰杰（Granger）因果关系检验

原假设 H_0	样本量	F 统计量	概　率	结　论
CR 不是 DR 的 Granger 原因	24	10.8823	0.0040	拒　绝
DR 不是 CR 的 Granger 原因	24	2.88696	0.1065	接　受
CR 不是 DR 的 Granger 原因	23	5.63815	0.0149	拒　绝
DR 不是 CR 的 Granger 原因	23	3.02526	0.0787	接　受
CR 不是 DR 的 Granger 原因	22	3.48387	0.0502	拒　绝
DR 不是 CR 的 Granger 原因	22	2.65846	0.0957	接　受

（三）最终消费率与动态效率的脉冲响应分析

1992 年以来，我国最终消费率与动态效率高度相关，为了研究两者之间的相互影响关系，通过脉冲响应分析最终消费率与动态效率的关系。

从图 3 - 7 可知，当最终消费率向动态效率发出正向冲击后，动态效率

---

① 此处 CR 代表最终消费率，DR 代表动态效率。

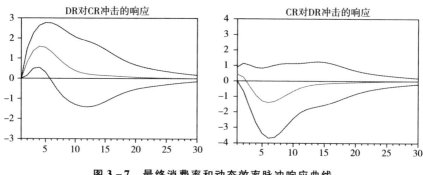

图 3 - 7　最终消费率和动态效率脉冲响应曲线

会受到正向波动，在第 5 期达到正向波动的最高值，即最终消费率的上升在初期动态效率会跟着上升，其主要原因是在投资率居高不下，投资效率逐年下降的背景下，消费率上升会导致整体经济的积累减少，投资效率提升，使得经济整体产出增加，经济动态效率逐步提高，但这种效应随时间的推移逐渐减弱，到第 20 期最终消费率冲击对劳动收入占比的影响逐渐消失。

当动态效率向最终消费率发出正向冲击后，最终消费率在前 3 期内受到正向波动，即动态效率上升意味着资本投资效率上升，从而经济增长加快，消费者收入提高，在消费者受到流动性约束的情况下导致消费增加，最终使得消费率提高。从第 3 期开始转入负向波动，第 7 期之后达到负向波动最大值，第 20 期动态效率对最终消费率的影响逐渐消失。此后，二者处于均衡发展的态势。

第四节　最优消费率与动态效率：基于省际层面的分析

上一节从全国整体层面分析了最优消费率与动态效率的关系问题，并进行了实证研究。本节将以我国除西藏外的 30 个省份为研究对象，从省级层面分析最优消费率与动态效率的关系问题，并进行地区间的比较分析，从而得到最优消费率与动态效率关系的全方位认识。

一 数据来源与处理说明

由前文分析可知，AMSZ 现金流准则和定理 2 是等价的，即判断一个经济的动态效率可通过比较总消费和劳动收入之间的大小关系：若消费大于劳动收入，那消费超过劳动收入的部分必然来自资本收益，也就是AMSZ 现金流准则中提到的红利（利润减去投资），当利润除去投资后还有剩余（即净资本收益），从而使得消费大于劳动收入，则均衡动态有效。

省级总消费数据来源于各省支出法核算中的最终消费，包括居民消费和政府消费两部分。一般来说，劳动收入由劳动者报酬和劳动税收两部分构成，为与全国分析保持一致，本书中涉及各省劳动税收以占劳动报酬的 5% 进行处理。劳动者报酬来源于各省收入法核算的劳动者报酬。由于大多数省份收入法核算的劳动者报酬数据从 1993 年开始，因此本书选取 1993~2016 年的最终消费和劳动者收入数据来评估各省经济的动态效率。本部分仅以 1993~2016 年最终消费率、劳动收入占比、两者差额占 GDP 比重的平均值来简单分析各省动态效率及其与最优消费率的关系，关于各省具体年份的动态效率及其与最优消费率的关系详见附表 1-30。

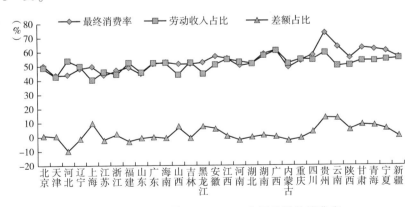

图 3-8 30 个省份的 1993~2016 年平均最终消费率、劳动收入占比和差额占比

说明：差额占比指最终消费与劳动收入之差占 GDP 比重。

二 省际经济动态效率及最优消费率的总体判断

总体来看，1993～2016 年河北、辽宁、江苏、福建、山东、广东、海南、吉林、河南、湖北、广西、内蒙古、重庆等 13 个省份最终消费支出小于劳动收入，最终消费支出与劳动收入之差占 GDP 比重小于零，资本收益不足以弥补折旧和新投资，不足部分需要用劳动收入进行弥补，因此这一时期的资本收益小于资本成本，经济呈现动态无效的特点。这些省份的最终消费率小于劳动收入占比，经济动态无效，现实经济的最终消费率低于最优消费率，以黄金律增长的标准来看，存在一定程度的消费不足问题。

北京、天津、上海、浙江、山西、黑龙江、安徽、江西、湖南、四川、贵州、云南、陕西、甘肃、青海、宁夏、新疆等 17 个省份最终消费支出大于劳动收入，最终消费支出与劳动收入之差占 GDP 比重大于零，资本收益除了弥补折旧和新投资外，还有剩余，可以用来补贴消费，因此这一时期的资本收益大于资本成本，经济呈现动态有效的特点。这些省份的最终消费率大于劳动收入占比，经济动态有效，现实经济的最终消费率高于最优消费率，以黄金律增长的标准来看，存在一定程度的消费过度问题。

从东、中、西部三大地区的经济动态效率来看，本书的结论与相关研究刚好相反，东部地区弱动态无效，中部地区动态有效，西部地区动态效率最高；从现实消费率与最优消费率的关系来看，中、西部地区最终消费率高于最优消费率，即消费过度（积累相对不足），而东部地区最终消费率低于最优消费率，即积累过度（消费相对不足）。这可从两方面来进行解释：首先，从最终消费率的地区变化来看，1993～2016 年东、中、西部地区平均值分别为 47.59%、53.41%、59.48%，最终消费率是决定动态效率的一个重要因素，若其他条件相同，则东、中、西部地区的动态效率排序也是西部最高，中部次之，东部最低；另外，从劳动收入占比来看，1993～2016 年东、中、西部地区平均值分别为 47.99%、50.88%、54.29%，也是东部最低，中部稍高，西部最高。

因此，在我国经济相对落后中、西部地区最终消费率高于经济发达的东部地区，中、西部地区消费相对过度，而东部地区消费相对不足。这可能也是东部地区经济发展水平高于中、西部的一大因素，东部地区有更多的基本积累，更多的资本积累产生更多的产出，更多的产出虽然不一定会导致更高的增长速度，但一定会导致更高的经济发展水平。

三 东部各省经济动态效率及最优消费率的关系

表3－9给出了1993～2016年东部各省动态效率及其与最优消费率的关系。从东部地区整体来看，最终消费率和劳动收入占比的平均值分别为47.59％、47.99％，最终消费率减去劳动收入占比为－0.40％，说明总体呈现出弱动态无效的特点，现实经济的最终消费率低于最优消费率，以黄金律增长的标准来看，东部地区存在一定程度的消费不足问题。

表3－9 1993～2016年东部各省份动态效率及其与最优消费率的关系

地区	1993～2016年均值及标准差			动态效率	现实消费率与最优消费率比较
	最终消费率（％）	劳动收入占比（％）	差额占比（％）		
北京	49.84 (10.48)	48.88 (5.32)	0.96 (7.98)	动态有效	高 于
天津	43.14 (4.23)	42.53 (6.53)	0.61 (5.46)	动态有效	高 于
河北	43.97 (2.63)	53.72 (4.12)	－9.75 (4.69)	动态无效	低 于
辽宁	48.41 (6.45)	49.79 (3.38)	－1.37 (7.83)	动态无效	低 于
上海	49.72 (5.73)	40.21 (3.07)	9.51 (3.42)	动态有效	高 于
江苏	43.81 (2.64)	45.92 (2.81)	－2.12 (2.92)	动态无效	低 于
浙江	46.64 (2.58)	44.34 (2.72)	2.30 (3.56)	动态有效	高 于
福建	49.13 (7.12)	52.23 (3.68)	－3.10 (7.90)	动态无效	低 于

续表

地区	1993～2016 年均值及标准差			动态效率	现实消费率与最优消费率比较
	最终消费率（%）	劳动收入占比（%）	差额占比（%）		
山东	44.71 （4.28）	45.36 （3.85）	-0.64 （3.29）	动态无效	低　于
广东	51.81 （3.23）	51.91 （3.86）	-0.10 （2.09）	动态无效	低　于
海南	52.34 （4.25）	52.04 （3.78）	-0.69 （5.22）	动态无效	低　于
均值	47.59 （3.31）	47.99 （4.59）	-0.4 （4.55）	7 省份无效 4 省份有效	7 省份低于 4 省份高于

说明：括号内为相应变量的标准差。"高于"是消费率高于最优消费率的简写，"低于"是消费率低于最优消费率的简写。

东部地区 11 个省份中，以各指标 1993～2016 年平均值的对比关系来看，河北、辽宁、江苏、福建、山东、广东、海南等 7 省最终消费支出小于劳动收入，最终消费支出与劳动收入之差占 GDP 比重小于零，资本收益不足以弥补折旧和新投资，不足部分需要用劳动收入进行弥补，经济呈现动态无效的特点。这些省份的最终消费率小于劳动收入占比，经济动态无效，现实经济的最终消费率低于最优消费率，以黄金律增长的标准来看，存在一定程度的消费不足问题。

北京、天津、上海、浙江等 4 省份最终消费支出大于劳动收入，最终消费支出与劳动收入之差占 GDP 比重大于零，资本收益除了弥补折旧和新投资外，还有剩余，可以用来补贴消费，经济呈现动态有效的特点。这些省份的最终消费率大于劳动收入占比，经济动态有效，现实经济的最终消费率高于最优消费率，以黄金律增长的标准来看，存在一定程度的消费过度问题。

四　中部各省经济动态效率及最优消费率的关系

表 3-10 给出了 1993～2016 年中部各省动态效率及其与最优消费率的关系。从中部地区整体来看，最终消费率和劳动收入占比的平均值分别为

53.41%、50.88%，最终消费率减去劳动收入占比为 2.53%，说明中部总体呈现动态有效的特点，现实经济的最终消费率高于最优消费率，以黄金律增长的标准来看，中部地区存在一定程度的消费过度问题。

表 3 - 10　1993～2016 年中部各省动态效率及其与最优消费率的关系

地区	1993～2016 年均值及标准差			动态效率	现实消费率与最优消费率比较
	最终消费率（%）	劳动收入占比（%）	差额占比（%）		
山　西	51.19 (5.26)	43.79 (3.85)	7.39 (5.31)	动态有效	高　于
吉　林	51.58 (10.78)	52.15 (12.79)	-0.57 (4.60)	动态无效	低　于
黑龙江	52.38 (3.72)	44.61 (4.87)	7.77 (5.03)	动态有效	高　于
安　徽	56.52 (5.57)	50.84 (3.65)	5.68 (6.52)	动态有效	高　于
江　西	55.01 (6.97)	54.34 (9.24)	0.67 (3.44)	动态有效	高　于
河　南	50.38 (4.18)	52.49 (5.49)	-2.11 (6.10)	动态无效	低　于
湖　北	51.56 (5.18)	51.60 (5.43)	-0.04 (5.95)	动态无效	低　于
湖　南	58.64 (8.66)	57.22 (4.97)	1.42 (5.85)	动态有效	高　于
均　值	53.41 (2.96)	50.88 (4.57)	2.53 (3.84)	3 省份无效 5 省份有效	3 省份低于 5 省份高于

说明：括号内为相应变量的标准差。"高于"是消费率高于最优消费率的简写，"低于"是消费率低于最优消费率的简写。

中部地区 8 个省份中，以各指标 1993～2016 年平均值的对比关系来看，吉林、河南、湖北等 3 省最终消费支出小于劳动收入，最终消费支出与劳动收入之差占 GDP 比重小于零，资本收益不足以弥补折旧和新投资，不足部分需要用劳动收入进行弥补，经济呈现动态无效的特点。这些省份的最终消费率小于劳动收入占比，经济动态无效，现实经济的最终消费率低于最优消费率，以黄金律增长的标准来看，存在一定程度的消费不足问题。

山西、黑龙江、安徽、江西、湖南等 5 省份最终消费支出大于劳动收入，最终消费支出与劳动收入之差占 GDP 比重大于零，资本收益除了弥补折旧和新投资外，还有剩余，可以用来补贴消费，经济呈现动态有效的特点。这些省份的最终消费率大于劳动收入占比，经济动态有效，现实经济的最终消费率高于最优消费率，以黄金律增长的标准来看，存在一定程度的消费过度问题。

五　西部各省经济动态效率及最优消费率的关系

表 3 - 11 给出了 1993 ~ 2016 年西部各省动态效率及其与最优消费率的关系。从西部地区整体来看，最终消费率和劳动收入占比的平均值分别为 59.48%、54.29%，最终消费率减去劳动收入占比为 5.19%，说明西部总体呈现动态有效的特点，现实经济的最终消费率高于最优消费率，以黄金律增长的标准来看，西部地区存在一定程度的消费过度问题。

表 3 - 11　1993 ~ 2016 年西部各省动态效率及其与最优消费率的关系

地　区	1993 ~ 2016 年均值			动态效率	现实消费率与最优消费率比较
	最终消费率（%）	劳动收入占比（%）	差额占比（%）		
广　西	60.70 (7.50)	60.72 (4.66)	-0.02 (6.97)	动态无效	低　于
内蒙古	49.14 (8.63)	51.58 (8.67)	-2.44 (5.88)	动态无效	低　于
重　庆	53.84 (6.09)	54.48 (7.22)	-0.64 (5.68)	动态无效	低　于
四　川	57.49 (5.89)	54.00 (5.75)	3.49 (2.80)	动态有效	高　于
贵　州	72.95 (11.10)	59.14 (6.02)	13.81 (11.21)	动态有效	高　于
云　南	63.39 (4.45)	50.05 (2.29)	13.34 (5.42)	动态有效	高　于

地 区	1993 ~ 2016 年均值			动态效率	现实消费率与 最优消费率比较
	最终消费率（%）	劳动收入占比（%）	差额占比（%）		
陕 西	55.68 (9.67)	50.38 (8.74)	5.30 (4.95)	动态有效	高 于
甘 肃	62.61 (3.78)	53.62 (4.05)	9.00 (4.88)	动态有效	高 于
青 海	61.93 (6.19)	53.45 (4.56)	8.48 (5.16)	动态有效	高 于
宁 夏	60.57 (7.15)	54.34 (2.71)	6.23 (8.09)	动态有效	高 于
新 疆	56.03 (4.95)	55.47 (3.95)	0.57 (3.14)	动态有效	高 于
均 值	59.48 (6.20)	54.29 (3.29)	5.19 (5.57)	3 省份无效 8 省份有效	3 省份低于 8 省份高于

说明：括号内为相应变量的标准差。"高于"是消费率高于最优消费率的简写，"低于"是消费率低于最优消费率的简写。

西部地区 11 个省份中，以各指标 1993 ~ 2016 年平均值的对比关系来看，广西、内蒙古、重庆等 3 省最终消费支出小于劳动收入，最终消费支出与劳动收入之差占 GDP 比重小于零，资本收益不足以弥补折旧和新投资，不足部分需要用劳动收入进行弥补，经济呈现动态无效的特点。这些省份的最终消费率小于劳动收入占比，经济动态无效，现实经济的最终消费率低于最优消费率，以黄金律增长的标准来看，存在一定程度的消费不足问题。

贵州、云南、四川、陕西、甘肃、青海、宁夏、新疆等 8 省份最终消费支出大于劳动收入，最终消费支出与劳动收入之差占 GDP 比重大于零，资本收益除了弥补折旧和新投资外，还有剩余，可以用来补贴消费，经济呈现动态有效的特点。这些省份的最终消费率大于劳动收入占比，经济动态有效，现实经济的最终消费率高于最优消费率，以黄金律增长的标准来看，存在一定程度的消费过度问题。

第五节　结论及政策启示

本章从经济动态效率的视角对最优消费率的概念进行界定，经济实现黄金增长时对应的消费率为一个经济体的最优消费率，并讨论了经济动态效率和最优消费率的关系。当经济处于动态无效状态时，现实经济的消费率低于最优消费率；当经济处于动态有效状态时，现实经济的消费率高于最优消费率。运用1992~2016年的相关数据分析了我国经济的动态效率，并在此基础上研究我国经济的最优消费率问题，得出了以下结论。

（1）通过扩展的 AMSZ 现金流准则得到定理2可知，比较消费和劳动收入之间的大小关系可判断经济动态效率：若消费大于劳动收入，那消费超过劳动收入的部分必然来自资本收益，也就是 AMSZ 现金流准则中提到的红利（利润减去投资），当利润除去投资后还有剩余（即净资本收益），从而使得消费大于劳动收入，则均衡动态有效。

（2）利用定理2的原理判断我国经济的动态效率，1992~2007年、2011~2012年、2016年我国经济动态有效，说明总消费大于劳动收入，资本收益中除了弥补资本投资外，还有一部分流到了消费部门，使得最终消费率高于劳动收入占 GDP 的比重；2008~2010年和2013~2015年我国经济动态无效，说明总消费小于劳动收入，资本收益不足以弥补资本投资，消费部门中有一部分流出到资本部门弥补投资，使得最终消费率低于劳动收入占 GDP 的比重。

（3）1992~2007年、2011~2012年、2016年中国经济动态有效，从而最终消费率高于最优消费率，2008~2010年和2013~2015年中国经济动态无效，最终消费率低于最优消费率。这一期间，中国的最终消费率在 [49.7%，63.7%] 区间波动，经济动态效率实现了由动态有效向动态无效的转变，根据最终消费率及劳动收入占比两者差额占 GDP 的比重变化规律，大致可判断1992~2016年我国经济的最优消费率在55%左右。

（4）1992~2016年我国经济的最优消费率在55%左右，虽然这一比例远低于同期的世界平均水平和中等收入国家水平。但本书认为这一比例在该时期来说已是经济主体对各经济条件进行反应后做出的最优选择。因此我国最终消费率偏低是一个相对的概念。

（5）对最终消费率进行分解表明，最终消费率取决于劳动收入占比和居民平均消费倾向，这两个变量的走势基本可以解释 1992~2016 年我国最终消费率的走势。

（6）通过 VAR 模型，分析了最终消费率和劳动收入占比之间的关系。劳动收入占比和最终消费率存在单向的因果关系，劳动收入占比是最终消费率的 Granger 原因，而最终消费率不是劳动收入占比的 Granger 原因。劳动收入占比的提高对最终消费率的提高具有较大的提升效应。

（7）从省级层面最终消费率来看，1993~2016 年我国最终消费率呈现出与经济发展水平负相关关系，东部地区经济最发达，最终消费率在三个地区中却最低，中部地区经济发展水平适中，最终消费率也居中，西部地区经济发展落后，最终消费率却最高；从省级层面动态效率来看，得出的结论与已有文献结论刚好相反，东部地区整体看处于动态无效，中西部地区处于动态有效状态；从最终消费率与最优消费率的关系来看，东部地区最终消费率整体上小于最优消费率，消费相对不足，中西部地区最终消费率整体上大于其最优消费率，消费相对过度。

由上述分析可知，最终消费率提高对于经济实现长期稳定增长和消费者福利水平的提高至关重要，而最终消费率又取决于劳动收入占比和居民平均消费倾向，基于此我们提出以下政策建议，一方面可以提高我国经济的最终消费率，另一方面也可提高经济的最优消费率。① 首先，进一步改革我国的收入分配制度，在初次分配和再分配中增加劳动者的收入份额，收入份额的提高将在宏观层面直接提高最终消费率。其次，多渠道增加居民收入，包括帮助城镇失业人员和进城务工人员实现就业、大学生的就业培训等，根据经典的消费理论，消费是收入的函数，收入增加会导致消费增加，进而体现为宏观层面的最终消费率的提高。最后，完善社会保障制度，目前我国各领域的改革越来越深入，使居民面对的不确定性增加，虽

---

① 之所以有这种提法，是基于本研究给出的定理 2，经济动态效率由总消费和劳动收入占比的关系决定，且模型隐含的结论是，最优消费率实际就是劳动收入占比，因此提高劳动收入占比实际上也就提高了经济的最优消费率。

然居民收入增加，但增加的收入更多地被用于应对不确定性而成为预防性储蓄，并没有用于增加消费；加快建立以个人账户与社会统筹相结合的社会保障体系，为居民解决住房、教育、医疗、养老、失业救济等方面的后顾之忧，使居民的平均消费倾向逐步上升，最终使最终消费率上升。

附　录

对 "'劳动者消费其所得，资本所有者投资其所得'，则经济可收敛于平衡增长路径，且实现黄金律经济增长" 的证明。假定资本与劳动按其边际产品获得收益，且所有资本收入被储蓄进行投资，所有劳动收入被消费，从而有 $\dot{K} = [\partial F(K,AL)/\partial K]K - \delta K$。

（1）证明该经济可收敛于平衡增长路径。

由 $k = K/AL$，对其两边关于时间求导，可得

$$\dot{k} = \frac{\dot{K}(AL) - K[\dot{L}A + \dot{A}L]}{(AL)^2} = \frac{\dot{K}}{AL} - \frac{K}{AL}\left[\frac{\dot{L}A + \dot{A}L}{AL}\right] = \frac{\dot{K}}{AL} - k\left(\frac{\dot{L}}{L} + \frac{\dot{A}}{A}\right)$$

$$(3-12)$$

将 $\dot{K} = [\partial F(K,AL)/\partial K]K - \delta K$，$\dfrac{\dot{L}}{L} = n$，$\dfrac{\dot{A}}{A} = g$ 代入方程（3-12），可得

$$\dot{k} = \frac{[\partial F(K,AL)/\partial K]K - \delta K}{AL} - (n+g)k = \frac{\partial F(K,AL)}{\partial K}k - (n+g+\delta)k$$

$$(3-13)$$

将 $[\partial F(K,AL)/\partial K] = f'(k)$ 代入方程（3-13），可得

$$\dot{k} = [f'(k) - (n+g+\delta)]k \qquad (3-14)$$

当 $\dot{k} = 0$ 时，每单位有效劳动平均资本存量 k 保持不变。$k = K/AL$，由于在经济达到稳态时 k 保持不变，因此，资本存量 K 与有效劳动 AL 增长速度相同，AL 的增长速度为 $n + g$，所以 K 的增长速度也为 $n + g$。由于生产函数规模报酬不变，因此，平衡增长路径上产出 Y 增长速度也为 $n + g$。

通过上述分析可知，可以发现所有变量增长速度均为常数。

下面分析经济收敛于该平衡增长路径：在 $k = k^*$ 时，$f'(k) - (n + g + \delta) = 0$，此时经济处于平衡增长路径上。如果 $k > k^*$，由于 $f''(k) < 0$，所以 $\dot{k} < 0$，则经济向下偏离平衡增长路径；反之，$k < k^*$，有 $\dot{k} > 0$，则经济向上偏离平衡增长路径。所以，不管 k 的初始值是大于 k^* 还是小于 k^*，经济都将收敛于该平衡增长路径。

（2）证明在该平衡增长路径上经济实现了黄金律增长。

所谓满足黄金律资本存量水平是指使每单位有效劳动的消费最大化的资本水平，即 $f'(k_{GR}) = (n + g + \delta)$，此时生产函数的斜率等于持平投资线的斜率。而这正是经济收敛到均衡增长路径时 k 的水平，此时所有的资本收入被储蓄，所有的劳动收入被消费。在本模型中，将资本的贡献（资本的边际产品乘以资本的数量）储蓄起来。如果资本贡献超过持平投资，即 $kf'(k) > (n + g + \delta)k$，则 k 上升；反之，如果 $kf'(k) < (n + g + \delta)k$，则 k 下降。因此，经济收敛于 $k^*f'(k^*) = (n + g + \delta)k^*$，即有 $f'(k^*) = (n + g + \delta)$，则 $k^* = k_{GR}$。因此，在该平衡增长路径上经济实现了黄金律增长。

综上分析，当"劳动者消费其所得，资本所有者投资其所得"时，经济能够实现黄金律增长。

第四章

索洛模型中的最优消费率

本章以索洛模型为基础，通过理论模型推演，探讨消费率对经济增长的作用机制及经济体满足最优消费率的条件，并运用中国 1978～2013 年的数据进行了实证分析。本章结构安排如下：第一节从索洛模型出发讨论最优消费率与传统的黄金律资本存量的关系，并进行理论分析；第二节结合中国的实际经济数据，建立计量经济模型进行分析，进而得出中国经济的最优消费率；第三节以索洛模型为基础，从资本产出比的角度界定最优消费率，并进行了定量分析；第四节结合理论和实证结论提出了最优消费率研究的政策启示。

第一节　最优消费率的理论框架

事实上，索洛模型中将产出分割为消费和投资，且对最优的投资问题进行了分析——经济达到黄金律资本存量时对应的投资是最优的。因此，这就为最优消费率问题提供了一个分析的思路。在索洛模型的框架下，我们将最优消费率定义为与黄金率资本存量相对应的消费率，在最优消费率上，经济增长达到了最优水平——经济所能达到的最高且可持续的增长率，居民（或家庭）的福利水平实现了最大化。

一　索洛模型

假定生产函数采取如下形式

$$Y(t) = F(K(t), A(t)L(t)) \tag{4-1}$$

其中，$Y(t)$，$K(t)$，$A(t)$，$L(t)$ 分别为产出、资本存量、技术进步和劳动。生产函数满足以下条件：（1）边际产出递减，即 $\partial F/\partial K > 0$，$\partial^2 F/\partial K^2 < 0$；$\partial F/\partial AL > 0$，$\partial^2 F/\partial(AL)^2 < 0$；（2）规模报酬不变，$F(\lambda K(t), \lambda A(t)L(t)) = \lambda F(K(t), A(t)L(t))$；（3）稻田条件（Inada 条件），$\lim\limits_{K \to 0} F_K = \lim\limits_{AL \to 0} F_{AL} = \infty$，$\lim\limits_{K \to \infty} F_K = \lim\limits_{AL \to \infty} F_{AL} = 0$。

另外，资本存量 $K(t)$、技术进步 $A(t)$、劳动投入 $L(t)$ 的动态变化路径假定为：资本存量的运动方程为 $\dot{K}(t) = (1 - CR)Y(t) - \delta K(t)$，其中 CR 为消费率[①]；技术进步和劳动分别以 g 和 n 的速度增长：$\dot{A}(t) = gA(t)$，$\dot{L}(t) = nL(t)$。

由于生产函数被假定为规模报酬不变，因此可将其转换为密集形式

$$y(t) = f(k) \tag{4-2}$$

其中每单位有效劳动的产出为 $y(t) = Y(t)/A(t)L(t)$，每单位有效劳动的资本存量为 $k(t) = K(t)/A(t)L(t)$。则每单位有效劳动资本存量的动态方程式为

$$\dot{k}(t) = (1 - CR)f(k) - (n + g + \delta)k(t) \tag{4-3}$$

每单位有效劳动的平均资本存量是每单位有效劳动的平均实际投资 $(1 - CR)f(k)$ 与每单位有效劳动的持平投资 $(n + g + \delta)k(t)$ 之差，如果每单位有效劳动的平均实际投资小于所需的持平投资，则 k 下降；如果实际投资大于持平投资，则 k 上升；如果二者相等，则 k 不变。根据经济增

[①]　由于本书研究的是最优消费率，因此在表示储蓄率 s 的过程中，我们用 1 减去消费率 CR 来表示储蓄率。

长稳态的含义（图 4-1），不管经济从何处出发，最终都将收敛于模型的稳态。在稳态上，模型中每个变量都以常数增长。

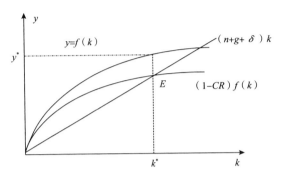

图 4-1 索洛模型的稳态增长

二 消费率对经济增长的作用机制

（一）消费率变化对经济增长的效应分析

政府可通过财政政策影响家庭的消费决策，进而改变整个经济的消费率。假定经济的消费率 CR 有一永久性的下降，考虑这一变化对经济增长及模型稳态的影响（图 4-2）。

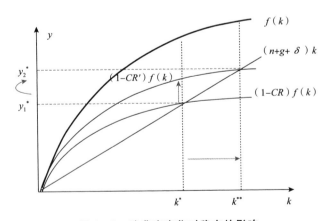

图 4-2 消费率变化对稳态的影响

消费率从 CR 降低到 CR' 将使实际的投资线上升，从而使得每单位有效劳动的资本存量稳态值由 k^* 增加为 k^{**}。具体来看，在消费率 CR 刚开始下降时，k 等于 k^*，在这一水平上，实际投资超过持平投资，因此 $\dot{k}$ 是正的。从而 k 开始上升，直至达到新的稳态值 k^{**}，在这一值上它将保持不变。从工人平均产量 Y/L 来看，$Y/L = Af(k)$，则 Y/L 由于 A 和 k 的增长而增长。在消费率下降的过程中由于 $\dot{k} > 0$，因此 Y/L 的增长率大于 g。当 k 达到 k^{**} 后，Y/L 的增长率又变为 g。

因此，消费率的下降使经济达到新的稳态增长路径时工人平均产量上升，但其增长率不变。也就是说，消费率的变化对工人的平均产出只有水平效应，但不存在增长效益，即只改变工人的平均产量水平，但并不影响处于稳态时每个工人平均产量的增长率。

（二）消费率变化对消费水平的影响分析

在索洛模型中，每单位有效劳动的平均消费水平代表家庭居民的福利水平，且等于每单位有效劳动的产量 $f(k)$ 乘以产量中用于消费的比例 CR。因此，消费率 CR 在开始时发生非连续变化，所以每单位有效劳动的平均消费水平开始时也急剧下降，然后随着 k 的上升，消费也将逐渐上升。但在新的稳态 k^{**} 上，消费水平是否会大于原来的水平是不能确定的。令 c^* 表示稳态的每单位有效劳动的平均消费，则 $c^* = f(k^*) - (1 - CR)f(k^*)$，而由于稳态上有 $(1 - CR)f(k^*) = (n + g + \delta)k^*$。所以有 $c^* = f(k^*) - (n + g + \delta)k^*$。由于 k^* 取决于模型的参数 CR 和 n、g 与 δ，这样就有

$$\frac{\partial c^*}{\partial CR} = \left[f'(k^*(CR, n, g, \delta)) - (n + g + \delta) \right] \frac{\partial k^*(CR, n, g, \delta)}{\partial CR}$$

通过前面的分析我们知道，CR 的降低会提高每单位有效劳动的平均资本 k^*。因此，CR 的降低在长期是否会提高消费水平取决于资本的边际产品 $f'(k^*)$ 是大于还是小于 $n + g + \delta$（图 4-3）。CR 的降低会使经济的资本存量 k 上升，而要使 k 的这种上升得以维持，则从增加的投资上获得的收益 $f'(k^*)$ 必须能够抵消对资本存量的消耗 $n + g + \delta$。若 $f'(k^*)$ 小于 $n + g + \delta$，说明从新增加的资本上获得的收益不足以抵消对资本的消耗，为了将资本存量维持在较高水平，消费水平必须下降。若 $f'(k^*)$ 大于 $n + g + \delta$，说明从新增加的资本上获得的收益在抵消对资本的消耗后还有剩

余，剩余部分可以用来消费，消费水平上升。若 $f'(k^*)$ 等于 $n+g+\delta$，说明从新增加的资本上获得的收益刚好抵消对资本的消耗，因此消费不变，此时对应的 k^* 就是所谓黄金律资本存量水平 k_{GR}。

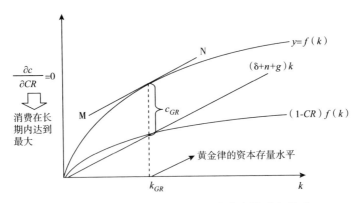

图 4-3　消费最大化与黄金律资本存量对应关系

三　经济增长中的最优消费率确定

为了求得索洛模型中最优消费率的显示解，假定生产函数为柯布－道格拉斯生产函数，则在经济的稳态上每单位有效劳动的资本、产出和消费分别为：

$$k(t)^* = \left[(1-CR)/(n+g+\delta)\right]^{1/(1-\alpha)}, \qquad (4-4)$$

$$y(t)^* = \left[(1-CR)/(n+g+\delta)\right]^{\alpha/(1-\alpha)}, \qquad (4-5)$$

$$c(t)^* = CR\left[(1-CR)/(n+g+\delta)\right]^{\alpha/(1-\alpha)} \qquad (4-6)$$

所谓黄金律的资本存量水平是指每单位有效劳动的消费水平达到最大化时的资本存量。考察这一指标的意义在于社会的福利水平，这也是经济学一切分析的核心所在，即考察社会的福利水平，这比考察资本、产出等经济变量更有意义。

由（4-4）式可以解出 CR，得

$$CR = 1 - (n+g+\delta)k(t)^{*\,1-\alpha} \qquad (4-7)$$

将上式代入（4-6）式并化简，有

$$c(t)^* = k(t)^{*\alpha} - (n + g + \delta)k(t)^* \qquad (4-8)$$

即每单位有效劳动的消费等于每单位有效劳动的产出减去每单位有效劳动的实际投资，而每单位有效劳动的实际投资等于每单位有效劳动的持平投资。

下面求 c^* 关于 k^* 的最优化，可以由（4-8）式得出

$$\partial c^* / \partial k^* = \alpha k^{*\alpha-1} - (n + g + \delta) = 0 \qquad (4-9)$$

再简化为：$\alpha k^{*\alpha-1} = (n + g + \delta)$

（4-9）式的定义暗含了黄金律的资本存量水平。这是因为：$f'(k^*) = (n + g + \delta)$ 表明生产函数的斜率等于持平投资的斜率。

可以由（4-9）式解出黄金规则要求的最佳资本水平：

$$k_{GR}^* = [(\alpha/(n + g + \delta)]^{1/(1-\alpha)} \qquad (4-10)$$

将（4-10）式代入（4-7）式即可得黄金律所要求的消费率水平——最优消费率：

$$CR_{GR} = 1 - (n + g + \delta)[\alpha/(n + g + \delta)]^{1-\alpha/(1-\alpha)}，进一步简化为$$

$$CR_{GR} = 1 - \alpha \qquad (4-11)$$

由（4-11）式可知，对于柯布-道格拉斯型生产函数，最优消费率等于产出的劳动弹性，也即劳动的产出份额（Sorensen, Whitta-Jacobsen, 2012[①]；罗默，2014[②]）。本书认为，这一论断就中国本身的情况来看是比较符合经济现实情况的：一方面，在我国由于资本市场和其他金融市场发展不完善，居民家庭的财产性收入占其可支配收入的比重很小[③]，因此居民进行消费的资金来源主要是其劳动收入所得。另一方面，宏观数据反映出的特征也说明在中国劳动收入份额是消费率的最重要的决定因素（李稻

① 〔美〕彼得·伯奇·索伦森、汉斯·乔根·惠特-雅各布森：《高级宏观经济学导论：增长与经济周期》（第二版），王文平等译，中国人民大学出版社，2012。

② 〔美〕戴维·罗默：《高级宏观经济学》（第四版），吴化斌、龚关译，上海财经大学出版社，2014。

③ 从1992年到2005年，我国居民家庭的财产性收入由1218.38亿元增长到4612.8亿元，增长了2.79倍，其对居民可支配收入的贡献，则由6.59%稳步下降到4.17%。与来自劳动的报酬相比，财产性收入的相对规模也在下降，两者之比由1992年的1：13.9逐步下降到1：20.1。财产性收入占比逐步下降。

葵，2011)[①]。我国的劳动收入份额从 1992 年的 56.7% 下降到 2011 年最低值 48.6%，到 2016 年又小幅上升到 52.1%；与此同时，最终消费率从 1992 年的 59.7% 下降到 2016 年的 53.6%，14 年间下降了 6.1 个百分点。从图 4—4 可以看出，我国最终消费率与劳动份额高度相关，两者的曲线变化趋势总体上看是一致的，随着劳动份额的下降，最终消费率也逐渐降低。

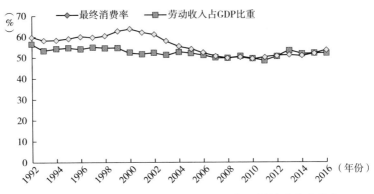

图 4—4　1992 年以来中国劳动收入份额和最终消费率演变

第二节　中国最优消费率的测度与分析

一　模型设定与数据说明

（一）模型设定

假定生产函数为柯布—道格拉斯生产函数，投入要素包括劳动、资本，进而通过回归分析给出产出的劳动弹性和资本弹性，将产出的劳动弹性作为我国最优消费率的一个测算值。生产函数形式为

$$Y(t) = K(t)^{\alpha} [A(t)L(t)]^{\beta} e^{\mu} \qquad (4-12)$$

（4—12）式两边取对数可得：

$$\ln(Y(t)) = \alpha_0 + \alpha \ln(K(t)) + \beta \ln L(t) + \mu \qquad (4-13)$$

---

① 李稻葵、徐翔：《中国经济结构调整及其动力研究》，《新金融》2013 年第 6 期。

其中，$\alpha_0 = \beta \ln A(t)$，（4 - 13）式为本节测算中国最优消费率的模型，该模型中最优消费率的测算需要的数据包括实际经济的产出、资本存量和劳动力。

（二）数据来源

本节模型分析所需数据包括我国实际经济的产出、资本存量和劳动力等三个指标，对相关指标说明如下：对产出，取 GDP 作为产出的衡量指标，并用 GDP 指数折算为 1978 年不变价；对劳动力，直接采用我国的就业人员的数量代表劳动力投入。对资本存量的核算，1978 ~ 2008 年的数据（1952 年不变价格）来源于对单豪杰（2008）关于省际资本存量的数据的整理并换算为 1978 年不变价格；对于 2009 ~ 2013 年资本存量的数据，采用永续盘存法并按 1978 年不变价格计算。考虑数据的可得性，选取了 1978 年至 2013 年的有关数据（表 4 - 1），数据主要来源于《新中国 60 年统计资料汇编》《中国统计年鉴 2014》。

表 4 - 1　中国 1978 ~ 2013 年相关经济数据

年份	实际 GDP（Y）：亿元	资本存量（K）：亿元	劳动力（L）：万人	年份	实际 GDP（Y）：亿元	资本存量（K）：亿元	劳动力（L）：万人
1978	3650.2	5686.6	40152.0	1996	20239.5	32973.6	68950.0
1979	3927.6	6172.4	41024.0	1997	22101.6	36979.0	69820.0
1980	4237.9	6764.7	42361.0	1998	23825.5	41202.3	70637.0
1981	4454.0	7288.0	43725.0	1999	25636.2	45612.8	71394.0
1982	4854.9	7888.1	45295.0	2000	27789.7	50386.8	72085.0
1983	5379.2	8583.1	46436.0	2001	30096.2	55710.4	72797.0
1984	6196.9	9492.8	48197.0	2002	32835.0	62089.8	73280.0
1985	7033.4	10573.3	49873.0	2003	36118.5	70274.8	73736.0
1986	7659.4	11749.4	51282.0	2004	39766.4	79723.6	74264.0
1987	8555.6	13156.4	52783.0	2005	44260.0	90985.7	74647.0
1988	9522.3	14649.0	54334.0	2006	49881.1	103908.4	74978.0
1989	9922.6	15589.6	55329.0	2007	56964.2	118048.1	75321.0
1990	10309.3	16554.6	64749.0	2008	62432.8	133948.3	75564.0
1991	11268.0	17821.4	65491.0	2009	68176.6	155492.7	75828.0
1992	12879.3	19672.1	66152.0	2010	75403.3	177905.5	76105.0
1993	14669.6	22253.6	66808.0	2011	82566.6	201660.4	76420.0
1994	16591.3	25404.5	67455.0	2012	88924.2	227430.1	76704.0
1995	18416.3	28986.2	68065.0	2013	95771.4	255468.4	76977.0

二 实证分析

(一) 数据的平稳性及协整检验

由于数据的非平稳, 利用时间序列数据进行估计时容易引起伪回归问题, 因此在进行回归前需进行数据的平稳性检验。本书采用 ADF 检验来检验数据的平稳性, 检验结果如表 4 - 2 所示。分别对对数实际 GDP、对数资本存量、对数劳动投入等 3 个变量的水平值及一阶差分进行 ADF 检验, 结果表明: 在 1% 的显著水平上, 3 个变量的水平值都是不平稳的; 在 1% 的显著水平上, 3 个变量的一阶差分序列都是平稳的, 也就是说, 3 个变量序列都是一阶单整的。

表 4 - 2 单位根检验结果 (ADF 检验)

变量	ADF 值	10% 临界值	5% 临界值	1% 临界值	检验形式 (C, T, N)	检验结果
lnY	- 0.302511	- 2.619160	- 2.960411	- 3.661661	(C, 0, 4)	不平稳
ΔlnY	- 3.751911	- 2.619160	- 2.960411	- 3.661661	(C, 0, 3)	平 稳
lnK	2.495819	- 2.615817	- 2.954021	- 3.646342	(C, 0, 2)	不平稳
ΔlnK	- 3.881637	- 3.209642	- 3.552973	- 4.262735	(C, T, 2)	平 稳
lnL	- 0.738643	- 3.204699	- 3.544284	- 4.243644	(C, T, 0)	不平稳
ΔlnL	- 4.926406	- 2.614300	- 2.951125	- 3.639407	(C, 0, 1)	平 稳

说明: C、T、N 分别代表检验中是否带有常数项、时间趋势项和差分滞后阶数, 差分滞后阶数的选择为 SIC 最小化原则。

对数实际 GDP、对数资本存量、对数劳动投入等 3 个变量都不是平稳的, 但它们都是一阶单整序列, 满足协整检验前提条件。

由于大部分的宏观经济数据都有时间趋势, 进而表现出非平稳特征, 直接进行回归分析, 容易产生伪回归现象。因此, 在进行回归分析之前, 需要进行协整检验, 利用 Johansen 检验来检验平稳性和协整关系。协整检验结果显示, 迹统计量和最大特征根检验均在 5% 的显著性水平上拒绝了原假设, 表明变量 $lnY(t)$、$lnK(t)$、$lnL(t)$ 之间至少存在一个协整关系。

表 4 – 3 **Johansen 协整检验结果**

原假设	特征值	迹统计量	5% 临界值	相伴概率	最大特征根	5% 临界值	P 值
None	0.492038	36.15968	24.27596	0.0010	22.35250	17.79730	0.0096
At most 1	0.337002	13.80719	12.32090	0.0280	13.56244	11.22480	0.0191
At most 2	0.007389	0.244749	4.129906	0.6797	0.244749	4.129906	0.6797

（二）结果分析

使用软件 Eviews 6 对式（4 – 13）做回归分析，结果如下。

$$lnY = -5.4846 + 0.7535lnK + 0.6765lnL \tag{4-14}$$
$$(10.17) \quad (70.27) \quad (11.71)$$
$$R^2 = 0.9991 \quad AdjR^2 = 0.9991 \quad F = 17776.30$$

由回归结果可知，各变量系数在 1% 的显著水平下通过了显著性检验。方程通过了 F 检验，且模型不存在自相关。

由（4 – 14）式可知，产出的劳动弹性为 67.6%，这也说明 1978～2013 年我国最优消费率为 67.6%，这一水平与中等收入国家消费率水平相差不大。与实际最终消费率进行对比（图 4 – 5），我国的最终消费率一直低于其最优水平：除了 80 年代的消费率在 60% 以上且较为接近最优水平外，其他时期的消费率普遍低于 60%。

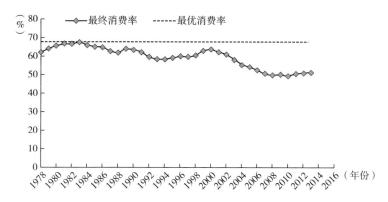

图 4 – 5 **1978～2014 年中国最终消费率与最优消费率的比较**

通过回归分析得到的 1978～2013 年我国最优消费率为 67.6%，与动态效率视角下的最优消费率 55% 相比，高了 12.6 个百分点。这可以从两个方面进行解释。一方面，两种方法考察的角度不同：在经济动态效率视角下，通过比较总消费和劳动收入之间的关系来确定最优消费率：当总消费等于劳动收入时对应的消费率即为经济的最优消费率；而在索洛模型中，劳动产出弹性即为最优消费率。另一方面，在动态效率视角下，我们考察经济最优消费率立足于经济每一年的消费和劳动收入，而在索洛模型中，经济最优消费率则是说明一段时期内的消费与产出之间的比率。

第三节　中国经济最优消费率——基于资本产出比的分析

本节依据资本产出比框架下分析测算中国的最优消费率，得出中国 1978～2013 年各年的最优消费率，与各年具体的实际消费率进行比较，并对两者之间的差异进行具体说明。基于资本产出比的最优消费率分析主要参考了范祚军等（2014）[①] 的研究。

一　基于资本产出比的中国最优消费率

根据前文分析，索洛模型中，当经济达到稳态时有，$\dot{k}(t) = (1 - CR)f(k) - (n + g + \delta)k(t) = 0$，其基本含义为：每单位有效劳动的平均资本存量变化是每单位有效劳动的平均实际投资 $(1 - CR)f(k)$ 与每单位有效劳动的持平投资 $(n + g + \delta)k(t)$ 之差，如果每单位有效劳动的平均实际投资等于所需的持平投资，则 k 不变，经济增长处于其稳态水平上（图 4 - 6）。根据经济增长稳态的含义，不管经济从何处出发，最终都将收敛于模型的稳态。在稳态上，模型中每个变量都以常数增长。

---

① 范祚军、常雅丽、黄立群：《国际视野下最优储蓄率及其影响因素测度——基于索洛经济增长模型的研究》，《经济研究》2014 年第 9 期。

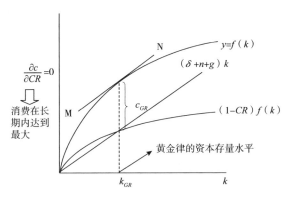

图 4 - 6　索洛模型稳态消费最大化

图 4 - 6 中的 k_{GR}^* 为使人均消费最大化对应的黄金律资本存量水平，此时对应的消费率即为本节中提出的最优消费率。考虑到与前文分析的一致性且我国正处于资本积累的加速期，本节假定我国经济达到稳态时，经济增长实现了黄金律增长。图 4 - 6 中对应的消费率就是经济的最优消费率 CR_{GR}，即生产函数的斜率等于 $n + g + \delta$。即有 $CR_{GR} = 1 - (n + g + \delta)$ $\dfrac{k}{f(k)} = 1 - (n + g + \delta) \dfrac{K}{F(K, AL)} = 1 - (n + g + \delta) \dfrac{K}{Y}$，也就是说最优消费率等于 1 减去 $n + g + \delta$ 乘以经济的资本产出比。由于经济在向其稳态收敛的过程中，人均产出的增长率等于每单位有效劳动的增长率，因此假定实际 GDP 增长率为人口增长率和技术进步率之和，令实际 GDP 增长率为 $g' = n + g$，从而最优消费率的理论模型变为：

$$CR_{GR} = 1 - (g' + \delta) \frac{K}{Y} \qquad (4 - 15)$$

二　数据来源及指标选取

根据 (4 - 15) 式，要测算我国的最优消费率，需获得的指标包括实际经济增长率、资本折旧率、资本存量和产出水平等四个变量。

实际经济增长率，采用《中国统计年鉴 2015》中的 GDP 指数（上年为 100）减去 100 得到 1978~2013 年各年的经济增长率。

资本折旧率，国际上一般采用 [0.05，0.08]，如 Perkins (1988)[①]、Wang 和 Yao (2001)[②] 均假定折旧率为 5%，Hall 和 Jones (1999)[③]、Young (2003)[④] 假定为 6%。考虑到我国是一个发展中国家，资本折旧一般要快于发达国家，且国内代表性学者在测算我国资本存量的过程中一般采用 9.6% (张军等，2000)[⑤]，本书也采用 9.6% 这一折旧率。

对资本存量的核算，1991~2008 年的数据（1952 年不变价格）来源于对单豪杰 (2008)[⑥] 关于省际资本存量的数据的整理并换算为 1978 年不变价格；对于 2009~2013 年资本存量的数据，采用永续盘存法并按 1978 年不变价格计算。

产出水平，取 GDP 作为产出的衡量指标，并用 GDP 指数折算为 1978 年不变价。

三 中国的最优消费率测算

在获得实际经济增长率、资本折旧率、资本存量和产出水平等四个变量数据后，根据 4-15 式，可计算 1978~2013 年各年的最优消费率（表 4-4）。由表 4-4 可知，1978~2013 年间，我国最终消费率都小于其最优水平（1984 年除外），从两者的平均值来看：1978~2013 年最优消费率的平均值为 64.9%，最终消费率均值为 59.4%，两者相差 5.5 个百分点；而 2000~2013 年最优消费率的平均值为 58.1%，最终消费率均值为 54.1%，两者相差 4.0 个百分点。由于该最优消费率是根据我国 1978~

① D. H. Perkins, "Reforming China's Economic System," *Journal of Economic Literature*, 1988, 26 (2): 601-645.

② Yan Wang and Yudong Yao, "Sources of China's Economic Growth 1952-1999: Incorporating Human Capital Accumulation," *World Bank Working Paper*, 2001.

③ Robert E. Hall, Charles I. Jones, "Why do Some Countries Produce So Much More Output per Worker than Others?" *Quarterly Journal of Economics*, 1999, 114 (1): 83-116.

④ Alwyn Young, "Gold into Base Metals: Productivity Growth in the People's Republic of China during the Reform Period," *Journal of Political Economy*, 2003, 111 (6): 1220-1260.

⑤ 张军、吴桂英、张吉鹏：《中国省际物质资本存量估算：1952—2000》，《经济研究》2004 年第 10 期。

⑥ 单豪杰：《中国资本存量 K 的再估算：1952—2006 年》，《数量经济技术经济研究》2008 年第 10 期。

2013 年实际经济数据测算的，经济条件变化反映在最优消费率的变动上。根据消费理论，经济产出在消费与投资之间进行分割，而投资的积累形成资本存量，即投资多了资本存量上升，消费下降，进而会导致经济的最终消费率下降，按照此逻辑，可以得出资本产出比与最优消费率之间将呈现反向变动关系（图 4 - 7）：资本产出比上升（进而资本投资效率下降）将导致最优消费率下降，反之，资本产出比下降（进而资本投资效率上升）将导致最优消费率上升。

表 4 - 4　1978～2013 年中国最优消费率及相关数据

年　份	产出（亿元）	资本存量（亿元）	实际增长率（%）	折旧率（%）	最优消费率（%）	最终消费率（%）
1978	3650.2	5686.6	11.60	9.60	67.0	61.4
1979	3927.6	6172.4	7.60	9.60	73.0	63.9
1980	4237.9	6764.7	7.90	9.60	72.1	65.5
1981	4454.0	7288.0	5.10	9.60	75.9	66.7
1982	4854.9	7888.1	9.00	9.60	69.8	66.5
1983	5379.2	8583.1	10.80	9.60	67.4	67.4
1984	6196.9	9492.8	15.20	9.60	62.0	65.8
1985	7033.4	10573.3	13.50	9.60	65.3	65.0
1986	7659.4	11749.4	8.90	9.60	71.6	64.8
1987	8555.6	13156.4	11.70	9.60	67.2	62.6
1988	9522.3	14649.0	11.30	9.60	67.8	61.8
1989	9922.3	15589.6	4.20	9.60	78.3	63.9
1990	10309.3	16554.6	3.90	9.60	78.3	63.3
1991	11268.0	17821.4	9.30	9.60	70.1	61.9
1992	12879.3	19672.1	14.30	9.60	63.5	59.7
1993	14669.6	22253.6	13.90	9.60	64.4	58.3
1994	16591.3	25404.5	13.10	9.60	65.2	58.2
1995	18416.3	28986.2	11.00	9.60	67.6	59.1
1996	20239.5	32973.6	9.90	9.60	68.2	60.0
1997	22101.6	36979.0	9.20	9.60	68.5	59.6
1998	23825.5	41202.3	7.80	9.60	69.9	60.5
1999	25636.2	45612.8	7.60	9.60	69.4	62.7
2000	27789.7	50386.8	8.40	9.60	67.4	63.7

续表

年 份	产出 （亿元）	资本存量 （亿元）	实际增长率 （％）	折旧率 （％）	最优消费率 （％）	最终消费率 （％）
2001	30096.2	55710.4	8.30	9.60	66.9	62.0
2002	32835.0	62089.8	9.10	9.60	64.6	61.0
2003	36118.5	70274.8	10.00	9.60	61.9	57.9
2004	39766.4	79723.6	10.10	9.60	60.5	55.2
2005	44260.0	90985.7	11.30	9.60	57.0	54.1
2006	49881.1	103908.4	12.70	9.60	53.5	52.4
2007	56964.2	118048.1	14.20	9.60	50.7	50.6
2008	62432.8	133948.3	9.60	9.60	58.8	49.7
2009	68176.6	155492.7	9.20	9.60	57.1	50.0
2010	75403.3	177905.5	10.60	9.60	52.3	49.1
2011	82566.6	201660.4	9.50	9.60	53.4	50.2
2012	88924.2	227430.1	7.70	9.60	55.8	50.8
2013	95771.4	255468.4	7.70	9.60	53.9	51.0
1978～2013 年平均值					64.9	59.4

资料来源：《中国统计年鉴 2015》及作者的计算。

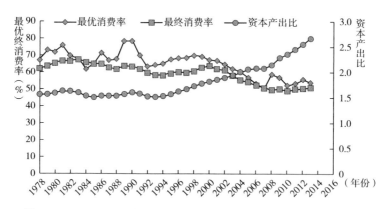

图 4-7　1978～2013 年中国最优消费率、最终消费率与资本产出比

　　改革开放后，我国资本产出比的演变可划分为两个阶段（图 4-7）：第一阶段（1978～2000）资本产出比基本维持稳定在 1.6 上下波动，与此同时，最优消费率（最终消费率）也基本维持稳定，在 69.2%（62.7%）上下波动；第二阶段（2001 年至今），资本产出比呈持续上升趋势，从

2001 年的 1.85 上升到 2013 年的 2.67，与此同时，最优消费率（最终消费率）急剧下降，从 2001 年的 66.9%（62.0%）下降到 2013 年的 53.9%（51.0%）。资本产出比的变化表明了资本增长变化趋势与产出增长变化趋势的关系：当资本存量增长率超过产出增长率时，资本产出比上升；当资本存量增长率低于产出增长率时，资本产出比下降。2001 年后，我国的资本产出比急剧上升表明资本增长率高于产出增长率，由于我国的劳动增长率较为稳定，资本增长率高企表明我国经济的资本深化程度逐渐的加重，资本深化程度的提高也不利于我国消费率的提升。丁建勋（2015）[1] 通过构建理论模型分析了我国消费率与资本深化的关系，研究结论表明，资本深化对消费率的影响取决于要素替代弹性：当要素替代弹性小于 1 时，资本深化将提高劳动收入份额，进而提高消费率；当要素替代弹性大于 1 时，资本深化将降低劳动收入份额，进而降低消费率；根据其测算，我国的要素替代弹性大于 1，我国资本深化对消费率的提高存在抑制作用。

为确定我国资本产出比与最优消费率之间的关系，利用计量经济学中的格兰杰因果关系检验，来检验"资本产出比上升导致最优消费率下降"这一论断是否成立，检验结果如表 4-5 所示，在 5% 的显著性水平下，对于资本产出比不是最优消费率的格兰杰原因，拒绝它犯第一类错误的概率是 0.0028，表明至少在 95% 的置信水平下，可以认为资本产出比是最优消费率的 Granger 原因，也就是说，资本产出比的变化引起了最优消费率的变化。

表 4-5 资本产出比与最优消费率的因果关系检验

原假设：	Obs	F - 统计量	相伴概率
资本产出比不是最优消费率的格兰杰原因	35	10.5188	0.0028
最优消费率不是资本产出比的格兰杰原因	35	0.09164	0.7641

为进一步确定两者之间的定量关系，以最优消费率（CR_{GR}）为被解释变量，资本产出比（cor）为解释变量，进行回归分析，得回归结果为：

---

① 丁建勋：《资本深化与我国消费率的关系研究》，《上海经济研究》2015 年第 9 期。

$$CR_{GR} = 91.76 - 14.76 \,^{*} cor + [AR(1) = 0.563] \qquad (4-16)$$
$$(11.5) \quad (-3.49) \qquad (3.76)$$
$$R^2 = 0.726, \; F = 42.35, \; D.W = 1.50$$

回归结果表明，各变量的 t 统计量显著水平为 5% 的临界值，$D.W = 1.50$ 表明不存在自相关。资本产出比与最优消费率呈现出显著的负相关关系，在资本产出比增加 1，则最优消费率下降 14.76 个百分点，这与图 4-7 显示的结果基本吻合，如当资本产出比由 1995 年的 1.57 上升到 2013 年的 2.67 时，最优消费率由 1995 年的 67.3% 下降到 2013 年的 53.9%。

第四节　小结及政策启示

本章以索洛模型为基础，从两个层面分析了我国改革开放以来的最优消费率：一是基于黄金律资本存量的角度，推演最优消费率等于产出的劳动弹性，实证分析结果表明，最优消费率为 67.7%；二是从资本产出比的角度来测算我国改革开放以来的最优消费率，1978~2013 年我国最优消费率均值为 64.9%。因此，从索洛模型的角度分析，我国的最优消费率合理取值区间为 [64.9%，67.7%]。

基于本章的模型分析结果及我国目前消费率偏低的事实，提出以下几个方面的措施来促进消费，提高经济消费率，向最优消费率靠拢，最终实现我国经济的可持续增长。

首先，推进收入分配调整，提高初次分配中劳动收入占 GDP 的比重。根据我们的分析，在财产性收入占可支配收入比重较小的条件下，经济体的最优消费率等于劳动收入份额，提高劳动收入份额能提高经济的消费率。另外，劳动收入份额的提高有助于居民消费水平和总收入边际消费倾向的提高，一般说来劳动收入与资本性收入等财产性收入相比，其边际消费倾向是最高的。因此，综合来看，提高劳动收入份额对经济体向最优消费率迈进、实现经济可持续增长的作用是最直接和最显著的。

其次，加快建设社保体系步伐，促进居民消费增长。目前我国的社会保障体系还不完善，居民收入中很大一部分都用来储蓄，为子女教育、购房、看病、失业等大笔支出做积累，如果社保体系是完善的，那么居民的这部分收入也可以拿来进行消费，居民的消费活力会得到极大程度的释放，宏观经济的消费率也会逐渐提高。

再次，调整投资结构，提高投资效率。改革开放以来，由于投资增速一直维持在较高的水平，资本对我国经济增长的贡献在所有的要素中是最大的，这也导致了我国资本深化程度的加深和资本产出比的迅速提升，但长期依靠高投资驱动经济增长的模式是不可持续的，因此未来一段时间再靠投资驱动我国经济增长的可能性非常小，必须通过调整投资结构，淘汰无效产能，提高投资效率，进而使得资本深化程度的减弱和资本产出比下降，使最终消费率向最优消费率收敛。

最后，多渠道增加居民财产性收入。我国大多数居民家庭的主要收入来源是劳动收入，如财产性收入增加了其可支配收入就会增加，根据消费函数则消费水平和消费率都会得到改善。

第五章

拉姆齐模型中的最优消费率

　　拉姆齐模型是进行跨期最优消费和储蓄决策分析的经典模型，该模型以英国剑桥大学数学家和逻辑学家弗兰克·拉姆齐的名字命名，拉姆齐（Ramsey）于1928年12月在《经济学杂志》上发表了《储蓄的数学原理》一文[①]，从跨期的角度研究了资源配置问题。该模型后经卡斯（Cass，1955）[②] 和库普曼斯（Koopmans，1965）[③] 进一步完善，逐步形成了当今高级宏观经济学课程中常见的拉姆齐－卡斯－库普曼斯模型[④]。本章运用该模型来分析最优消费率问题：第一节探讨了拉姆齐模型中最优消费率的决定问题；第二节结合我国经济发展实际校准了相关外生参数，得到我国的最优消费率，并在此基础上模拟了各种外生参数变化对最优消费率的影响；第三节对本章的分析进行小结，并给出了政策启示。

---

①　F. P. Ramsey，"A Mathematical Theory of Saving," *The Economic Journal*，1928（December），38（152）：543－559.

②　David Cass，"Optimum Growth in an Aggregative Model of Capital Accumulation," *Review of Economic Studies*，1965（July），32（3）：223－240.

③　Tjalling C. Koopmans，*On the Concept of Optimal Economic Growth*：*In The Economic Approach to Development Planning*. Amsterdam：Elsvier，1965.

④　〔美〕戴维·罗默：《高级宏观经济学》，吴化斌、龚关译，上海财经大学出版社，2014。

第一节　最优消费率分析框架：理论模型[①]

一　生产函数和厂商行为

在经济的产出方面，假设经济中所有厂商都是同质的，因此可以抽象出一个代表性厂商，该厂商通过利润最大化来决定自己雇佣的劳动和资本，生产函数为劳动增进型技术进步生产函数：

$$Y(t) = F(K(t), A(t)L(t)) \qquad (5-1)$$

其中 $Y(t)$，$K(t)$，$A(t)$，$L(t)$ 分别为产出、资本存量、技术进步和劳动。假设生产函数具有规模报酬不变、边际产出递减、每种生产要素都必不可少、在区间 $[0, +\infty)$ 上二阶连续可微、同时满足稻田条件的严格凹函数等特征，即

$$F(\lambda K, \lambda AL) = \lambda F(K, AL), \ \lambda > 0 \qquad (5-2)$$

$$F_K > 0, \ F_{KK} < 0, \ F_{AL} > 0, \ F_{(AL)(AL)} < 0 \qquad (5-3)$$

$$F(0, AL) = F(K, 0) = 0, \ \lim_{K \to 0} F_K = \lim_{AL \to 0} F_{AL} = \infty, \ \lim_{K \to \infty} F_K = \lim_{AL \to \infty} F_{AL} = 0 \qquad (5-4)$$

假定技术进步外生决定，有：

$$A(t) = A(0)e^{gt} \qquad (5-5)$$

其中，$A(0)$ 表示经济开始时（0 时期）的技术水平并将其标准化为 1，g 表示技术进步率，则 $A(t) = e^{gt}$。由于假定规模报酬不变，因此可将其转换为密集形式

$$y(t) = \frac{Y}{AL} = F\left(\frac{K}{AL}, 1\right) = f(k) \qquad (5-6)$$

其中 $y(t) = Y(t)/A(t)L(t)$ 表示每单位有效劳动的平均产出，$k(t) =$

①　本部分内容参数设定及讨论参考了纪明等（2013）的论文。纪明、刘志彪、岑树田：《消费率稳态、演进及中国经济持续均衡增长的现实选择——基于 R - C - K 模型的分析框架》，《经济与管理研究》2013 年第 4 期。

$K(t)/A(t)L(t)$ 表示每单位有效劳动的平均资本存量，从而将每单位有效劳动的平均产出写成每单位有效劳动的资本存量的函数。根据对总量生产函数的假设，密集形式的生产函数满足

$$f(0) = 0, f'(k) > 0, f''(k) < 0, \lim_{k \to 0} f'(k) = +\infty, \lim_{k \to \infty} f'(k) = 0 \quad (5-7)$$

厂商雇佣劳动和资本来进行生产，它每期的成本包括工资成本 wL 和资本利息 rK。另外假设资本的折旧率为 δ。因此，厂商雇佣 L 劳动量和 K 资本来进行生产的总成本为 $wL + (r+\delta)K$。从而，代表性厂商的利润为

$$\begin{aligned}
\prod &= F(K, AL) - (r+\delta)K - wL \\
&= ALf(k) - AL(r+\delta)k - wL \quad (5-8)
\end{aligned}$$

假设商品市场和要素市场都是完全竞争市场，同时厂商可以调整劳动和资本的雇佣水平，来使其每期利润最大化，因此有

$$\begin{aligned}
\prod &= \max_{K,L} F(K, AL) - (r+\delta)K - wL \\
&= \max_{k,L} ALf(k) - AL(r+\delta)k - wL \quad (5-9)
\end{aligned}$$

厂商最优化问题的一阶条件有

$$r(t) = f'(k) - \delta, w(t) = Af(k) - Akf'(k) \quad (5-10)$$

二 效用函数和消费者行为

消费者一方，假定家庭作为一个整体参与经济，家庭收入来自提供劳动获得的劳动收入和向厂商租赁资本获得的利息收入两个方面，同时用这些收入来进行家庭的消费和储蓄/投资行为，来实现家庭效用最大化。假设家庭都包括一个或一个以上的人口（具体由初始人口和人口增长率决定）。家庭在做决策时，决策者会把该家庭当期人口福利水平和未来所有后代的福利水平以及资源约束都考虑在内。个人的寿命持续无限期，从而本章考虑的是一个个人具有无限寿命的家庭的最优消费行为和储蓄行为的选择。

（一）效用函数

假设家庭当前决策者能够完全准确地预期到人口增长率，并假设人口增长率为 n。把 0 时期的人口标准化为 1，则任意 t 时刻的总人口为 $L(t) = e^{nt}$。用 $C(t)$ 表示 t 时刻家庭的总消费，用 $c'(t) = C(t)/L(t)$ 表示 t 时刻经济中的人均消费水平。由此，家庭在 t 时刻的效用水平为 $L(t)u(c'(t))$，其中 $u(\cdot)$ 表示个人的瞬时效用函数，它是一个边际效用为正且递减的凹函数，即它满足

$$u(c') > 0, \ u'(c') > 0, \ u''(c') < 0, \ \forall c' > 0$$

假设 $u(\cdot)$ 满足稻田条件，即有

$$\lim_{c' \to 0} u'(c') = +\infty, \ \lim_{c' \to \infty} u'(c') = 0$$

出于处理方便的考虑，本章的瞬时效用函数假定采取相对风险厌恶系数不变的形式

$$u(c') = \frac{c'^{1-\theta}}{1-\theta} \tag{5-11}$$

其中 θ 为相对风险厌恶系数。

假设家庭的时间贴现率为 $0 < \rho < 1$，即家庭决策者总是认为现在比未来更重要，未来 t 时刻的 1 单位效用水平相当于现在 $e^{-\rho t}$ 的效用水平。家庭决策者在 0 时刻所考虑的家庭效用函数是所有家庭成员在当期和未来所有时期效用水平的贴现总和

$$U = \int_0^\infty e^{-(\rho-n)t} u(c'(t)) \, dt \tag{5-12}$$

家庭决策者通过选择家庭人均消费水平和储蓄水平来最大化家庭在所有时期的总效用水平，即通过选择 $c'(t)$ 来最大化（5-12）式，为了保证家庭总效用函数的收敛性，假设 $\rho - n - (1-\theta)g > 0$，其中 g 表示技术进步率，n 表示人口增长率，θ 为相对风险厌恶系数。

（二）预算约束

家庭可以以存款、股票或债券等任何形式持有其资产，它也可以

贷款或负债的形式持有负资产。假定所考察的经济是一个封闭经济，且经济中没有不确定性，存款、股票和债券等资产具有替代性，从而它们必须获得相同的实际收益率 $r(t)$。用 $W(t)$ 表示家庭持有的实际总资产，用 $\bar{a}(t) = W(t)/L(t)$ 表示家庭人均实际净资产。假设家庭的每个成员在任何 t 时刻无弹性地供给 1 单位劳动，平均工资水平为 $w(t)$。因此，在每一时刻，家庭的总收入等于其劳动收入与资产收入之和，即为 $w(t)L(t) + r(t)W(t)$。因此，家庭的预算约束为

$$\dot{W}(t) = r(t)W(t) + w(t)L(t) - C(t) \tag{5-13}$$

其中 W 上一点表示该变量对时间的导数，把预算约束变为人均形式①为

$$\dot{\bar{a}}(t) = r(t)\bar{a}(t) + w(t) - c'(t) - n\bar{a}(t) \tag{5-14}$$

另外，需要对家庭行为施加一个非庞齐博弈条件（Non Ponzi Game）：家庭在无穷远时刻的资产现值不能小于零，也就是说家庭在无穷远的将来不能留下负资产。

$$\lim_{t\to 0}\left\{ W(t)\exp\left[-\int_0^t r(s)\,ds \right] \right\} = \lim_{t\to 0}\bar{a}(t)\exp\left\{ -\int_0^t [r(s) - n]\,ds \right\} > 0 \tag{5-15}$$

（三）家庭最优化行为

根据以上假设，家庭的决策问题表现为在给定初始人均资产 $\bar{a}(0)$ 的情况下，在满足预算约束和非庞齐博弈条件的条件下，最大化家庭一生的效应函数 U。由此，家庭的最优化问题可归结为

$$\max_{c'(t)} \int_0^\infty e^{-(\rho-n)t} \frac{c'(t)^{1-\theta}}{1-\theta}\,dt$$

$$s.t.\ \dot{\bar{a}}(t) = r(t)\bar{a}(t) + w(t) - c'(t) - n\bar{a}(t) \tag{5-16}$$

$$\lim_{t\to 0}\bar{a}(t)\exp\left\{ -\int_0^t [r(s) - n]\,ds \right\} > 0$$

给定 $\bar{a}(0)$，且 $c'(t) \geq 0$

---

① $\bar{a}(t) = \dfrac{W(t)}{L(t)}$。

三　市场均衡与平衡增长路径

由于均衡分析中一般采用每单位有效劳动的形式来分析经济各变量的动态演化行为。因此，为了以每单位有效劳动的形式来分析最优消费与储蓄行为，令 $c(t) = c'(t)/A(t)$ 表示每单位有效劳动的平均消费水平，$a(t) = \bar{a}(t)/A(t)$ 为每单位有效劳动的平均资产，并将家庭优化问题（5-16）式改写为每单位有效劳动的平均消费的形式

$$
\max_{c(t)} \int_0^\infty e^{-[\rho - n - (1-\theta)g]t} \frac{c(t)^{1-\theta}}{1-\theta} dt
$$

$$
s.t. \ \dot{a}(t) = r(t)a(t) + w(t) - c(t) - na(t) - ga(t) \tag{5-17}
$$

$$
\lim_{t \to 0} a(t) \exp\left\{ - \int_0^t [r(s) - n - g] ds \right\} > 0
$$

给定 $a(0)$，且 $c(t) \geqslant 0$

结合厂商最优化问题一阶条件

$$
r(t) = f'(k) - \delta, \ w(t) = Af(k) - Akf'(k) \tag{5-18}
$$

经济达到均衡时，产品市场、要素市场出清，同时由于经济中只存在资本一种净资产，而且家庭之间相互借贷的债务总和总是为 0，在资本市场达到均衡时，每单位有效劳动的资产 $a(t)$ 应该等于社会每单位有效劳动的资本 $k(t)$，即模型中的 $a(t) = k(t)$。将这一条件和（5-18）式代入（5-17）式，经济的优化问题变为

$$
\max_{c(t)} \int_0^\infty e^{-[\rho - n - (1-\theta)g]t} \frac{c(t)^{1-\theta}}{1-\theta} dt
$$

$$
s.t. \ \dot{k}(t) = f(k) - c(t) - (n + g + \delta)k \tag{5-19}
$$

$$
\lim_{t \to 0} k(t) \exp\left\{ - \int_0^t [f(k(s)) - \delta - n - g] ds \right\} > 0
$$

给定 $k(0)$，且 $c(t) \geqslant 0$

运用汉密尔顿系统求解（18）式，得家庭每单位有效劳动的平均消费的动态调整路径

$$\frac{\dot{c}(t)}{c(t)} = \frac{(f'(k) - \rho - \theta g)}{\theta} \qquad (5-20)$$

结合每单位有效劳动的动态调整路径

$$\dot{k}(t) = f(k) - c(t) - (n + g + \delta)k \qquad (5-21)$$

（5-20）式与（5-21）式形成一个动态系统，当每单位有效劳动的平均资本和平均消费不再变动（即其增长率等于 0 时），经济达到稳态。根据（5-20）式，在经济稳态水平上，有

$$f'(k^*) = \rho + \theta g \qquad (5-22)$$

k^* 为经济达到稳态时每单位有效劳动的平均资本存量。假定生产函数采用柯布-道格拉斯形式，即有

$$Y(t) = F(K(t), A(t)L(t)) = K(t)^\alpha (A(t)L(t))^{1-\alpha}, y(t) = f(k) = k^\alpha$$

从而经济达到稳态时，稳态利率水平为

$$f'(k^*) = \alpha k^{*\alpha-1} = \rho + \theta g \qquad (5-23)$$

对（5-23）式进行化简，得经济达到稳态时每单位有效劳动的平均资本存量

$$k^* = \left(\frac{\alpha}{\rho + \theta g}\right)^{\frac{1}{1-\alpha}} \qquad (5-24)$$

四 最优消费率与经济稳态

当经济达到稳态时，每单位有效劳动的平均资本存量不再变动为常数，即有 $\dot{k}(t) = 0$，因此根据（5-21）式，有

$$f(k^*) - c^*(t) - (n + g + \delta)k^* = 0 \qquad (5-25)$$

对（5-25）式两边同时除以 $f(k^*)$，并将（5-24）式代入，然后进行化简，有

$$CR^* = \frac{\rho + \theta g - \alpha(n + g + \delta)}{\rho + \theta g} \qquad (5-26)$$

由于本章将经济达到稳态时实现的消费率界定为经济的最优消费率，因此，由（5-26）式可知，经济的最优消费率取决于贴现率 ρ、消费者的相对风险厌恶系数 θ、技术进步率 g、产出的资本弹性 α、人口增长率 n、折旧率等外生参数 δ。

（一）贴现率与最优消费率

（5-26）式两边对 ρ 求偏导，得

$$\frac{\partial CR^*}{\partial \rho} = \frac{\alpha(n+g+\delta)}{(\rho+\theta g)^2} \tag{5-27}$$

（5-27）式表明，贴现率对最优消费率的影响是正向的，即贴现率上升使得最优消费率上升。从一般的层面分析，贴现率衡量消费者的耐心程度，贴现率越大则消费者的耐心越小，即比起未来消费消费者更偏向于当期消费，这有助于提升现期消费率；贴现率越小则消费者的耐心越好，即消费者愿意放弃当期消费以换取未来的高消费，这会降低现期消费率。

（二）消费者的相对风险厌恶系数与最优消费率

（5-25）式两边对 θ 求偏导，得

$$\frac{\partial CR^*}{\partial \theta} = \frac{\alpha g(n+g+\delta)}{(\rho+\theta g)^2} \tag{5-28}$$

（5-28）式表明，相对风险厌恶系数对最优消费率的影响是正向的，即相对风险厌恶系数上升使得最优消费率上升。从一般的层面分析，相对风险厌恶系数衡量消费者对风险的厌恶程度，由于相对风险厌恶系数的倒数是跨期替代弹性，因此相对风险厌恶系数也反映消费者对不同时期消费的偏好。相对风险厌恶系数越大（从而替代弹性较小）则消费者更愿意各个时期进行平均消费；相对风险厌恶系数越小（从而替代弹性较大）则消费者在不同的资产回报率激励下更愿意通过各期之间的消费替代来实现效用最大化。

（三）技术进步率与最优消费率

（5-25）式两边对 g 求偏导，得

$$\frac{\partial CR^*}{\partial g} = -\frac{\alpha[\rho - \theta(n + \delta)]}{(\rho + \theta g)^2} \tag{5 - 29}$$

（5 - 29）式表明，技术进步率对最优消费率的影响是在其他参数值未知的情况下是不能确定的。当 $\rho > \theta(n + \delta)$ 时，技术进步率上升会导致最优消费率的下降；反之当 $\rho < \theta(n + \delta)$ 时，技术进步率上升会导致最优消费率的上升。从一般的层面分析，技术进步率上升在劳动、资本等要素投入水平不变的情况下会永久性地提高经济的产出水平，根据现代消费理论（持久收入假说、生命周期假说），消费者持久收入的提升会导致其消费水平进一步提升，对消费率的影响是不确定的，若经济的资本存量远远低于其黄金律水平，则技术进步率的提升导致产出水平的提升，增加的产出会有较大的比例用于资本积累，从而导致消费率下降；反之，若经济的资本存量高于其黄金律水平，则技术进步率的提升导致产出水平的提升，增加的产出会有较大的比例用于消费，从而导致消费率上升。

（四）产出的资本弹性与最优消费率

（5 - 25）式两边对 α 求偏导，得

$$\frac{\partial CR^*}{\partial \alpha} = -\frac{n + g + \delta}{\rho + \theta g} \tag{5 - 30}$$

（5 - 30）式表明，产出的资本弹性上升导致最优消费率的下降。从传导机制来看，产出的资本弹性表明增加1%资本投入导致的产出增加的百分比，当生产函数采取柯布 - 道格拉斯生产函数，即有 $Y(t) = F(K(t), A(t)L(t)) = K(t)^\alpha (A(t)L(t))^{1-\alpha}$，资本的边际产出为 $\alpha Y/K$，α 上升直接导致边际产出上升。因此，产出资本弹性上升实际上表明资本利用效率上升，资本利用效率上升说明在劳动、资本等要素投入水平不变的情况下会永久性地提高经济的产出水平，增加的产出会有较大的比例用于资本积累，从而导致消费率下降。

（五）人口增长率与最优消费率

（5 - 25）式两边对 n 求偏导，得

$$\frac{\partial CR^*}{\partial n} = -\frac{\alpha}{\rho + \theta g} \tag{5-31}$$

（5-31）式表明，人口增长率上升导致最优消费率的下降。从传导机制来看，在其他条件不变的条件下，人口增长率上升有两方面的影响：一方面，人口增长率上升，则产出中用于维持每单位劳动的平均资本的比重就越多，从而用于消费的比重小，导致经济达到稳态时的最优消费率下降；另一方面，人口增长率上升，增加的人口也需要进行消费，在产出和总消费不变的情况下，也进一步导致了消费率的下降。

（六）折旧率与最优消费率

（5-25）式两边对 δ 求偏导，得

$$\frac{\partial CR^*}{\partial \delta} = -\frac{\alpha}{\rho + \theta g} \tag{5-32}$$

（5-32）式表明，折旧率上升导致最优消费率的下降。从传导机制来看，在其他条件不变的条件下，折旧率上升要维持同样水平的稳态资本存量需要更多的储蓄，在产出和总消费不变的情况下，储蓄占比上升将导致消费占比下降，即经济重新达到稳态时消费率下降。

第二节　基于拉姆齐模型的中国最优消费率测算

一　经济发展阶段与最优消费率

根据上一节的模型分析，经济的最优消费率取决于贴现率 ρ 、消费者的相对风险厌恶系数 θ 、技术进步率 g 、产出的资本弹性 α 、人口增长率 n 、折旧率 δ 等外生参数。在这些参数中，与经济发展阶段联系较为紧密的是产出的资本弹性，遵循经济发展阶段与各阶段经济发展特点，经济的比较优势一般是资源密集型→劳动密集型→资本和技术密集型的发展路径，在这一过程中资本的产出弹性由于经济结构调整和产业的更替呈现出先上升后下降然后逐渐趋于平稳的过程。根据上一节的分析结果，产出的资本弹性与经济稳态消费率呈反向变动的关系，因此，经济的稳态消费率

可能呈现一个先下降后上升然后逐渐趋于稳定的过程。

二 参数校准

由于经济达到稳态时，稳态消费率为 $CR^* = \dfrac{\rho + \theta g - \alpha(n + g + \delta)}{\rho + \theta g}$，因此只要结合我国经济发展的实际找到贴现率 ρ、消费者的相对风险厌恶系数 θ、技术进步率 g、产出的资本弹性 α、人口增长率 n、折旧率 δ 等外生参数的合理取值，就可以测算出我国的最优消费率。

对于贴现率 ρ，国内外学者一般从贴现因子的角度来考虑，贴现因子与贴现率的关系可表示为 $\beta = 1/(1+\rho)$，在实证研究中，贴现因子一般取值区间为 $[0.95, 0.98]$，取其贴现因子下限值 0.95，对应的贴现率为 5.26%。

对于消费者的相对风险厌恶系数 θ，顾六宝和肖红叶（2004）[1] 运用凯恩斯－拉姆齐规则法和阿罗－普拉特风险测量法测算了我国 1985~2002 年的消费者相对风险厌恶系数，两种方法测算的均值分别为 3.169 和 3.916。顾六宝等（2013）[2] 对测算消费跨期替代弹性的模型与模型方法进行改进，并利用年序递推方法估算我国居民的相对风险厌恶系数，2000~2008 年均值为 3.2。么海亮（2010）[3] 通过建立自回归分布滞后动态模型测算了河北省的相对风险厌恶系数为 2.32。考虑到本章的研究对象是全国，取顾六宝和肖红叶研究结果的中间值 3.5。

对于技术进步率 g，参照纪明等（2013）[4]、王弟海和龚六堂（2007）[5]、顾六宝和肖红叶（2007）[6] 等人的研究成果，取 $g = 0.12$。

对于产出资本弹性 α，根据第三章的研究结论，取 $\alpha = 0.75$。

---

[1] 顾六宝、肖红叶：《中国消费跨期替代弹性的两种统计估算方法》，《统计研究》2004 年第 9 期。
[2] 顾六宝、么海亮、陈伯飞：《中国居民消费跨期替代弹性的年序递推统计估算研究》，《经济统计学（季刊）》2013 年第 4 期。
[3] 么海亮：《河北省居民消费行为计量模型研究》，硕士学位论文，河北大学，2010。
[4] 纪明、刘志彪、岑树田：《消费率稳定、演进及中国经济持续均衡增长的现实选择——基于 R－C－K 模型的分析框架》，《经济与管理研究》2013 年第 4 期。
[5] 王弟海、龚六堂：《增长经济中的消费和储蓄——兼论中国高储蓄率的原因》，《金融研究》2007 年第 12 期。
[6] 顾六宝、肖红叶：《中国消费跨期替代弹性的两种统计估算方法》，《统计研究》2004 年第 9 期。

对于人口增长率 n，实际上在索洛模型和拉姆齐模型中都假定完全竞争加剧，劳动人口都充分就业，从而人口增长率等于劳动力增长率。根据第三章表 3 - 1，计算 1978 ~ 2013 年我国劳动人口增长率为 n = 1.87% 。

对于折旧率 δ，国际上一般采用 [0.05, 0.08]，如帕金斯（Perkins，1988）[1]、Wang 和 Yao（2001）[2] 均假定折旧率为 5%，霍尔和琼斯（Hall，Jones，1999）[3]、阿尔文 · 扬（Young，2003）[4] 假定为 6% 。为与上文保持一致，也取 δ = 9.6% 。

所有参数校准结果如表 5 - 1 所示，根据表 5 - 1 及（5 - 26）式参数校准值计算得中国经济的稳态最优消费率 62.75% 。

表 5 - 1　最优消费率相关参数校准结果

参　数	ρ	θ	g	α	n	δ
取　值	5.26%	3.5	0.12	0.75	1.87%	9.6%

三　各外生参数对中国最优消费率的影响

（一）贴现率对最优消费率的影响

为分析贴现率对我国最优消费率的影响，表 5 - 2 计算了在其他参数值给定的情况下贴现率不同取值对最优消费率的影响。表 5 - 2 中，将贴现率取 5.26% 的作为基准。贴现率对最优消费率的影响是正向的，即贴现率上升使得最优消费率上升，具体来看，当贴现率从 3.26% 上升到 4.26% 、5.26% 、6.26% 、7.26% 时，最优消费率分别上升 0.84 个百分点、0.80 个百分点、0.77 个百分点、0.75 个百分点。随着贴现率的逐渐上升，贴现

① D. H. Perkins, "Reforming China's Economic System," *Journal of Economic Literature*, 1988, 26 (2): 601 – 645.

② Yan Wang and Yudong Yao, "Sources of China's Economic Growth 1952 – 1999: Incorporating Human Capital Accumulation," *World Bank Working Paper*, 2001.

③ Robert E. Hall, Charles I. Jones, "Why do Some Countries Produce So Much More Output per Worker than Others?" *Quarterly Journal of Economics*, 1999, 114 (1): 83 – 116.

④ Alwyn Young, "Gold into Base Metals: Productivity Growth in the People'S Republic of China during the Reform Period," *Journal of Political Economy*, 2003, 111 (6): 1220 – 1260.

率上升对消费率提升的效应是下降的，也就是说，通过提高贴现率来影响最优消费率的边际效应是递减的。

表 5 - 2   贴现率不同取值对最优消费率的影响

参数	ρ (%)	θ	g	α	n (%)	δ (%)	CR^* (%)	ρ 提高 1 个百分点引起的 CR^* 变动（个百分点）
取值 1	3.26	3.5	0.12	0.75	1.87	9.6	61.11	—
取值 2	4.26	3.5	0.12	0.75	1.87	9.6	61.95	0.84
基 准	5.26	3.5	0.12	0.75	1.87	9.6	62.75	0.80
取值 3	6.26	3.5	0.12	0.75	1.87	9.6	63.52	0.77
取值 4	7.26	3.5	0.12	0.75	1.87	9.6	64.27	0.75

（二）相对风险厌恶系数对最优消费率的影响

为分析相对风险厌恶系数对我国最优消费率的影响，表 5 - 3 计算了在其他参数值给定的情况下相对风险厌恶系数不同取值对最优消费率的影响。表 5 - 3 中，将相对风险厌恶系数取 3.5 作为基准情形。相对风险厌恶系数对最优消费率的影响是正向的，即相对风险厌恶系数上升使得最优消费率上升，具体来看，当相对风险厌恶系数从 1.5 上升到 2.5、3.5、4.5、5.5 时，最优消费率分别上升 25.76 个百分点、12.68 个百分点、7.54 个百分点、5.00 个百分点。随着相对风险厌恶系数的逐渐上升，相对风险厌恶系数上升对消费率提升的效应是下降的，也就是说，通过提高相对风险厌恶系数来影响最优消费率的边际效应是递减的。

表 5 - 3   相对风险厌恶系数不同取值对最优消费率的影响

参数	ρ (%)	θ	g	α	n (%)	δ (%)	CR^* (%)	θ 提高 1 单位引起的 CR^* 变动（个百分点）
取值 1	5.26	1.5	0.12	0.75	1.87	9.6	24.32	—
取值 2	5.26	2.5	0.12	0.75	1.87	9.6	50.08	25.76
基 准	5.26	3.5	0.12	0.75	1.87	9.6	62.75	12.68
取值 3	5.26	4.5	0.12	0.75	1.87	9.6	70.30	7.54
取值 4	5.26	5.5	0.12	0.75	1.87	9.6	75.30	5.00

（三）技术进步率对最优消费率的影响

为分析技术进步率对我国最优消费率的影响，表5－4计算了在其他参数值给定的情况下技术进步率不同取值对最优消费率的影响。表5－4中，将技术进步率取0.12的作为基准情形。根据（5－29）式比较基准情形下ρ与$\theta(n+\delta)$之间的大小，由于0.0526＜0.40145，因此在给定其他参数值的情况下，技术进步率对我国最优消费率的影响是正向的，即技术进步率上升将导致最优消费率的提升。具体来看，当技术进步率从0.10上升到0.11、0.12、0.13、0.14时，最优消费率分别上升1.49个百分点、1.27个百分点、1.09个百分点、0.95个百分点。随着技术进步率的逐渐上升，技术进步率对消费率提升的效应是下降的，也就是说，通过提高技术进步率来影响最优消费率的边际效应是递减的。

表5－4　技术进步率不同取值对最优消费率的影响

参数	ρ（%）	θ	g	α	n（%）	δ（%）	CR^*（%）	g提高1个百分点引起的CR^*变动（个百分点）
取值1	5.26	1.5	0.10	0.75	1.87	9.6	60.00	—
取值2	5.26	2.5	0.11	0.75	1.87	9.6	61.49	1.49
基　准	5.26	3.5	0.12	0.75	1.87	9.6	62.75	1.27
取值3	5.26	4.5	0.13	0.75	1.87	9.6	63.84	1.09
取值4	5.26	5.5	0.14	0.75	1.87	9.6	64.79	0.95

（四）产出的资本弹性对最优消费率的影响

为分析产出的资本弹性对我国最优消费率的影响，表5－5计算了在其他参数值给定的情况下产出的资本弹性不同取值对最优消费率的影响。表5－5中，将产出的资本弹性取0.75作为基准情形。由（5－30）式可知，产出的资本弹性对我国最优消费率的影响是负向的，即产出的资本弹性上升将导致最优消费率的下降。具体来看，当产出的资本弹性从0.65上升到0.70、0.75、0.80、0.85时，最优消费率都下降2.48个百分点。随着产出的资本弹性的逐渐上升，产出的资本弹性对消费率提升的效应是不变的，也就是说，通过提高产出的资本弹性来影响最优消费率的边际效应是不变的。

表 5－5　产出资本弹性不同取值对最优消费率的影响

参数	ρ（%）	θ	g	α	n（%）	δ（%）	CR^*（%）	α 提高 5 个百分点引起的 CR^* 变动（个百分点）
取值 1	5.26	1.5	0.12	0.65	1.87	9.6	67.72	—
取值 2	5.26	2.5	0.12	0.70	1.87	9.6	65.24	－2.48
基准	5.26	3.5	0.12	0.75	1.87	9.6	62.75	－2.48
取值 3	5.26	4.5	0.12	0.80	1.87	9.6	60.27	－2.48
取值 4	5.26	5.5	0.12	0.85	1.87	9.6	57.79	－2.48

（五）人口增长率对最优消费率的影响

为分析人口增长率对我国最优消费率的影响，表 5－6 计算了在其他参数值给定的情况下人口增长率不同取值对最优消费率的影响。表 5－6 中，将人口增长率取 1.87% 的作为基准情形。由（5－31）式可知，人口增长率对我国最优消费率的影响是负向的，即人口增长率上升将导致最优消费率的下降。具体来看，当人口增长率从 －0.13% 上升到 0.87%、1.87%、2.87%、3.87% 时，最优消费率都下降 1.59 个百分点。随着人口增长率的逐渐上升，人口增长率对消费率提升的效应是不变的，也就是说，通过提高人口增长率来影响最优消费率的边际效应是不变的。

表 5－6　人口增长率不同取值对最优消费率的影响

参数	ρ（%）	θ	g	α	n（%）	δ（%）	CR^*（%）	n 提高 1 个百分点引起的 CR^* 变动（个百分点）
取值 1	5.26	1.5	0.12	0.65	－0.13	9.6	65.93	—
取值 2	5.26	2.5	0.12	0.70	0.87	9.6	64.34	－1.59
基准	5.26	3.5	0.12	0.75	1.87	9.6	62.75	－1.59
取值 3	5.26	4.5	0.12	0.80	2.87	9.6	61.17	－1.59
取值 4	5.26	5.5	0.12	0.85	3.87	9.6	59.58	－1.59

（六）折旧率对最优消费率的影响

为分析折旧率对我国最优消费率的影响，表5－7计算了在其他参数值给定的情况下折旧率不同取值对最优消费率的影响。表5－7中，将折旧率取9.6%的作为基准情形。由（5－32）式可知，折旧率对我国最优消费率的影响是负向的，即折旧率上升将导致最优消费率的下降。具体来看，当折旧率从－0.13%上升到0.87%、1.87%、2.87%、3.87%时，最优消费率都下降1.59个百分点。随着折旧率的逐渐上升，折旧率对消费率提升的效应是不变的，也就是说，通过提高折旧率来影响最优消费率的边际效应是不变的。

表5－7　折旧率不同取值对最优消费率的影响

参数	ρ（%）	θ	g	α	n（%）	δ（%）	CR^*（%）	δ提高1个百分点引起的CR^*变动（个百分点）
取值1	5.26	1.5	0.12	0.65	－0.13	7.6	65.93	—
取值2	5.26	2.5	0.12	0.70	0.87	8.6	64.34	－1.59
基　准	5.26	3.5	0.12	0.75	1.87	9.6	62.75	－1.59
取值3	5.26	4.5	0.12	0.80	2.87	10.6	61.17	－1.59
取值4	5.26	5.5	0.12	0.85	3.87	11.6	59.58	－1.59

第三节　小结及政策启示

本章运用储蓄－消费行为内生化的拉姆齐模型，在将经济达到稳态时的消费率界定为最优消费率的条件下，分析了拉姆齐框架下最优消费率的显示解，并讨论了各外生参数的变化如何影响最优消费率，模拟了各参数对最优消费率的影响程度。基于模型分析和数值模拟结果，得到如下结论。

首先，经济的最优消费率取决于贴现率ρ、消费者的相对风险厌恶系数θ、技术进步率g、产出的资本弹性α、人口增长率n、折旧率δ等外生参数。结合我国经济发展实际和国内外相关学者的研究成果校准参数，测算我国改革开放以来的最优消费率为 62.75%。

其次，根据最优消费率的显示解，贴现率 ρ、消费者的相对风险厌恶系数 θ 对最优消费率的影响是正向的，技术进步率 g 对最优消费率的影响方向是不确定的，产出的资本弹性 α、人口增长率 n 和折旧率 δ 对最优消费率的影响是反向的。

再次，依据数值模拟结果，产出的资本弹性 α、人口增长率 n 和折旧率 δ 对最优消费率影响的边际效应是不变的，当产出的资本弹性 α 上升 5 个百分点时，最优消费率下降 2.48 个百分点；当人口增长率 n 和折旧率 δ 上升 1 个百分点时，最优消费率下降 1.59 个百分点；由于校准参数满足 $\rho < \theta(n + \delta)$，因此技术进步率上升会导致最优消费率的上升，贴现率 ρ、消费者的相对风险厌恶系数 θ 和技术进步率 g 对最优消费率的边际效应是递减的。

最后，贴现率 ρ、相对风险厌恶系数 θ、技术进步率 g、产出的资本弹性 α、人口增长率 n、折旧率 δ 等 6 个外生参数中，相对风险厌恶系数 θ 对最优消费率的影响最大，其变化 1 单位的影响是其他参数的 10 倍。

基于我国消费率处于世界低水平的事实，可以通过调整这些外生参数，使消费率向最优值收敛，本章提出如下政策启示。

第一，保持经济政策的持续性和新旧政策的衔接性，减缓经济波动。通货膨胀率、经济增长率和利率的大幅波动会影响消费者的偏好，具体来说，主要影响消费者的贴现率和风险厌恶系数：通货膨胀率、利率高时，消费者的贴现率也将相应地调高，虽有利于最优消费率的提高，但消费率不是越高越好，要与经济发展阶段相适应；当通货膨胀率、经济增长率和利率大幅波动，消费者面临的不确定性增强时，会使消费率偏离其最优水平。

第二，加大研发投入，提升技术水平。根据本章数值模拟分析，技术进步率上升会导致最优消费率的上升，因此推动技术进步有利于消费率向其最优值收敛。经过 40 年的发展，我国的技术水平与发达国家的差距逐步缩小，通过技术引进的方式来提升生产技术水平的空间已很小，必须加大对自主研发的投入。

第三，采取措施降低产出资本弹性。产出资本弹性高会带来两方面的问题：一方面，产出资本弹性高则产出劳动弹性低，也就是劳动的收入份额低，相关研究表明劳动收入的边际消费倾向远高于资本收入的边际消费倾向，劳动的收入份额低不利于消费的持续扩大；另一方面，产出资本弹性高会带来持续的高投资，最终使经济资本积累过度，经济进入动态无效状态。

第四，保持适度的人口增长速度。根据模拟分析结果，人口增长率上升会使最优消费率下降。人口增长虽然在后续一段时间使经济收获"人口红利"，但这种效应的发挥需要很长的时间，此后也会使经济收获其负效应"老龄化"稳态。

第五，减缓某些领域资本的折旧。减少折旧，减少的部分可用做消费，提高消费率。我国很多地方的建筑，今年建，明后年就拆，使资本白白地损耗了，虽然 GDP 上去了，但国民的福利并没有得到明显的改善。进行资本投资前，要做好相关规划工作，提高资本使用效率。

第六章

开放经济条件下的最优消费率

与封闭经济相比，开放经济条件下经济主体的消费与投资将具有更多的选择空间，进而经济的总消费及消费率的影响因素也更为复杂。如果一个经济体处于开放环境中，则经济活动所需的资源并不局限于国内资源禀赋，对商品的消费和投资也不仅限于国内产出，也就是说要素流动和商品流动使经济体的生产和消费行为具有更大的选择空间。例如，当一个国家的储蓄较为充足（储蓄率相对较高），且国内资本存量已逼近或超过其黄金律水平，则可以通过参与国外的生产性投资项目或对外放款来避免继续进行国内投资导致的资本积累过度和资本效率降低。从这一区别进行推演，经济开放有利于一国消费的平滑及稳定，但经济开放对消费率的影响是不确定的：一方面，目前还没有文献从理论层面研究经济开放对消费率的影响[1]，且在经济模型中如何界定经济开放，并推演两者之间关系也存在较大难度；另一方面，实证研究角度，经济开放对消费率的影响结果也随学者研究角度的差别而不同：陈斌开（2012）[2] 指出经济开放使发展中国家的比较优势（劳动密集型产品生产）得以发展发挥，因此经济开放将有利于劳动收入份额和居民消费率的提高；易行健和杨碧云（2015）[3] 研

---

[1] 众多学者通过将经常项目分解为平滑性经常项目和倾斜性经常项目来研究经济开放对最终（居民）消费的影响，但目前尚未发现从理论层面研究经济开放对消费率影响的文献。

[2] 陈斌开：《收入分配与中国居民消费——理论和基于中国的实证研究》，《南开经济研究》2012 年第 1 期。

[3] 易行健、杨碧云：《世界各国（地区）居民消费率决定因素的经验检验》，《世界经济》2015 年第 1 期。

究居民消费率的影响因素，以净出口占比表示经济开放，实证研究表明净出口占比对居民消费率的短期效应为 - 0.281，长期效应为 - 0.915，因此国内外需求之间具有较强的替代性，也就是说，经济开放对居民消费率有负向影响。

当前，在开放经济条件下研究最优消费率的文献也相对较少，且在研究中都没有直接提及"最优消费率"这一概念，大多通过开放经济条件下"黄金律"的存在性进行分析。索伦森和惠特－雅各布森（Srensen, Whitta－Jacobsen, 2012）① 研究表明，在小型开放经济的索洛模型中，不存在使人均消费最大化的储蓄率水平（不存在黄金律规则），也变相说明了最优消费率的不存在性。孙烽和寿伟光（2006）② 在开放经济条件下推导了最优消费路径，并结合中国现实分析了中国经济消费不足的原因及对策。宋金宇（2003）③ 则在一般意义上探讨了开放经济条件下黄金规则的存在性，并比较了开放经济与封闭经济从非黄金律规则的稳态向黄金律规则稳态过渡的不同。荆林波和王雪峰（2011）④ 运用柯布－道格拉斯方程推导出封闭经济和开放经济条件下的消费率决定理论模型，模型结果表明，封闭经济条件下与开放经济条件下的理论消费率只相差一个净出口率，并运用该模型预测了我国"十三五"时期不同经济增长率对应的最优消费率，如当经济增长率为7%时，封闭经济的理论最优消费率为 65.51%，开放经济的理论最优消费率为 64.11%。

基于目前直接研究经济开放对最终消费率文献在理论与实证层面的欠缺，且研究这一问题与本书研究主题有所偏离。本章通过构建开放经济条件下的一般均衡模型，讨论开放经济下的最优消费率决定问题，由于一般均衡模型的复杂性要获得解析解较为困难，在理论模型构建完成后，最优

---

① 〔美〕彼得·伯奇·索伦森、汉斯·乔根·惠特－雅各布森：《高级宏观经济学导论：增长与经济周期》（第二版），王文平等译，中国人民大学出版社，2012。

② 孙烽、寿伟光：《最优消费、经济增长与经常账户动态——从跨期角度对中国开放经济的思考》，《财经研究》2001 年第 5 期。

③ 宋金宇：《开放经济条件下的资本黄金规则研究》，《云南财贸学院学报》2003 年第 4 期。

④ 荆林波、王雪峰：《消费率决定理论模型及应用研究》，《经济学动态》2011 年第 11 期。

消费率的求解及影响因素分析中采用了数值模拟的方法。本章结构安排如下：第一节借鉴 Obstfeld 和 Rogoff（2010）[①] 构建的模型，构建开放经济条件下最优消费的决定模型；第二节在参数校准的基础上，通过数值模拟测算最优消费率及消费增长率。

第一节　开放经济下最优消费率的决定

开放经济模型涉及三种市场：资本市场、劳动力市场和商品市场。其中，资本市场和商品市场是开放的，劳动力市场则相对封闭。也就是说，资本和商品可以自由流动，而劳动力不能自由流动。资本自由流动主要体现在居民可以自由购买本国与国外厂商股份，导致国内外资本的收益率在扣除风险溢价等因素后相等。商品的自由流动主要体现在国民收入核算中经常账户条件，最终形成对居民和厂商的约束。厂商劳动需求只能通过国内居民的劳动供给来满足。模型中存在两类代表性行为主体：消费者和厂商，消费者通过劳动供给和出租资本获得收入最大化其效用，厂商通过租赁资本和雇佣劳动力进行生产最大化其利润。

一　消费者行为

消费者通过向厂商提供要素和购买厂商生产的产品参与经济，消费者的收入来自提供劳动获得工资收入和拥有厂商股票[②]获得利息与红利收入两个方面，同时用这些收入来进行家庭的消费和储蓄/投资行为，来实现家庭效用最大化。消费者的寿命持续无限期，因而本章考虑的是一个个人具有无限寿命的家庭的最优消费和储蓄行为的选择。

---

① 〔美〕莫瑞斯·奥博斯特尔德、肯尼斯·罗格夫：《国际宏观经济学基础》，刘红忠译，中国金融出版社，2010。
② 以 V_t 表示在时期 t 对未来厂商全部利润（从时期 $t+1$ 开始）所有权的价格。

（一）效用函数

假设消费者的效用取决于消费者的消费水平 C 和所享受的闲暇水平 $\bar{L} - L$，其中，消费产品 C 既包括本国生产的产品和进口贸易产品，闲暇水平 $\bar{L} - L$ 是消费者在每个时期的总时间 $\bar{L}$ 和用于从事生产活动的时间 L 之差。其中 $u(C, \bar{L} - L)$ 表示消费者的瞬时效用函数，它是一个边际效用为正且递减的凹函数，即它满足

$$u_C > 0,\ u_{\bar{L}-L} > 0,\ u_{CC} < 0,\ u_{(\bar{L}-L)(\bar{L}-L)} < 0,\ u_{C(\bar{L}-L)} > 0$$

假设 $u(\cdot)$ 满足稻田条件，即有

$$\lim_{C \to 0} u_C = +\infty,\ \lim_{C \to \infty} u_C = 0,\ \lim_{(\bar{L}-L) \to 0} u_{(\bar{L}-L)} = \infty,\ \lim_{(\bar{L}-L) \to \infty} u_{(\bar{L}-L)} = 0$$

出于处理方便的考虑，本章的瞬时效用函数假定采取相对风险厌恶系数不变的形式

$$u(C, \bar{L} - L) = \frac{1}{(1 - 1/\sigma)} \left[C^\gamma (\bar{L} - L)^{1-\gamma} \right]^{(1-1/\sigma)}$$

其中 σ 为跨期替代弹性，γ 为消费与闲暇之间的相对份额。因此代表性消费者的效用函数为

$$U_t = \sum_{s=t}^{\infty} \beta^{s-t} \frac{1}{(1 - 1/\sigma)} \left[C_s^\gamma (\bar{L} - L_s)^{1-\gamma} \right]^{(1-1/\sigma)}$$

其中 β 为贴现因子，$\beta = 1/(1 + \rho)$，ρ 为贴现率。

（二）预算约束

令 x_{s+1} 表示代表性消费者在 s 期末拥有的国内厂商份额，d_s 是该厂商在时期 s 发放的股息。个人在进入一个时期时，持有在以前时期购买的外国资产和国内股份。他将依靠这些资产获得利息和红利，从持有的股份得到资本利得或资本损失，获得劳动收入，并进行消费。储蓄在外国资产增量和股份价值增量之间划分，并代入下一期。因此，消费者预算约束为

$$B_{s+1} - B_s + V_s x_{s+1} - V_{s-1} x_s = r B_s + d_s x_s + (V_s - V_{s-1}) x_s + w_s L - C_s \qquad (6-1)$$

其中 B_{s+1} 表示在第 s 期末的国外资产，V_s 表示国内股份的市场价格。在完全预期条件下，假设股票的总收益率等于总的实际利率，则外国资产和国内股份对消费者来说在边际上是无差异的：

$$1 + r = \frac{d_{s+1} + V_{s+1}}{V_s} \qquad (6-2)$$

基于此，我们可以用另外一种方法来表示预算约束，令 Q_{s+1} 表示个人在时期末的金融财富价值，即外国资产和国内股份价值之和：

$$Q_{s+1} = B_{s+1} + V_s x_{s+1}$$

上式在完全预期条件下总是成立的，这意味着

$$d_s x_s + (V_s - V_{s-1}) x_s = r V_{s-1} x_s \qquad (6-3)$$

（6-1）式是滞后一个时期。因此，当 $s > t$ 时，我们把（6-1）式写为：

$$Q_{s+1} - Q_s = r Q_s + w_s L - C_s$$

这一限制条件仅在不存在非预期的冲击时成立。对于 $s = t$，必须使用方程（6-1），得

$$Q_{t+1} = (1 + r) B_t + d_t x_t + V_t x_t + w_t L - C_t \qquad (6-4)$$

对（6-4）式运用向前迭代法，得到消费者的跨期预算约束

$$\sum_{s=t}^{\infty} \left(\frac{1}{1+r} \right)^{s-t} C_s = (1 + r) B_t + d_t x_t + V_t x_t + \sum_{s=t}^{\infty} \left(\frac{1}{1+r} \right)^{s-t} w_s L_s$$

$$= (1 + r) B_t + (1 + r) V_{t-1} x_t + \sum_{s=t}^{\infty} \left(\frac{1}{1+r} \right)^{s-t} w_s L_s$$

$$= (1 + r) Q_t + \sum_{s=t}^{\infty} \left(\frac{1}{1+r} \right)^{s-t} w_s L_s \qquad (6-5)$$

这一约束将消费者消费的限制为开始时期的金融财富与税后劳动收入现值之和。另外，需要对消费者行为施加一个非庞齐博弈条件（Non Ponzi Game）：消费者在无穷远时刻的资产现值不能小于零，也就是说消费者在无穷远的将来不能留下负资产。

$$\lim_{T \to \infty} \left(\frac{1}{1+r} \right)^T Q_{t+T+1} = 0$$

（三）消费者最优化

根据以上假设，消费者的决策问题表现为在给定初始金融财富 Q_t 的情况下，在满足预算约束和非庞齐博弈条件的条件下，最大化其一生的效用函数 U。由此，代表性消费者的最优化问题可归结为

$$Max U_t = \sum_{s=t}^{\infty} \beta^{s-t} \frac{1}{(1 - 1/\sigma)} \left[C_s^{\gamma} (\bar{L} - L_s)^{1-\gamma} \right]^{(1-1/\sigma)}$$

在下式约束下，最大化其效用

$$\sum_{s=t}^{\infty} \beta^{s-t} \left(\frac{1}{1+r} \right)^{s-t} C_s = (1+r) q_t + \sum_{s=t}^{\infty} \beta^{s-t} \left(\frac{1}{1+r} \right)^{s-t} w_s L_s$$

二　厂商行为

（一）厂商股票的市场价值

（6-2）式可知在时期 t，有

$$V_t = \frac{d_{t+1}}{1+r} + \frac{V_{t+1}}{1+r} \tag{6-6}$$

对（6-4）式进行向后迭代，可得

$$V_t = \sum_{s=t+1}^{\infty} \left(\frac{1}{1+r} \right)^{s-t} d_s \tag{6-7}$$

假设一个排除自引致投机性资产价格泡沫的条件成立，即有

$$\lim_{T \to \infty} \left(\frac{1}{1+r} \right)^T V_{t+T} = 0 \tag{6-8}$$

给定（6-8）式的假设，（6-7）式表明一家厂商在时期 t 的市场价值是该厂商未来支付给股东的股息的折现值，起始时期为 $t+1$，因此 V_t 有时被称为厂商在时期 t 付息后市场价值。

（二）厂商行为

一家厂商在一个时期支付的股息是其即期利润，等于收益 $Y_s - w_s L_s$，再减去投资支出。因此，方程（6-7）意味着

$$V_t = \sum_{s=t+1}^{\infty} \left(\frac{1}{1+r} \right)^{s-t} [A_s F(K_s, L_s) - w_s L_s - (K_{s+1} - K_s)] \qquad (6-9)$$

厂商制定当期的雇佣和投资决策，是要使即期和未来的股息现值实现最大化，并等于 $d_t + V_t$，已知 K_t，则有

$$d_t + V_t = \sum_{s=t}^{\infty} \left(\frac{1}{1+r} \right)^{s-t} [A_s F(K_s, L_s) - w_s L_s - (K_{s+1} - K_s)]$$

通过对最后一个表达式进行求导运算，我们发现（在 $s > t$ 的条件下）对厂商而言，资本和劳动力的一阶最大化条件是相似的：

$$A_s F_K(K_s, L_s) = r \qquad (6-10)$$

$$A_s F_L(K_s, L_s) = w_s \qquad (6-11)$$

另外，资本在一个时期后才能调整，因此一个非预期的时期 t 的冲击可能在事后导致 $A_s F_K(K_s, L_s)$ 与 r 的差异[①]。但是，劳动力投入的调整是马上可以实现的，因此劳动力的一阶条件恰恰在冲击后的初始时期 t 就成立。由于假定经济是开放经济且资本是自由流动的，因此国内资本的边际收益最终会趋向于 r；另外，劳动要素无法在国别之间自由流动，w 会受到技术水平 A 的影响（当然也会受到 r 冲击的影响），w 是技术水平 A 和国际利率 r 的函数。

根据欧拉定理，$AF(K, L) = AF_K K + AF_L K = rK + wL$，将其代入（6-9）式，则有

$$V_t = \sum_{s=t+1}^{\infty} \left(\frac{1}{1+r} \right)^{s-t} [rK_s - (K_{s+1} - K_s)]$$

$$= \sum_{s=t+1}^{\infty} \left(\frac{1}{1+r} \right)^{s-t} [(1+r)K_s - K_{s+1}] = K_{t+1} \qquad (6-12)$$

因此，厂商付息后市场价值的最大化恰恰等于下期投入生产的资本。

---

① 其中，r 为国际利率水平，其不受一国经济条件的影响。

在均衡状态下，其结果就是 $Q = B + K$：一国期末的金融财富等于其净外国资产和资本之和。将（6-8）式和（6-4）式第一个等式，得代表性消费者的预算约束

$$\sum_{s=t}^{\infty} \left(\frac{1}{1+r}\right)^{s-t} C_s = \left[(1+r)B_t + (1+r)K_t \right] + \sum_{s=t}^{\infty} \left(\frac{1}{1+r}\right)^{s-t} w_s L_s$$

$$= (1+r)Q_t + \sum_{s=t}^{\infty} \left(\frac{1}{1+r}\right)^{s-t} w_s L_s \qquad (6-13)$$

（6-13）式表明，代表性消费者的消费现值等于本期资产收益加上未来各期劳动收入的现值。

三　市场均衡

代表性消费者的最优化问题可归结为

$$MaxU_t = \sum_{s=t}^{\infty} \beta^{s-t} \frac{1}{(1-1/\sigma)} \left[C_s^{\gamma} (\bar{L} - L_s)^{1-\gamma} \right]^{(1-1/\sigma)}$$

$$s.t. \sum_{s=t}^{\infty} \beta^{s-t} \left(\frac{1}{1+r}\right)^{s-t} C_s = (1+r)Q_t + \sum_{s=t}^{\infty} \left(\frac{1}{1+r}\right)^{s-t} w_s L_s \qquad (6-14)$$

结合厂商最优化问题一阶条件

$$A_s F_K(K_s, L_s) = r \qquad (6-10)$$

$$A_s F_L(K_s, L_s) = w_s \qquad (6-11)$$

经济达到均衡时，资本市场、产品市场、要素市场同时出清，需要说明的是资本市场上，国内资产（厂商股票）与外国资产的收益在扣除风险溢价后相同，对国内资产的供给等于需求（ $V_t x_{t+1} = K_{t+1}$ ），对国外资产的也达到供求平衡。劳动力市场出清表明劳动供给等于劳动需求，产品市场均衡表明产出等于消费与投资之和。这些条件通过（6-10）式 ~（6-14）式中表示[①]。

---

① 一般来说，需要在模型中区分供给和需求变量，并用通过上表 s 表示供给，上标 d 表示需求，以劳动供给和劳动需求为例，劳动供给在效用函数中表示为 L^s，劳动需求在生产函数中表示为 L_d，本章中出于简便的考虑，并未进行这种区分。

根据标准的最优规划求解（Obstfeld &Rogoff，1996），上述效用最大化（6－14）式求解后可以得到如下一阶最优条件

$$u_{\bar{L}-L}(C_s, \bar{L}-L_s) = u_C(C_s, \bar{L}-L_s)w_s \Rightarrow \bar{L}-L = \frac{1-\gamma}{\gamma w_s}C_s \qquad (6-15)$$

$$u_C(C_s, \bar{L}-L_s) = (1+r)\beta u_C(C_{s+1}, \bar{L}-L_{s+1}) \Rightarrow C_{s+1} = \left(\frac{w_{s+1}}{w_s}\right)^{(1-\gamma)(1-\sigma)}(1+r)^{\sigma}\beta^{\sigma}C_s$$

$$(6-16)$$

（6－15）式表明在每一个时期 s，时间在工作和闲暇之间的分配使得闲暇的边际效用等于工资所能带来的边际消费；（6－16）式是欧拉方程，表明当期消费和未来消费之间的替代关系取决于工资增长、利率和贴现因子[①]。

将（6－16）式进行简单的变换，得消费的增长率和国际利率 r 的表达式

$$g_c^* = \frac{C_{s+1}}{C_s} - 1 = \left(\frac{w_{s+1}}{w_s}\right)^{(1-\gamma)(1-\sigma)}(1+r)^{\sigma}\beta^{\sigma} - 1 \qquad (6-17)$$

$$r = (1+g_C^*)^{1/\sigma}/[\beta(w_{s+1}/w_s)^{(1-\gamma)(1-\sigma)}] - 1 \qquad (6-18)$$

将欧拉方程（6－14）式与预算约束相结合，可得代表性消费者的最优消费为

$$C^* = \frac{(1+r)Q_t + \sum_{s=t}^{\infty}\beta^{s-t}\left(\frac{1}{1+r}\right)^{s-t}w_s L_s}{\sum_{s=t}^{\infty}[(1+r)^{\sigma-1}\beta^{\sigma}]^{s-t}(w_s/w_t)^{(1-\gamma)(1-\sigma)}} \qquad (6-19)$$

（6－19）式表明，代表性消费者的最优消费取决于两项：国内外资产收益和劳动收入的贴现值。

将（6－10）式和（6－18）式结合起来，且生产函数采用柯布－道格拉斯生产函数时，就可以求解出最优的人均消费增长率 g_C^*。通过对（6－10）

---

① 由于在模型中将劳动力内生化，因此（6－14）式中增加了工资增长率这一项 $\left(\dfrac{w_s}{w_{s+1}}\right)^{(1-\gamma)(\sigma-1)}$。

式和（6-18）式的贴现因子 β、相对风险厌恶系数 σ、效用函数中消费所占份额 γ、工资 $w(A,r)$ 进行校准，就可以得到一个最优消费增长率的数值解。由于消费加储蓄等于总收入，因此经济在均衡路径上，产出与资本存量也必须以与消费相同的数值增长，经济才能维持均衡，因此最优的经济增长率也为 $g_C{}^*$。

四　经常账户与最优消费

开放经济条件下，最优消费及最优消费率的相关问题经常会涉及经济账户的动态平衡问题。在跨期分析中，经常账户被界定为两期间净国外资产的变化，即有 $CA_t = B_{t+1} - B_t = Y_t + rB_t - C_t - I_t$，当一国经常账户实现平衡时（$CA_t = 0$），则一国实现了外部平衡。但在开放经济的跨期研究中，经常账户平衡并不是一国的终极经济目标，福利（效用）最大化才是。因此，经常账户平衡不是经济所处的常态。当一个国家的国民收入由于遭受外来冲击而出现短期的下降，使得该国的收入水平不足以支撑最优消费水平时，该国可通过借外债来避免消费偏离其最优路径，该国经常账户表现赤字；反之，当本国消费需求不足，使得消费偏离其最优路径时，该国需要以出口需求来弥补，导致本国的经常账户出现顺差。另外，经常账户也受到产出 Y_t、政府购买 G_t 和投资 I_t 三个变量对各自最优路径的偏离动态影响。

第二节　开放经济下最优消费率的数值模拟

一　参数校准

从最优消费及最优消费率的计算来看，需先计算出最优消费和最优产出。由（6-19）式可知，最优消费是相关变量的非线性方程，因此通过数值模拟来进行求解。同理，运用数值模拟的方法求解出经济达到均衡时的最优产出。出于处理上方便的考虑，将经济达到稳态时的消费率界定为最优消费与最优产出的比值，且将该消费率定义为开放经济条件下的最优消费率。

由（6-19）式可知，只要结合我国经济发展的实际找到贴现因子 β、消费者的跨期替代弹性 σ、效用函数中消费与闲暇的相对份额 γ、产出资本弹性 α、生产力系数 A、工资增长率 w_{s+1}/w_s 等外生参数的合理取值，就可以通过数值模拟得到最优消费率的模拟值。

对于贴现因子 β，在实证研究中，其一般取值区间为 $[0.95，0.98]$，考虑到数值模拟分析贴现因子与最优消费率关系的需要，因此取 0.85、0.90、0.95 三个数值。对于消费者的跨期替代弹性 σ，取 1、3、5 三个数值；对于效用函数中消费与闲暇的相对份额 γ，取 $\gamma=0.75$；对于产出资本弹性，结合第三章的研究结论，α 取 0.25、0.50、0.75 三个数值，不同的取值代表不同的经济发展阶段。对于生产率系数 A，假定 $A_1=0.5^{-\alpha}$，且 $A_2=1.05\% A_1$，也就是说技术进步率为 5%。对于工资增长率 w_{s+1}/w_s，由于工资随 A 的变化而变化，因此假定 $w_{s+1}/w_s=1.05$。

二　数值模拟及结果分析

根据上述参数取值，并结合（6-17）式、（6-18）式、（6-19）式及相关约束条件，通过数值模拟的方法取得均衡的消费、投资、金融财富等变量的均衡值。由于主要考察目的是开放经济条件下的均衡消费率，在获得均衡解后，用均衡消费除以均衡产出得到均衡的消费率（表6-1中的最优消费率）。

表6-1　开放经济条件下的均衡消费率（最优消费率%）

最优消费率	$\sigma=1$			$\sigma=3$			$\sigma=5$		
	$\beta=0.85$	$\beta=0.90$	$\beta=0.95$	$\beta=0.85$	$\beta=0.90$	$\beta=0.95$	$\beta=0.85$	$\beta=0.90$	$\beta=0.95$
$\alpha=0.25$	75.7	73.4	67.6	72.5	64.7	51.1	68.6	61.9	52.4
$\alpha=0.50$	77.8	76.2	73.6	77.3	76.2	71.6	78.7	72.8	68.5
$\alpha=0.75$	79.1	78.5	76.4	80.4	78.3	75.8	80.8	78.7	75.7

由表6-1可知，反映家庭消费行为的两大参数对均衡消费率的影响：

在其他参数给定的情况下，贴现因子与均衡消费率成反比例关系，贴现因子越大，即消费者越有耐心将消费推迟到未来，则均衡消费率越低。在其他参数给定的情况下，替代弹性与均衡消费率呈现负相关关系，跨期替代弹性越大，即消费者更愿意将现期消费在未来各期间进行替代，则均衡消费率越低。

均衡消费率在不同参数下的取值范围为［51.1%，80.8%］，在各参数符合经济现实的条件下取其中间值66.0%，也就是说，将开放经济条件下的最优消费率取值确定为66.0%。这一数值与索洛模型、拉姆齐模型两个长期模型得出的最终消费率结果相差不大，这主要有两方面的原因：一方面，开放经济条件下的消费模型实质上也是一个长期模型，模型假设代表性行为主体（消费者、厂商）存活无限期，消费行为在不同长期增长模型上不会存在太大差异；另一方面，开放经济与封闭经济模型的主要差别在于可以利用外部资源平衡消费，但除了具有高新技术优势的高收入国家可以通过向外输出技术和资本等生产要素提高国民收入进而提高消费率外①，其余国家的消费行为与封闭经济并没有太大的差别。

由开放经济条件下的跨期均衡模型得出的均衡消费率基本与世界平均水平、发达国家（高收入国家）的消费率水平较为接近，可以解释这些国家的消费行为。但与我国的消费率水平差异较大，这一消费率高于我国2016年最终消费率（53.6%）16.4个百分点。那这一模型是否适合用来阐述我国的消费行为呢？

开放经济模型假定完全的市场经济和完全开放，这与中国经济的非完全市场化②和非完全开放相悖，可能会导致数值模拟中参数设定不符合中国实际。首先，工资的设定上，模型假定由家庭自主根据经济条件供给，在模型中是一个内生变量；但在我国由于二元经济劳动力供给过剩，工资是一个外生给定的变量，家庭的劳动供给决策受工资的影响较小。但是，

---

① 开放经济中，通过输出高新技术和在国内表现为过剩的资本，提高了国民收入，也提高了消费率。主要原因在于消费率计算公式中分母是 GDP，而不是国民生产总值。

② 由中国学者王小鲁等进行的市场化指数研究按年度推进，每年公布全国及分省的市场化指数，其研究表明我国的市场化程度在不断提高，但与西方国家的市场化水平相比还有很大的距离。

近年来随着刘易斯拐点的到来，由劳动力过剩导致的人口红利已逐渐消失（王必达、张忠杰，2014）[1]，工资对劳动力供需的调节作用越来越显著。其次，利率的设定上，模型假定由金融市场决定利率并与世界利率相等，在我国利率主要受人民银行货币政策的调控，但随着我国开放程度的逐步提高，利率与世界各国的互动性也越来越强。再次，改革开放以来，无论从贸易层面还是投资层面来衡量，我国的经济开放度都在不断地提高。最后，技术的设定上，模型假定技术进步率为5%，我国作为后发国家，可以通过技术引进来推动技术进步，但随着离技术前沿越来越近，需要通过自主研发来推动技术进步，我国提出的创新驱动战略正是基于这样的考虑。

综上所述，开放经济条件下的均衡模型可以用来解释我国的消费行为。将我国经济现实与最优消费率发展路径进行对比，可以发现无论是在索洛模型、拉姆齐模型还是开放经济模型下，我国的最终消费率都远低于最优消费率，说明我国经济发展偏离了最优发展路径，产生这一偏离的可能原因如下。

首先，随着改革进程的逐步推进，家庭面临的不确定性在不断放大，导致在收入不断增长的情况下，居民的消费倾向不断降低[2]。前文模型反映消费者行为的两大参数贴现因子和跨期替代弹性与消费倾向成反比例关系。在我国改革的第一阶段（1978~1991），改革的步伐和涉及的领域较少，对家庭消费行为影响较小，家庭消费倾向虽有一定的波动但下降的趋势并不是太明显。进入改革的第二阶段（1992年至今），特别是2002年后，家庭消费倾向的下降尤为明显，虽然居民收入在增长，但其增长速度低于GDP增长速度，再加上消费倾向的下降，导致我国消费占GDP的比重下降，直接表现为最终消费率的下降。导致家庭消费行为发生转变的可能原因有如下几个方面：①随着改革的推进，国有企业职工不再拥有"铁饭碗"，国有企业职工下岗分流等加大了社会对经济前景的担忧，使家庭增加储蓄应对不确定性。②高等教育市场化使得家庭必须增加储蓄以应对

---

① 王必达、张忠杰：《中国刘易斯拐点及阶段研究——基于31个省际面板数据》，《经济学家》2014年第7期。

② 在改革开放之初，中国的最终消费率几乎接近70%，与世界平均水平相比并不低。

子女上大学的高昂费用。教育改革前，大学生读大学不用交学费，毕业国家还包分配。改革后，不仅要交纳高昂的学费，毕业后还有可能找不到工作，因此导致家庭一方面要为学费进行储蓄，另一方面也需为子女就业进行储蓄。③医疗体制改革使家庭的医疗服务支出大幅增加，在改革前景不明朗的情况下，家庭面临的不确定性增加，使家庭在消费过程中更具耐心和替代意愿。

其次，我国住房货币化改革导致的高房价挤占了大部分的居民可支配收入，进而也挤出了家庭消费。在国民经济核算体系中，家庭购房归入投资（住宅投资）而不是消费，主要是基于住房的两大特性：一是住房的使用期限较长，我国商品房的使用期限达到70年；二是由高房价导致的数额巨大的房款将耗尽家庭的储蓄甚至透支未来收入，从购房开始到按揭贷款结束需要将收入的很大比例用于归还贷款。在家庭收入水平及增长速度给定的情况下，用于购房的支出增加导致用于购买其他消费品及服务的支出减少，造成消费的低迷。谭政勋（2010）[1] 的研究表明，2005年后我国"住房加速上涨使得衡量贫富差距的基尼系数不断上升并超过40%的国际警戒线，房价上涨及其所带来的泡沫不仅对消费产生挤出效应；而且随着房价的上涨，房产对消费的挤出效应越来越明显"。

最后，在开放经济中，消费低迷使得消费偏离其最优路径时，该国需要以出口需求来弥补，导致本国的经常账户顺差。改革开放以来，投资对经济增长的贡献远远大于消费和出口，当外部需求不畅导致经济增长乏力时，只能通过刺激内需来保持经济的高速增长。由于我国一直运用刺激投资的方法来推动经济增长，这在一定程度上也挤占了消费的增长空间，并导致了产能过剩等严重的经济问题。

第三节　小结

本章通过构建开放经济下的跨期一般均衡模型，在模型参数校准的基

---

[1]　谭政勋：《我国住宅业泡沫及其影响居民消费的理论与实证研究》，《经济学家》2010年第3期。

础上，运用数值模拟的方法探讨开放经济下最优消费率的决定及影响因素，得出了以下结论。

首先，开放经济条件下的均衡模型可以用来解释我国的消费行为。将我国经济现实与最优消费率发展路径进行对比，可以发现无论是在索洛模型、拉姆齐模型还是开放经济模型下，我国的最终消费率都远低于最优消费率，说明我国经济发展偏离了最优发展路径。

其次，开放经济条件下最优消费率在不同参数下的取值范围为[51.1%，80.8%]，在各参数符合经济现实的条件下取其中间值66.0%，也就是说，将开放经济条件下的最优消费率取值确定为66.0%。这一数值与索洛模型、拉姆齐模型两个长期模型得出的最终消费率结果相差不大。

最后，反映家庭消费行为的两大参数对均衡消费率的影响：在其他参数给定的情况下，贴现因子与均衡消费率成反比例关系，贴现因子越大，即消费者越有耐心将消费推迟到未来，则均衡消费率越低。在其他参数给定的情况下，替代弹性与均衡消费率呈现负相关关系，跨期替代弹性越大，即消费者更愿意将现期消费在未来各期间进行替代，则均衡消费率越低。

第七章

动态随机一般均衡模型中的最优消费率

动态随机一般均衡模型（DSGE）作为"宏观经济实验室"中的一个重要工具，在现代宏观经济分析中得到了广泛应用，利用该工具可以在所有内生经济变量均联立确定且具有微观基础的动态一般均衡理论框架下，分析经济主体如何对环境的变化做出反应。这一方法目前被学术界、中央银行及其他公共经济机构普遍用于分析宏观经济问题。

目前，运用 DSGE 模型研究中国消费问题的文献大多集中于研究各种外生冲击对居民消费率、政府消费及其二者之间关系的研究（黄赜琳，2005[①]；贾俊雪、郭庆旺，2012[②]；王玉凤、肖宏伟，2015[③]；毛彦军等，2013[④]），聚焦于研究消费率的文献主要有：龚敏和李文溥（2013）[⑤] 构建动态一般均衡模型，为我国经济发展过程中消费率持续下降提供了一个新的解释，即资本报酬占比较高是导致我国消费率下降的重要原因，并提出了降低资本报酬占比遏制消费率下降的政策建议。武晓利和晁江锋

[①] 黄赜琳：《中国经济周期特征和财政政策效应：一个基于三部门 RBC 模型的实证分析》，《经济研究》2005 年第 6 期。

[②] 贾俊雪、郭庆旺：《财政支出类型、财政政策作用机理与最优财政货币规则》，《世界经济》2012 年第 11 期。

[③] 王玉凤、肖宏伟：《财政支出、居民消费与经济波动——基于动态随机一般均衡模型（DSGE）的分析》，《科学决策》2015 年第 2 期。

[④] 毛彦军、王晓芳、徐文成：《消费约束与货币政策的宏观经济效应——基于动态随机一般均衡模型的分析》，《南开经济研究》2013 年第 1 期。

[⑤] 龚敏、李文溥：《中国高资本报酬率与低消费率的一个解释——基于动态一般均衡模型的分析与校准》，《学术月刊》2013 年第 9 期。

（2014）[1] 在动态随机一般均衡模型框架下分析了财政支出结构对居民消费率影响及传导机制，研究结果表明政府消费性支出、政府转移支付、政府投资性支出、政府服务性支出对居民消费分别具有挤出效应、挤入效应、挤入效应、挤入效应，且在长期内分别具有降低、提高、降低、提高居民消费的作用。武晓利等（2014）[2] 将不确定性、信贷约束以及习惯形成等居民消费特征引入 DSGE 模型，研究信贷约束与消费习惯形成特征对我国宏观经济波动和居民消费率的影响机制，研究结果表明习惯形成特征有效平滑了居民消费，进而减弱了不确定性对居民消费率和储蓄率的影响。

目前，鉴于国内学者运用 DSGE 这一分析工具研究消费率、最优消费率的文献还相对较少，且分析范式上还不太统一。因此本章尝试构建动态随机一般均衡模型研究消费率问题，由于 DSGE 模型是基于经济主体最优化出发来研究相关问题的，出于方便的考虑本章将经济处于稳态时的消费率界定为最优消费率，进而分析最优消费率和经济产出对各种外生冲击的响应。本章结构安排如下：第一节从家庭、企业、政府三个经济主体的最优化行为出发，构建最优消费率的动态一般均衡模型；第二节通过参数校准、脉冲响应分析等方法测算我国经济的最优消费率，并分析最优消费率对各种外生冲击的响应。

第一节　DSGE 理论框架

通过对家庭、企业、政府三部门经济行为分析构建动态一般均衡模型，运用参数校准、脉冲响应分析等方法测算我国经济的最优消费率，研究产出和最优消费率对各种外生冲击的响应。

---

[1]　武晓利、晁江锋：《财政支出结构对居民消费率影响及传导机制研究——基于三部门动态随机一般均衡模型的模拟分析》，《财经研究》2014 年第 6 期。

[2]　武晓利、龚敏、晁江锋：《家庭消费行为变迁、经济波动与居民消费率——基于 Bayes 估计的 DSGE 模型》，《经济问题》2014 年第 6 期。

一 模型假定

(一) 代表性消费者

假定经济中存在无数个同质消费者，且每个消费者存活无穷期，因此可抽象出一个代表性消费者。假定消费者的效用水平取决于闲暇和消费水平，消费者拥有 1 单位的时间禀赋，并将其配置到劳动供给（L_t）和闲暇（$1 - L_t$）；借鉴卢德·格林纳曼（Ludger Linneman，2005）[1]、李建强（2012）[2]的做法，将消费习惯引入效用函数中，引入消费习惯后，可将消费者的消费函数表示为 $C_t^* = (1 - \phi)C_t + \phi(C_t - C_{t-1}) = C_t - \phi C_{t-1}$，$\phi$ 是反映习惯持续性的系数，若 $\phi = 0$ 表明消费不受上期消费的影响（消费函数退化为一般情形），若 $\phi = 1$ 过去消费水平对本期消费具有较大影响[3]。代表性消费者通过调整其每一期的消费储蓄决策和劳动供给以最大化其一生期望效用

$$MaxE_0\left\{ \sum_{t=0}^{\infty} \beta^t \frac{C_t^{*1-\theta} L_t^{1+\sigma}}{1 - \theta} \right\} \tag{7-1}$$

其中 E_0 是基于 0 期信息的条件期望算子，β 为跨期贴现因子[4]，$\phi > 0$ 是反映习惯持续性的系数，θ 是代表性消费者的相对风险厌恶系数，σ 是消费者劳动偏好弹性，C_t 为代表性消费者在 t 期的消费水平。

代表性消费者的预算约束为

$$C_t + S_t + T_t = W_t L_t^s + (1 + R_t)K_t^s \tag{7-2}$$

其中 S_t 是 t 期的储蓄，T_t 是消费者 t 期向政府缴纳的一次性总量税，W_t 是 $t - 1$ 期劳动报酬（工资率），K_t^s 和 L_t^s 是消费者 t 期供给的资本存量和劳动力，R_t 是 t 期租金率。预算约束表明消费者的消费、储蓄和税收支出总

---

① L. Linnemann，"The Effect of Government Spending on Private Consumption: A Puzzle?" *Journal of Money Credit & Banking*，2006，38（7）：1715 – 1735.

② 李建强：《中国财政支出对居民消费影响的实证研究》，博士学位论文，苏州大学，2012。

③ 实际上，若 $\phi = 1$ 则消费函数变为 $C_t^* = C_t - C_{t-1}$。根据现代消费理论，理性消费者平滑其一生消费水平，更进一步引申理性消费者也平滑其一生消费的变化量。

④ $\beta = 1/(1 + \rho)$，ρ 为贴现率。

和不能超过消费者的来自劳动供给和资本供给的要素收入之和。

(二) 代表性厂商

厂商的问题是找出利用劳动力和资本的最优值。最终产出 Y 的生产需要劳动力和资本的服务，厂商在给定要素价格的情况下，在 t 期租用资本和劳动力，使利润最大化，采用的技术由规模报酬不变的柯布 – 道格拉斯生产函数给出，即有

$$Y_t = A_t (K_t^d)^\alpha (L_t^d)^{1-\alpha}, 0 \leq \alpha \leq 1 \tag{7-3}$$

其中，Y_t 是 t 期的产出，A_t 是 t 期的全要素生产率，K_t^d 和 L_t^d 是 t 期厂商的资本需求和劳动需求。ε_t^A 是 t 期的技术冲击，假定其服从一阶自回归过程（AR（1）过程），即有

$$\log A_t = (1 - \rho_A)\log\overline{A} + \rho_A\log A_{t-1} + \varepsilon_1^A, \varepsilon_t^A \sim N(0,\sigma_A^2) \tag{7-4}$$

其中，$\overline{A}$ 是变量 A_t 的稳态值，$\{\varepsilon_t^A\}_{t=0}^{\infty}$ 为独立同分布的随机变量。另外，资本积累按永续盘存法进行

$$K_t = (1 - \delta)K_{t-1} + I_t \tag{7-5}$$

厂商的静态最大化问题为

$$Max \prod = A_t (K_t^d)^\alpha (L_t^d)^{1-\alpha} - R_t K_t^d - W_t L_t^d \tag{7-6}$$

$$s.t. \quad Y_t = A_t(K_t^d)^\alpha (L_t^d)^{1-\alpha}$$

$$K_t = (1 - \delta)K_{t-1} + I_t$$

(三) 政府

最后，考虑政府作为征税实体及作为商品和服务的提供者所起的作用。假设政府通过对消费者征收一次性总量税 T_t 为其支出 G_t，且政府每期预算平衡 $T_t = G_t$。假定政府支出 G_t 为外生变量，且其变化受下式支配

$$\log G_t = (1 - \rho_G)\log\overline{G} + \rho_G\log G_{t-1} + \varepsilon_1^G, \varepsilon_t^G \sim N(0,\sigma_G^2) \tag{7-7}$$

其中，$\overline{G}$ 是变量 G_t 的稳态值，$\{\varepsilon_t^G\}_{t=0}^{\infty}$ 为独立同分布的随机变量。

二　模型均衡及一阶条件

一旦推导出代表性消费者和厂商的最优决策，就要看计算模型经济的均衡，这需要将经济主体的决策放在一起来考虑。一方面，消费者在给定生产要素价格的情况下，就其想要消费多少数量 C_t、储蓄（投资）多少数量的 S_t 及工作多少时间 L_t 进行决策，使其一生的期望效用最大化。另一方面，在给定生产要素价格的情况下，代表性厂商生产的最终产品数量 Y_t 取决于他们使用多少资本 K_t 和劳动力 L_t 的决策。此外，政府依据其预算约束进行征税、消费和进行转移支付。

竞争性均衡　经济的竞争性均衡涉及代表性消费者的消费、闲暇和储蓄（投资）的序列 $\{C_t, 1-L_t, S_t\}_{t=0}^{\infty}$、厂商利用的资本和劳动力序列 $\{K_t, L_t\}_{t=0}^{\infty}$，在给定价格序列 $\{W_t, R_t\}_{t=0}^{\infty}$，满足下面的条件：

①消费者的最优化问题得到求解；

②给定资本和劳动力价格，厂商关于资本和劳动力的一阶条件得到满足；

③经济中的可行性约束得到满足。

竞争性均衡要求模型涉及的劳动力市场、资本市场和商品市场出清，也就是说均衡时，有 $K_t^d = K_t^s$（资本市场出清），$L_t^d = L_t^s$（劳动力市场出清），$Y_t = C_t + I_t + G_t$（商品市场出清）。

在完全竞争假设下，中央计划均衡与分散均衡的结果是一样的，但求解更为简便。因此，运用中央计划最优来求解模型，有

$$MaxE_0\left\{\sum_{t=0}^{\infty}\beta^t\frac{C_t^{*\,1-\theta}L_t^{\,1+\sigma}}{1-\theta}\right\} \tag{7-8}$$

$$s.t.\quad C_t + K_{t+1} - (1-\delta)K_t + G_t = A_tK_t^{\alpha}L_t^{1-\alpha} = Y_t$$

$$\log A_t = (1-\rho_A)\log\overline{A} + \rho_A\log A_{t-1} + \varepsilon_t^A$$

$$\log G_t = (1-\rho_G)\log\overline{G} + \rho_G\log G_{t-1} + \varepsilon_t^G$$

构建拉格朗日函数，对上述最优化问题进行求解

$$L = E_0\left\{\sum_{t=0}^{\infty}\beta^t\frac{C_t^{*\,1-\theta}L_t^{\,1+\sigma}}{1-\theta}\right\} + \lambda_t\beta^t\left[A_tK_t^{\alpha}L_t^{1-\alpha} - C_t - K_{t+1} + (1-\delta)K_t - G_t\right]$$

$$\tag{7-9}$$

（7-9）式分别对 C_t、N_t 和 K_{t+1} 求偏导，并令其偏导等于零，有

$$\frac{\partial L}{\partial C_t} = 0 \Rightarrow C_t^{*-\theta} L_t^{1+\sigma} - \beta\phi C_{t+1}^{*} L_{t+1}^{1+\sigma} = \lambda_t \qquad (7-10)$$

$$\frac{\partial L}{\partial L_t} = 0 \Rightarrow \frac{C_t^{*\,1-\theta}}{\theta-1}(1+\sigma)L_t^{\sigma} = \lambda_t(1-\alpha)\frac{Y_t}{L_t} \qquad (7-11)$$

$$\frac{\partial L}{\partial K_{t+1}} = 0 \Rightarrow \lambda_t = \beta E_t \lambda_{t+1}\left(\alpha\frac{Y_{t+1}}{K_{t+1}} + 1 - \delta\right) \qquad (7-12)$$

$$C_t + K_{t+1} - (1-\delta)K_t + G_t = A_t K_t^{\alpha} L_t^{1-\alpha} = Y_t \qquad (7-13)$$

将（7-10）式和（7-12）式带入（7-11）式，得跨期消费的欧拉方程（7-14）式；将（7-10）带入（7-11）式，得消费与闲暇的欧拉方程

$$C_t^{*-\theta} L_t^{1+\sigma} - \beta\phi C_{t+1}^{*-\theta} L_{t+1}^{1+\sigma} = \beta(C_{t+1}^{*-\theta} L_{t+1}^{1+\sigma} - \beta\phi C_{t+2}^{*-\theta} L_{t+2}^{1+\sigma})R_{t+1} \qquad (7-14)$$

$$R_{t+1} = \alpha\frac{Y_{t+1}}{K_{t+1}} + 1 - \delta \qquad (7-15)$$

$$\lim_{j\to\infty} E_t \beta^{t+j} \lambda_{t+j} K_{t+j} = 0 \qquad (7-16)$$

（7-16）式为模型的横截条件。（7-4）式、（7-7）式、（7-10）式~（7-13）式构成一个非线性差分方程组。该方程组在一般情况下没有解析解，需要通过数值模拟求数值解。

第二节　数值模拟及动态分析

一　模型稳态及对数线性化

运用数值模拟方法求解模型均衡，需要将模型在其稳态附近进行对数线性化，因此需先求解模型稳态。当经济达到稳态时，不存在技术冲击，且政府购买占 GDP 比重固定，进而所有变量均不随时间变化，根据模型一阶条件求稳态值，变量上标横线表示变量的稳态值。

$$\frac{\overline{K}}{\overline{Y}} = \frac{\alpha\beta}{1-\beta(1-\delta)} \qquad (7-17)$$

$$\frac{\overline{I}}{\overline{Y}} = \delta \frac{\overline{K}}{\overline{Y}} = \frac{\delta\alpha\beta}{1 - \beta(1 - \delta)} \tag{7-18}$$

$$\frac{\overline{C}}{\overline{Y}} = \frac{(1 - \alpha)(\theta - 1)(1 - \beta\phi)}{(1 + \sigma)(1 - \phi)} \tag{7-19}$$

$$\frac{\overline{L}}{\overline{Y}} = \left[\frac{\alpha\beta}{1 - \beta(1 - \delta)}\right]^{\frac{\alpha}{1-\alpha}} \tag{7-20}$$

小写字母上加波浪线 $\tilde{x}$ 表示变量偏离其稳态均衡值的百分比，$x = y$, c^*, l, g, c, a。$\tilde{x}_t = (X_t - \overline{X})/\overline{X}$，也可近似地表示为 $\tilde{x}_t = \ln X_t - \ln \overline{X}$，或者 $X_t = \overline{X}e^{x_t} \approx X_t(1 + \tilde{x}_t)$。对（7-4）式、（7-7）式、（7-10）式~（7-13）式在稳态附近对数线性化，得

$$\tilde{c}_t^* = \frac{\tilde{c}_t - \phi\tilde{c}_{t-1}}{1 - \phi} \tag{7-21}$$

$$\frac{1}{1 - \beta\phi}[-\theta\tilde{c}_t + (1 + \sigma)\tilde{l}_t] - \frac{\beta\phi}{1 - \beta\phi}[-\theta\tilde{c}_t + (1 + \sigma)\tilde{l}_{t+1}] = \lambda_t \tag{7-22}$$

$$(1 - \theta)\tilde{c}_t + \sigma\tilde{l}_t = \lambda_t + \alpha\tilde{k}_{t+1} - \alpha\tilde{l}_t + \tilde{a}_t \tag{7-23}$$

$$\lambda_t = E_t\{\lambda_{t+1} + [1 - \beta(1 - \delta)][\tilde{a}_t + (1 - \alpha)\tilde{l}_{t+1} - (1 - \alpha)\tilde{k}_{t+1}]\} \tag{7-24}$$

$$\frac{\overline{C}}{\overline{Y}}\tilde{c}_t + \frac{\overline{K}}{\overline{Y}}\tilde{k}_{t+1} - (1 - \delta)\frac{\overline{K}}{\overline{Y}}\tilde{k}_t + \frac{\overline{G}}{\overline{Y}}\tilde{g}_t = \alpha\tilde{k}_t + (1 - \alpha)\tilde{l}_t + \tilde{a}_t \tag{7-25}$$

$$\tilde{a}_t = \rho_A\tilde{a}_{t-1} + \varepsilon_t^A, \quad \varepsilon_t^A \sim N(0, \sigma_A^2) \tag{7-26}$$

$$\tilde{g}_t = \rho_A\tilde{g}_{t-1} + \varepsilon_t^G, \quad \varepsilon_t^G \sim N(0, \sigma_G^2) \tag{7-27}$$

（7-21）式~（7-27）式构成动态差分方程系统，通过校准或贝叶斯估计等方法确定相关参数后，就可运用 Matlab 的 Dynare 程序求解动态差分方程系统（Uhlig, 1995）[①]。

二　参数校准

根据模型设定，需要校准的参数包括相对风险厌恶系数 θ、贴现因子

---

① H. Uhlig, "A Toolkit for Analyzing Nonlinear Dynamic Stochastic Models Easily," *Discussion Paper*, 1995, 1995-97: 30-62.

β、折旧率 δ、劳动偏好弹性 σ、劳动供给 L、产出资本弹性 α、消费习惯系数 ϕ、政府购买规模 G/Y、技术冲击参数 ρ_A 和 σ_A、政府消费冲击参数 ρ_A 和 σ_A、技术水平参数 A。

对于产出资本弹性 α，根据第三章的研究结论并参照相关文献，将基准值设定为 $\alpha = 0.65$。

贴现因子 β。国内外学者在进行实证分析时，贴现因子一般取值区间为 $[0.95, 0.99]$，结合我国 1978～2016 年消费物价指数数据进行分析，测算得出 1978～2016 年物价水平平均每年上升 4.95%，因此将贴现因子 β 基准值设定为 0.95。

对于折旧率，国际上一般采用 $[0.05, 0.08]$，如帕金斯（Perkins，1988）[1]、Wang 和 Yao（2001）[2] 均假定折旧率为 5%，霍尔和琼斯（Hall，Jones 1999）[3]、阿尔文·扬（Young，2003）[4] 假定为 6%。为与上文保持一致，也取 $\delta = 9.6\%$。

消费者的相对风险厌恶系数 θ，顾六宝和肖红叶（2004）[5] 运用凯恩斯－拉姆齐规则法和阿罗－普拉特风险测量法测算了我国 1985～2002 年的消费者相对风险厌恶系数，两种方法测算的均值分别 3.169 和 3.916。顾六宝等（2013）[6] 对测算消费跨期替代弹性的模型与模型方法进行改进，并利用年序递推方法估算我国居民的相对风险厌恶系数，2000～2008 年均值为 3.2。么海亮（2010）[7] 通过建立自回归分布滞后动态模型测算了河北省的相对风险厌恶系数为 2.32。考虑到本章的研究对象是全国，取顾六

[1] D. H. Perkins, "Reforming China's Economic System," *Journal of Economic Literature*, 1988, 26 (2): 601 – 645.

[2] Yan Wang and Yudong Yao, "Sources of China's Economic Growth 1952 – 1999: Incorporating Human Capital Accumulation," *World Bank Working Paper*, 2001.

[3] Robert E. Hall and Charles I. Jones, "Why do Some Countries Produce So Much More Output per Worker than Others?" *Quarterly Journal of Economics*, 1999, 114 (1): 83 – 116.

[4] Alwyn Young, "Gold into Base Metals: Productivity Growth in the People's Republic of China during the Reform Period," *Journal of Political Economy*, 2003, 111 (6): 1220 – 1260.

[5] 顾六宝、肖红叶：《中国消费跨期替代弹性的两种统计估算方法》，《统计研究》2004 年第 9 期。

[6] 顾六宝、么海亮、陈伯飞：《中国居民消费跨期替代弹性的年序递推统计估算研究》，《经济统计学》2013 年第 4 期。

[7] 么海亮：《河北省居民消费行为计量模型研究》，硕士学位论文，河北大学，2010。

宝和肖红叶研究结果的中间值 3.5。

习惯形成参数 ϕ。爱尔兰德（Ireland，2011）[①] 的估计结果为 0.39，武晓利和晁江锋（2014）[②] 的估计结果为 0.45，刘斌（2008）[③]、李建强（2012）[④] 将其校准为 0.65，本书也将其校准为 0.65。

技术冲击参数 ρ_A 和 σ^A。通过柯布－道格拉斯生产函数进行增长核算，求解出全要素生产率，并对其做一阶自回归可得自回归系数 ρ_A 和标准差 σ^A。李建强（2012）将回归系数 ρ_A 和标准差 σ^A 分别校准为 0.71 和 0.042，黄赜琳（2005）[⑤] 将回归系数 ρ_A 和标准差 σ^A 校准为 0.727 和 0.0246。本书将回归系数 ρ_A 和标准差 σ^A 分别校准为 0.71 和 0.042。

政府消费冲击参数 ρ_G 和 σ^G。对政府购买数据取对数，并运用 HP 滤波或 BP 滤波去除趋势成分后，对周期成分做一阶自回归可得自回归系数 ρ_G 和标准差 σ^G。本书沿用李建强（2012）的分析，将自回归系数 ρ_G 和标准差 σ^G 校准为 0.696 和 0.085。

政府消费规模 G/Y。政府消费占产出比例，通过 1978~2016 年我国政府消费与 GDP 均值为 15%，因此将 G/Y 校准为 0.15。

劳动供给 L。由于模型中将劳动者的时间禀赋标准化为 1，Hansen（1985）对美国劳动力市场的研究表明非市场活动占用时间是市场活动的两倍，劳动占总时间的比例为 1/3。另外，根据我国现实状况，8 小时工作时间占总时间禀赋的 24 小时的 1/3。因此，本书将劳动供给校准为 $L = 1/3$。

劳动偏好弹性 σ。在上述参数校准的基础上，劳动偏好弹性可由（7-19）式得出，本书将其校准为 1.22。

技术水平参数 A。参照现有文献，模型的技术水平参数 A 校准为 1。

---

① P. Ireland, "A New Keynesian Perspective on the Great Recession," *Journal of Money, Credit and Banking*, 2011, 43 (1): 31–54.

② 武晓利、晁江锋：《财政支出结构对居民消费率影响及传导机制研究——基于三部门动态随机一般均衡模型的模拟分析》，《财经研究》2014 年第 6 期。

③ 刘斌：《我国 DSGE 模型的开发及在货币政策分析中的应用》，《金融研究》2008 年第 10 期。

④ 李建强：《中国财政支出对居民消费影响的实证研究》，博士学位论文，苏州大学，2012。

⑤ 黄赜琳：《中国经济周期特征和财政政策效应：一个基于三部门 RBC 模型的实证分析》，《经济研究》2005 年第 6 期。

表7-1　模型各参数校准的基准值

参　数	α	β	δ	θ	σ	φ	L	G/Y	A	ρ_A	ρ_G	σ^A	σ^G
基准值	0.65	0.95	0.096	3.5	1.22	0.65	1/3	0.15	1	0.71	0.696	0.042	0.085

三　数值模拟及动态分析

（一）稳态消费率

根据表7-1校准参数进行数值模拟，得到经济达到稳态时的消费率（$(C+G)/Y$）为58.02%，这一消费率是最终消费率，包括了居民消费率和校准的政府消费率15%，从而居民消费率为43.02%。这一数值与我国现实经济消费率较为接近，1978～2016年我国最终消费率均值为58.7%。由于所有参数均按照我国经济数据进行校准，因此模型对我国消费率演变模拟效果较为良好。

（二）最终消费率及其他变量对技术冲击和政府支出冲击的动态效应

图7-1给出了最终消费率及其他变量对技术冲击的脉冲响应。产出和投资对技术冲击的响应方式基本相同，只存在响应程度上的差别。给定1%的正向的技术冲击，产出和投资当期立即偏离稳态值，并且偏离幅度达到最大的0.0916%和0.0727%，随后产出和投资缓慢向稳态值回归。产出和投资对技术冲击的反映为正，且持续期较长。

给定1%的正向的技术冲击，最终消费对技术冲击的反应呈驼峰状，在当期正向偏离稳态值0.049%，且在第2、3期持续上升，到第3期达到最大偏离幅度0.0243%，随后逐步缓慢向稳态值回归。最终消费对技术冲击的反映为正，且持续期较长。

给定1%的正向的技术冲击，最终消费率对技术冲击的反应是：当期最终消费负向偏离其稳态值，且偏离幅度达到最大的0.0073%，在第8期达到负向偏离的阶段最小值，然后逐渐向稳态值回归。这可能是由技术进步率的提升导致产出水平的提升，增加的产出会有较大的比例用于资本积

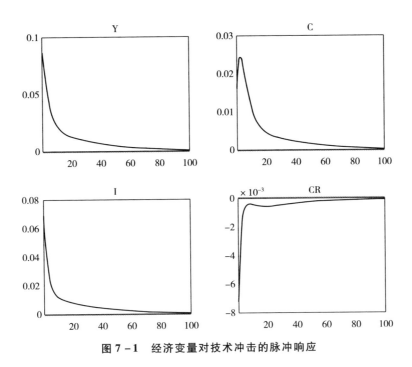

图 7 - 1　经济变量对技术冲击的脉冲响应

累，从而导致了消费率下降。通过图 7 - 1 发现，最终消费对率技术冲击的反应为负，且持续期较长。

图 7 - 2 给出了最终消费率及其他变量对政府消费冲击的脉冲响应。给定 1% 的正向的政府消费冲击，产出对政府消费冲击的反应是，当期达到正向偏离的最大值 0.005%，随后逐步向稳态值回归，到第 8 期转为负向偏离，第 13 期达到负向偏离最大值 0.001%，此后一直为负向偏离，且偏离幅度逐步减小。

给定 1% 的正向的政府消费冲击，最终消费对政府冲击的反应呈驼峰状，当期正向偏离稳态值 0.00088%，第 2、3 期达到正向偏离的最大值 0.0012%，随后逐步向稳态值回归，到第 11 期转为负向偏离，第 20 期达到负向偏离最大值 0.0003%，此后一直为负向偏离，且偏离幅度逐步减小。

给定 1% 的正向的政府消费冲击，投资当期立即负向偏离稳态值，并且偏离幅度达到最大的 0.0037%，此后一直是负向偏离且幅度逐渐减小，最终向稳态值回归。投资对技术冲击的反应为正，且持续期较长。

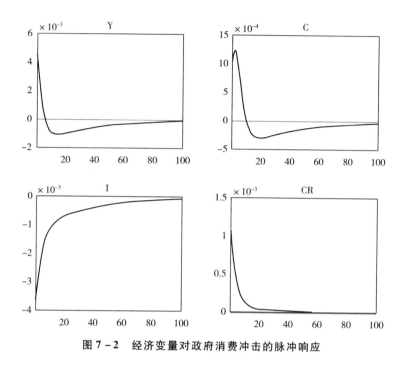

图 7-2　经济变量对政府消费冲击的脉冲响应

　　给定 1% 的正向的政府消费冲击，最终消费率对政府消费冲击的反应是：当期最终消费正向偏离其稳态值，且偏离幅度达到最大的 0.0011%，此后一直是正向偏离且幅度逐渐减小，最终向稳态值回归。

（三）稳态消费率对参数的敏感性分析

　　为了研究 DSGE 模型中稳态消费率对各参数的敏感性，通过对参数取不同值，并在 Dynare 中求出稳态值，表 7-2 给出了稳态消费率对产出资本弹性、折旧率、贴现因子三个参数的敏感性数据。

表 7-2　稳态消费率对参数的敏感性分析

产出资本弹性	稳态消费率（%）	稳态消费率变化（百分点）	折旧率	稳态消费率（%）	稳态消费率变化（百分点）	贴现因子	稳态消费率（%）	稳态消费率变化（百分点）
0.30	80.62		0.026	78.51		0.88	73.15	
0.35	77.39	−3.23	0.036	73.6	−4.91	0.89	71.58	1.57
0.40	74.16	−3.23	0.046	69.69	−3.91	0.90	69.87	1.71

产出资本弹性	稳态消费率（%）	稳态消费率变化（百分点）	折旧率	稳态消费率（%）	稳态消费率变化（百分点）	贴现因子	稳态消费率（%）	稳态消费率变化（百分点）
0.45	70.93	− 3.23	0.056	66.49	− 3.2	0.91	67.98	1.89
0.50	67.71	− 3.22	0.066	63.84	− 2.65	0.92	65.89	2.09
0.55	64.48	− 3.23	0.076	61.6	− 2.24	0.93	63.57	2.32
0.60	61.25	− 3.23	0.086	59.68	− 1.92	0.94	60.96	2.61
0.65 *	58.02	− 3.23	0.096 *	58.02	− 1.66	0.95 *	58.02	2.94
0.70	54.79	− 3.23	0.106	56.57	− 1.45	0.96	54.67	3.35
0.75	51.56	− 3.23	0.116	55.29	− 1.28	0.97	50.84	3.83
0.80	48.33	− 3.23	0.126	54.15	− 1.14	0.98	46.4	4.44

说明：表中稳态消费表示仅当涉及参数变化，但其他参数取基准校准值时对应的稳态消费率。

* 表示参数在模型中取的基准值。

产出资本弹性与稳态消费率成反比例关系，产出资本弹性越大，稳态消费率就越小，这与拉姆齐模型的分析结果一致。当产出资本弹性为 0.30 时，对应的稳态消费率为 80.62%，这与发达国家的数据基本吻合。产出资本弹性每上升 5 个百分点，经济的稳态消费率下降 3.23 个百分点。

折旧率与稳态消费率也成反比例关系，折旧率越大，稳态消费率就越小，这与拉姆齐模型的分析结果一致。当折旧率为 10% 时，对应的稳态消费率为 58.02%，这与我国经济的数据比较吻合。另外，随着折旧率上升，折旧率对稳态消费率的边际影响是下降的。

贴现因子与稳态消费率成反比例关系，贴现因子越大，稳态消费率越小。贴现因子与稳态消费率的关系从通俗层面理解很直接，贴现因子实际上表明了消费者的耐心程度①，消费者越有耐心则越容易推迟消费，则当期消费率越低，如在恶性通货膨胀时期，消费者的耐心程度很低（贴现因子较小），消费者当期进行消费的意愿很高，导致消费率较高。另外，需要注意贴现率和贴现因子的关系为 $\beta = 1/(1 + \rho)$，ρ 为贴现率，β 为贴现因子，贴现率和贴现因子成反比例关系。因此，本章的结论与第 5 章拉姆齐模型中贴现率与最优消费率关系的研究结论一致。

① 贴现因子越大表明消费者越有耐心。

第三节 小结

本章通过构建动态随机一般均衡模型研究消费率问题，由于 DSGE 模型是基于经济主体最优化行为来研究相关问题的，出于方便的考虑本章将经济处于稳态时的消费率界定为最优消费率，进而分析最优消费率和经济产出对各种外生冲击的响应。得出了以下结论。

首先，根据校准参数进行数值模拟，得到经济达到稳态时的消费率（最优消费率）为 58.02%，这一消费率是最终消费率，包括居民消费率和校准的政府消费率 15%，从而居民消费率为 43.02%。这一数值与我国现实经济消费率较为接近，1978～2016 年我国最终消费率均值为 58.7%。

其次，给定 1% 的正向的技术冲击，最终消费率对技术冲击的反应是：当期最终消费负向偏离其稳态值，且偏离幅度达到最大的 0.0073%，在第 8 期达到负向偏离的阶段最小值，然后逐渐向稳态值回归。这可能是由技术进步率的提升导致产出水平的提升，增加的产出会有较大的比例用于资本积累，从而导致了消费率下降。最终消费率对技术冲击的反应为负，且持续期较长。

再次，给定 1% 的正向的政府消费冲击，最终消费率对政府消费冲击的反应是：当期最终消费正向偏离其稳态值，且偏离幅度达到最大的 0.0011%，此后一直是正向偏离且幅度逐渐减小，最终向稳态值回归。

最后，DSGE 模型中稳态消费率对各参数的敏感性分析表明：产出资本弹性、折旧率和贴现因子与最优消费率成反比例关系。这些参数变化对最优消费率的影响符合预期判断。

附录 DSGE 模型的 Dynare 代码

```
% 1. Defining variables
var Y C L K I CT R A G lamda CR CH;
varexo Ge Ae;
```

```
parameters alpha beta delta sigma phi theta GY;
parameters rhog rhoa;
% 2. Calibration
alpha = 0.65;
beta = 0.95;
delta = 0.096;
theta = 3.5;
phi = 0.65;
% shock processes
rhog = 0.696;
rhoa = 0.71;
% 3. Steady State
parameters Ybar Lbar Cbar Ibar YK Abar Gbar Rbar Kbar
CTbar lamdabar;
Lbar = 1/3;
GY = 0.15;
Abar = 1;
Rbar = 1/beta;
YK = (Rbar - 1 + delta) /alpha;
Kbar = YK^ ( -1/ (1 - alpha))  * Lbar;
Ibar = delta * Kbar;
Ybar = YK * Kbar;
Gbar = GY * Ybar;
Cbar = Ybar - Ibar - Gbar;
CTbar = (1 - phi)  * Cbar;
CRbar = (Cbar + Gbar) /Ybar;
CHbar = Cbar/Ybar;
sigma = (1 - alpha)  * (1 - beta * phi)  * Ybar *  (theta - 1) /CTbar - 1;
lamdabar = CTbar^ ( - theta)  * Lbar^ (1 + sigma)  * (1 - beta * phi);
% 4. Model
```

```
model;
CT = C - phi * C ( -1);
(CT^ ( -theta)) * (L^ (1 + sigma)) - beta * phi * ((CT ( +1)) ^
( -theta)) * ((L ( +1)) ^ (1 + sigma)) = lamda;
(CT^ (1 - theta)) * (1 + sigma) * (L^ (1 + sigma)) = (theta -
1) * (1 - alpha) * Y * lamda;
lamda = lamda ( +1) * beta * R ( +1);
R = alpha * Y/K ( -1) + 1 - delta;
Y = A * L^ (1 - alpha) * K ( -1) ^ (alpha);
I = K - (1 - delta) * K ( -1);
Y = C + I + G;
CR = (C + G) /Y;
CH = C/Y;
log (G) = (1 - rhog) * log (Gbar) + rhog * log (G ( -1)) + Ge;
log (A) = (1 - rhoa) * log (Abar) + rhoa * log (A ( -1)) + Ae;
end;
% 5. Computation
initval;
Y = Ybar;
C = Cbar;
CT = CTbar;
K = Kbar;
I = Ibar;
CR = CRbar;
CH = CHbar;
L = Lbar;
R = Rbar;
G = Gbar;
A = Abar;
lamda = lamdabar;
```

```
end;
resid (1);
steady;
check;
shocks;
var Ge;
stderr 0.01;
var Ae;
stderr 0.01;
end;
stoch_ simul (irf = 100) Y C I CR;
```

第八章

中国经济增长稳定性评价及其
影响因素分析

　　1978 年以来，中国经济增长率的波动幅度逐渐收窄（图 8 - 1），说明经济增长的稳定性逐渐提高，但由于经济增长稳定性受多种因素的影响，中国经济增长的稳定性还远没有达到理想的状态。而经济增长及其稳定性对国民经济福利有重要影响：一方面，若经济增长率低则居民收入乃至居民的福利水平提升速度慢；另一方面，若经济增长率大幅波动，居民收入波动也会带来经济福利的损失（陈彦斌，2006）[①]。因此，对经济增长稳定

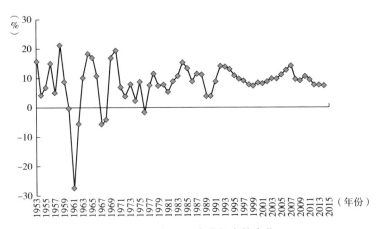

图 8 - 1　中国经济增长率的变化

资料来源：《中国统计年鉴 2015》。

---

　　① 陈彦斌：《中国商业周期的福利成本》，《世界经济》2006 年第 2 期。

性进行科学评价并对其影响因素进行分析，从而促进中国经济稳定增长，具有重要的理论和现实意义。

事实上，稳定的经济增长对一个经济体国民经济福利的持续改善来说是非常重要的。一般地，经济增长稳定性可从两个层面来进行衡量：一方面，经济增长率的稳定，即经济增长率的波幅小，经济增长率的大幅度上升或下降，都会引起经济增长稳定性下降；另一方面，经济增长率波动的次数少，或者更精确地说，经济周期都是长周期，从而经济增长的时间也相对较长。

传统的经济波动分析一般从经济总供给和总需求的角度来阐述经济增长稳定性的影响因素，认为使得总供给和总需求曲线移动的因素（供给冲击和需求冲击）都会导致经济波动，从而降低经济增长稳定性。本书从一个新的视角来研究经济增长稳定性的影响因素，经济结构变化（需求结构、产业结构、要素结构、所有制结构）对经济增长稳定性的影响。结构主义认为经济结构的调整是经济增长的重要源泉，也就是说经济结构能够影响一个经济体的经济增长，这一观点也被许多学者的实证研究所证实。因此，经济结构（需求结构、产业结构、要素结构、所有制结构）作为经济增长的影响因素，自然也会影响经济增长稳定性。本章结构安排如下：首先，依据相关经济理论对需求结构、产业结构、要素结构、所有制结构等四种结构因素如何影响经济增长稳定性进行分析；其次，构建计量模型将各影响因素统一在一个分析框架内，进而定量分析各因素对经济增长稳定性的影响程度；最后，根据研究结论提出了改善中国经济增长稳定性的政策建议。

第一节 需求结构与经济增长稳定性

一 引言

需求结构指的是消费、投资、政府购买、净出口需求之间及各项需求内部的比例关系。在经济发展的不同阶段，需求结构并不是一成不变的，其演变过程体现出一种规律性。对这一问题最著名的研究是由钱纳里和塞尔昆提出的[①]，他们通过对处于不同发展阶段国家及同一个国家不同发展阶段数据的实证分析，指出需求结构的演变基本遵循一个规律："工业化初期消费率和投资率水平分别为85%和15%，工业化中期消费率和投资率水平分别为80%和20%，工业化后期消费率和投资率水平分别为77%和23%。"根据这一规律，消费率随经济发展而下降，投资率随经济发展而上升。若消费和投资本身的稳定性在经济发展过程中没有得到改善，那这一结构变化会使经济增长的稳定性恶化。

直接分析需求结构对经济增长稳定性影响的文献相对较少。艾格斯和奥恩尼德斯（Eggers and Ioannides, 2006）[②] 将美国经济增长率的方差分解为结构效应、波动效应和联动效应，并进行实证分析表明美国1947年以来的需求结构调整对美国经济稳定增长起到了积极作用（结构效应系数为23.4%），也就是说结构调整能够解释美国GDP增长率方差下降的23.4%。纪明和刘志彪（2014）[③] 通过构建需求结构高级化和合理化指标分析需求结构对经济波动的影响，研究结果表明需求结构高级化和合理化水平的提高均能有效抑制经济波动，提高经济增长稳定性。杨天宇和刘韵婷（2011）[④] 年运用艾格斯和奥恩尼德斯（Eggers and Ioannides）提出的方法，将中国经济增长波动的方差分解为结构效应、波动效应和联动效应，研究结果表明：从需求层面看，中国需求结构调整并没有对经济稳定增长起到积极作用（结构效应为 -3.48%）。

本部分首先对需求结构与经济增长稳定性关系进行描述统计分析；其次，通过对GDP的波动成分[⑤]与三大需求占比进行脉冲响应函数分析，分析我国需求结构变动对经济波动的影响时间过程和动态轨迹；最后，借鉴

① 〔美〕霍利斯·钱纳里、莫伊斯·塞尔昆：《工业化和经济增长的比较研究》，吴奇等译，上海三联书店、上海人民出版社，1995。

② A. Eggers and Y. M. Ioannides, "The Role of Output Composition in the Stabilization of U. S. Output Growth," *Discussion Papers*, 2006, 28 (3): 585 - 595.

③ 纪明、刘志彪：《中国需求结构演进对经济增长及经济波动的影响》，《经济科学》2014年第1期。

④ 杨天宇、刘韵婷：《中国经济结构调整对宏观经济波动的"熨平效应"分析》，《经济理论与经济管理》2011年第7期。

⑤ GDP的波动成分用对原序列进行HP滤波处理得到，其表明GDP偏离趋势的百分比。

艾格斯和奥恩尼德斯（Eggers and Ioannides，2006）的方法，通过将我国 GDP 增长率方差分解为结构效应、波动效应和联动效应，进而来分析需求结构演变对我国经济增长稳定性的影响。

二　需求结构与经济增长稳定性关系的描述统计分析

最终消费、投资和净出口构成了国民经济的总需求。由宏观经济理论可知，三大需求的稳定性也是不同的：消费需求的稳定性较好，由于边际消费倾向和平均消费倾向都小于 1，因此经济高涨时消费增长的幅度小于 GDP 增长的幅度，经济低迷时消费减少的幅度小于 GDP 增长的降幅，从而消费需求稳定性要好于经济增长的稳定性；投资需求的稳定性较差，根据凯恩斯理论，投资容易受到"动物精神"的影响，且还有乘数加速机制的影响，投资需求的稳定性一般小于 GDP 增长的稳定性；净出口需求一般来说最不稳定，因为其影响因素众多，在有些年份是顺差，有的年份是逆差，净出口需求的稳定性一般小于经济增长的稳定性。需求结构即最终消费、投资和净出口的比例变化是经济增长稳定性的重要影响因素，最终消费需求占的比重越大，投资和净出口占的比重越小，则经济增长的稳定性越好；反之，最终消费需求占的比重越小，投资和净出口占的比重越大，则经济增长稳定性越差。

（一）基于增长率的滚动标准差系数的分析

从需求方面来看，最终消费、资本形成总额和净出口构成 GDP，因此经济波动实际上可以看作三大需求波动的综合结果。根据（1－1）式提供的计算方法，得到 1978～2014 年我国历年 GDP 及各项需求增长率的滚动标准差系数（图 8－2）。由图 8－2 可以看出，我国需求方经济增长的稳定性表现出三大特征。首先，总体上看，GDP、最终消费和资本形成总额增长的稳定性在改革开放后逐渐得到改善。其次，资本形成总额、净出口增长的稳定性小于 GDP、最终消费增长的稳定性。最后，最终消费与 GDP 增长的稳定性在 1978 年后的大部分时间里趋于一致，但在 2003～2014 年我国最终消费增长的稳定性小于 GDP。

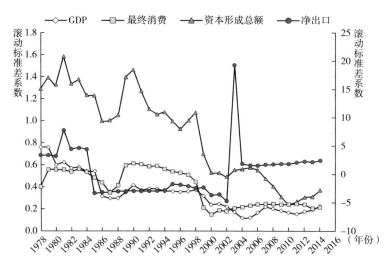

图 8 - 2 改革开放以来中国经济及消费、投资、净出口增长稳定性变化情况

说明：GDP、最终消费、资本形成总额标准差系数看左边坐标轴，净出口标准差系数看右边坐标轴。

资料来源：《中国统计年鉴 2015》和笔者的计算。

另外，根据 1978 ～ 2014 年 37 年间数据作为一个整体计算得到改革开放以来我国经济及三大需求的均值、标准差及标准差系数（表 8 - 1）。我国 GDP 年均增长 9.81%，其标准差为 2.69%，标准差系数为 0.274。一般说来，需求结构的变化也是导致经济增长的波动的主要原因。最终消费在 1978 ～ 2014 年年均增长 9.27%，增长的标准差系数为 0.344，是三大需求中最低的，标准差为 3.19%。资本形成总额年均增长 11.49%，增长的标准差系数为 0.735，标准差为 4.39%。净出口总额总体来说波动最大，标准差系数为 - 5.668，标准差为 4428.64%，但由于净出口占支出法 GDP 的比重相对较低，因此对 GDP 增长的稳定性影响也相对较小。

表 8 - 1　改革开放以来中国经济及三大需求增长率的均值、标准差及标准差系数

	均值（%）	标准差（%）	标准差系数
GDP	9.81	2.69	0.274
最终消费	9.27	3.19	0.344
资本形成总额	11.49	4.39	0.735
净出口	- 781.29	4428.64	- 5.668

资料来源：《中国统计年鉴 2015》和笔者的计算。

（二）基于增长率变动幅度的分析

表 8 - 2 给出了 1978～2014 年我国经济及三大需求增长情况及其变动幅度。从三大需求来看，37 年中最终消费、资本形成总额、净出口增长率变动幅度超过 ±50% 的年份分别为 7 年、18 年和 34 年。1993～2014 年，我国三大需求增长变动幅度中，消费需求的增长率变动幅度有 1 年超过 ±50% 的范围，而资本形成总额增长率变动幅度有 6 年超过了 50%，因此，我国需求方经济增长的稳定性在改革开放后也得到了改善。利用计量经济学中的平稳性检验，检验经济增长及三大需求增长率变动幅度序列的平稳性，结果表明四个序列都是零阶单整的，即经济增长及三大需求增长率变动幅度序列具有总体的平稳性，表明我国改革开放以来的经济增长稳定性较好。

表 8 - 2　1978～2014 年中国经济及三大需求增长情况及其变动

单位:%

年份	GDP 增长率	GDP 增长的变动幅度	最终消费增长率	最终消费增长变动幅度	资本形成总额增长率	资本形成总额增长变动幅度	净出口实际增长率	净出口增长变动幅度
1978	11.6	52.9	8.1	363.8	24.6	181.8	-212.1	-1635.1
1979	7.6	-35.0	13.4	65.9	5.2	-78.8	72.0	-133.9
1980	7.9	3.8	7.0	-47.8	0.8	-85.3	-30.7	-142.6
1981	5.1	-34.6	7.7	9.9	0.2	-79.2	-213.6	596.7
1982	9.0	75.9	7.0	-9.3	3.8	2294.0	422.7	-297.9
1983	10.8	19.2	11.4	63.9	10.0	161.3	-45.0	-110.7
1984	15.2	41.5	14.8	30.0	26.8	168.0	-97.6	116.6
1985	13.5	-11.3	13.1	-11.5	31.0	15.8	-26951.6	27516.2
1986	8.9	-33.8	6.7	-48.9	4.0	-87.1	-34.4	-99.9
1987	11.7	31.0	5.8	-13.8	8.4	110.0	-104.0	202.0
1988	11.3	-3.5	3.8	-33.9	10.4	24.1	-1277.7	1129.0
1989	4.2	-62.8	-0.8	-120.9	-8.8	-184.5	4.2	-100.3
1990	3.9	-6.9	5.5	-788.6	-1.5	-82.6	-369.4	-8887.6
1991	9.3	137.0	9.7	77.1	10.0	-754.7	17.6	-104.8

年份	GDP增长率	GDP增长的变动幅度	最终消费增长率	最终消费增长变动幅度	资本形成总额增长率	资本形成总额增长变动幅度	净出口实际增长率	净出口增长变动幅度
1992	14.3	53.6	12.0	23.6	19.3	92.4	−57.7	−427.3
1993	13.9	−2.3	11.8	−2.2	15.3	−20.6	−317.8	451.2
1994	13.1	−6.0	9.5	−19.1	14.4	−6.2	−176.7	−44.4
1995	11.0	−16.2	9.3	−2.4	15.5	7.8	37.2	−121.0
1996	9.9	−9.6	9.9	6.6	8.8	−43.0	37.7	1.4
1997	9.2	−7.0	7.3	−26.4	3.2	−63.9	141.4	274.8
1998	7.8	−15.0	9.2	26.0	5.1	60.4	5.0	−96.5
1999	7.6	−2.9	11.6	26.3	4.4	−14.1	−27.9	−663.0
2000	8.4	10.6	12.0	3.3	7.6	72.3	−4.6	−83.5
2001	8.3	−1.5	6.9	−42.2	16.5	117.8	−1.7	−64.1
2002	9.1	9.4	9.0	29.6	11.3	−31.1	34.9	−2199.2
2003	10.0	10.3	6.1	−32.0	21.1	86.1	−4.1	−111.7
2004	10.1	0.6	7.8	28.3	17.7	−16.4	39.0	−1054.8
2005	11.3	12.6	11.9	51.5	9.7	−45.2	139.1	257.0
2006	12.7	11.8	11.4	−3.8	14.0	44.4	61.5	−55.8
2007	14.2	11.9	13.3	16.7	20.1	43.5	35.5	−42.3
2008	9.6	−32.2	9.2	−31.1	13.2	−34.0	−2.3	−106.6
2009	9.2	−4.0	10.5	14.5	20.0	50.7	−37.2	1494.8
2010	10.6	15.1	11.6	10.3	17.1	−14.4	−2.9	−92.3
2011	9.5	−10.7	14.9	28.5	11.2	−34.5	−26.0	803.5
2012	7.7	−18.3	9.6	−35.3	7.9	−29.1	22.8	−187.6
2013	7.7	−0.8	8.0	−17.2	10.1	26.8	−1.9	−108.5
2014	7.3	−5.4	7.3	−8.4	6.6	−34.2	18.8	−1066.8

资料来源:《中国统计年鉴 2015》和笔者的计算。

三 方差分解模型

对 GDP 增长率方差分解借鉴艾格斯和奥恩尼德斯 (Eggers and Ioan-nides, 2006)[①] 的方法,用 g_t 表示经济在 t 时期的增长率,经济由 n 个部

[①] A. Eggers and Y. M. Ioannides, " The Role of Output Composition in the Stabilization of U. S. Output Growth," *Discussion Papers*, 2006, 28 (3): 585 – 595.

门组成，g_t^i 为部门 i 在 t 时期的增长率，s_t^i 为部门 i 占 GDP 的份额，因此 GDP 增长率可写为各部门增长率和各部门占 GDP 份额的加权和，有

$$g_t = \sum_i^n s_t^i g_t^i \qquad (8-1)$$

一般来说，国民经济中各部门占 GDP 份额的变化幅度远远低于各部门增长率的波动程度，因此假定各部门占 GDP 份额在相邻时期保持稳定，即有 $s_t^i = s^i$。由（8-1）式可计算 GDP 增长率在 t 时期的方差和方差波动分别为

$$Var(g_t) = \sum_i^n s^i Var(g_t^i) + 2 \sum_i^n \sum_j^n s^i s^j Cov(g_t^i, g_t^j) \qquad (8-2)$$

$$\Delta Var(g) = Var(g_2) - Var(g_1) = \Delta Var(g)_C + \Delta Var(g)_V + \Delta Var(g)_I \qquad (8-3)$$

$$\Delta Var(g)_C = \sum_i^n \Delta(s^i)^2 Var(g_1^i) + 2 \sum_i^n \sum_j^n \Delta(s^i s^j) Cov(g_1^i, g_1^j) \qquad (8-4)$$

$$\Delta Var(g)_V = \sum_i^n (s_1^i)^2 \Delta Var(g^i) + 2 \sum_i^n \sum_j^n s_1^i s_1^i \Delta Cov(g^i, g^j) \qquad (8-5)$$

$$\Delta Var(g)_I = \sum_i^n \Delta(s^i)^2 \Delta Var(g^i) + 2 \sum_i^n \sum_j^n \Delta(s^i s^j) \Delta Cov(g^i, g^j) \qquad (8-6)$$

其中，（8-3）式表示 1 时期和 2 时期的 GDP 增长率方差的变化幅度，这可以分解为三个部分结构效应、波动效应和联动效应，分别通过（8-4）式、（8-5）式、（8-6）式计算来得到。

（8-4）式表示结构效应，是各部门占 GDP 份额变化导致的 GDP 增长率方差的变化幅度，计算过程中用各部门的方差和协方差作为权重。国民经济中各部门的稳定程度是不同的，若结构演变或调整使得相对稳定的部门占 GDP 的份额上升，而波动性相对较大的部门占 GDP 的比重下降，则结构的调整会改善经济增长的稳定性，随着结构的调整经济增长会越来越稳定。

（8-5）式表示波动效应，是各部门增长率自身波动程度变化导致的 GDP 增长率方差的变化幅度，计算过程中用各部门占 GDP 的份额作为权重。随着经济政策制定者和政策体系等因素的逐步完善，一般来说，各部门的稳定性会逐步提高。因此，若各部门的稳定性都得到提高，则经济增

长的稳定性也会逐步提高。

（8-6）式表示联动效应，是 GDP 增长率变化中扣除结构效应和波动效应的余值，表明由各部门结构变化和波动程度变化对 GDP 增长率方差的共同影响。

四　需求结构对中国经济增长稳定性的贡献

根据方差分解模型，运用我国 1978～2014 年支出法核算数据，将 GDP 分为最终消费、资本形成总额、净出口三部分，需求结构用三者的比例关系来表示，GDP、最终消费、资本形成总额、净出口分别用 GDP 平减指数、CPI、固定资产价格指数、GDP 平减指数换算为实际变量，分别计算各变量的增长率。资料来源于《中国统计年鉴 2015》。

1978～2014 年我国需求结构的演变来看，稳定性相对较强的最终消费比重持续缓慢下降，由 1978 年的 61.4% 下降到 2014 年的 50.7%，下降了 10.7 个百分点。而稳定性相对较差的资本形成总额占比持续增大，由 1978 年的 38.9% 上升到 2014 年的 46.8%，上升了 7.9 个百分点。净出口占 GDP 的比重大多数年份为很小的正值，到 2014 年净出口率为 2.5%。因此，从需求结构演变做初步分析，我国需求结构调整或变化并未起到稳定经济增长的作用。（图 8-3）

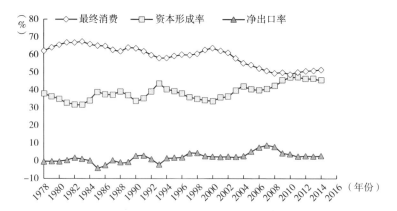

图 8-3　1978～2014 年中国的需求结构演变

资料来源：《中国统计年鉴 2015》。

从 GDP 的各组成部分自身的稳定性来看（图 8 - 4），GDP、最终消费增长率的波动幅度有逐渐收窄的趋势，而资本形成总额、净出口增长率的波动幅度并没有收窄的迹象。

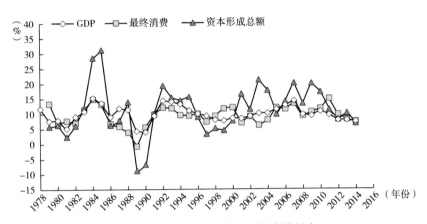

图 8 - 4　中国 GDP 及三大需求增长率

说明：由于净出口增长率波动较大且占 GDP 比重较小，因此在图中未显示。

根据方差分解模型来具体计算 GDP 增长率方差变动的结构效应、波动效应、联动效应，计算结果见表 8 - 3。需求结构变动效应为 - 5.3%，说明大约 5.3% 的 GDP 波动的增加是由需求结构变动带来的。需求结构变动加剧了经济波动，降低了经济增长的稳定性，但结构效应相对较弱；各需求的波动效应为 108.2%，说明各需求稳定性的进一步提高有利于经济增长稳定性的改善；需求的交互效应为 - 2.9%，说明总需求各组成部分的相互作用加剧了我国经济波动。从方差分解结果来看，需求结构变化和各需求的交互效应使经济增长稳定性恶化，而需求各组成部分波动性下降是我国经济增长波动性下降的主要原因，各组成部分波动性下降有利于我国经济增长稳定性的提高。因此，要进一步提高我国经济增长的稳定性，首先要采取措施提高我国的最终消费率，特别是居民消费率，在提高消费增长率的过程中更要注重稳消费；其次，加强对资本形成总额的调控，使其规模及结构更加合理，减小投资增长的波动性；最后，推动产业结构调整，使我国需求和供给匹配，减少我国的净出口失衡。

表 8 - 3　GDP 波动的方差分解结果（需求结构）

	比例（%）
需求结构变动效应	- 5. 3
各需求波动效应	108. 2
需求交互效应	- 2. 9

资料来源：《中国统计年鉴 2015》和笔者的计算。

第二节　产业结构与经济增长稳定性

一　引言

在技术水平给定的条件下，既有的专业化和分工模式决定了经济体的产业结构，而产业结构又会对经济增长产生作用。因此，产业结构变动与经济增长是分不开的。一方面，产业结构会影响经济增长，即产业结构会随着经济增长而发生变化。另一方面，经济增长方式（转变）也依赖于产业结构（调整）。一般来说，产业结构对经济增长的作用可从两个层面来看：一是静态层面，若假定考察期各产业的比例关系保持不变，但由于各产业属性特征的不同各产业增长率也不相同，因此随着时间的变化，最终产业结构也会发生变化；二是动态层面，假定在考察期的某一期各产业的比例发生了变化，那么随着时间的推移，到考察期末产业结构也会发生变动。

产业结构对经济增长稳定性的影响机制和途径受到国内外学者的关注。国外学者在这一问题上并没有达成一致意见，少数学者认为产业结构变动没有起到缓解经济波动的作用（Blanchard and Simon，2001）[1]，但越来越多的学者从不同角度的研究表明产业结构变动确实能够缓解经济波动，具体来说如果经济中稳定性较强的产业比重上升，则经济的波动性将下降。佩尼德（Peneder，2003）[2] 通过将 OECD 国

---

[1]　O. Blanchard and J. Simon. "The Long and Large Decline in U. S. Output Volatility," *Brookings Papers on Economic Activity*, 2001, 32（1）: 135 - 164.

[2]　M. Peneder, "Industrial Structure and Aggregate Growth," *Economic Dynamics*, 2003, 14（4）: 427 - 448.

家的数据用动态面板检验产业结构变动对经济波动的影响，其研究结果显示，产业结构变动可以解释经济波动降幅的 30%。艾格斯和奥恩尼德斯（Eggers and Ioannides，2006）[1] 的研究认为已有文献低估了产业结构调整对经济的稳定作用，通过方差分析模型的实证分析，他们发现 1947 年以来美国 32.4% 的经济波动下降可以用产业结构变动来解释。

国内学者的研究结论基本是一致的，都认为产业结构变动起到稳定经济的作用，且沿着两个不同的视角来展开：一是验证产业结构是否具有熨平经济波动的作用（方福前、詹新宇，2011[2]；干春晖等，2011[3]）；二是沿用艾格斯和奥恩尼德斯（Eggers and Ioannides，2006）的方差分解模型来具体测算产业结构调整对经济波动降低的贡献率（杨天宇、刘韵婷，2011[4]；李强，2012[5]；李猛，2011[6]）。

本部分首先对产业结构与经济增长稳定性关系进行描述统计分析；其次，通过对 GDP 的波动成分[7]与三次占比进行脉冲响应分析，来分析我国产业结构变动对经济波动的影响时间过程和动态轨迹；最后，借鉴艾格斯和奥恩尼德斯（Eggers and Ioannides，2006）[8] 的方法，通过将我国 GDP 增长率方差分解为结构效应、波动效应和联动效应，进而来分析产业结构演变对我国经济增长稳定性的影响。

---

[1] A. Eggers and Y. M. Ioannides, "The Role of Output Composition in the Stabilization of U. S. Output Growth," *Discussion Papers*, 2006, 28（3）：585 – 595.

[2] 方福前、詹新宇：《我国产业结构升级对经济波动的熨平效应分析》，《经济理论与经济管理》2011 年第 9 期。

[3] 干春晖、郑若谷、余典范：《中国产业结构变迁对经济增长和波动的影响》，《经济研究》2011 年第 5 期。

[4] 杨天宇、刘韵婷：《中国经济结构调整对宏观经济波动的"熨平效应"分析》，《经济理论与经济管理》2011 年第 7 期。

[5] 李强：《产业结构变动加剧还是抑制经济波动——基于中国的实证分析》，《经济与管理研究》2012 年第 7 期。

[6] 李猛：《产业结构与经济波动的关联性研究》，《经济评论》2010 年第 6 期。

[7] GDP 的波动成分用对原序列进行 HP 滤波处理得到，其表明 GDP 偏离趋势的百分比。

[8] A. Eggers and Y. M. Ioannides, "The Role of Output Composition in the Stabilization of U. S. Output Growth," *Discussion Papers*, 2006, 28（3）：585 – 595.

二 产业结构与经济增长稳定性关系的描述统计分析

根据经济理论，产业结构的逐步优化是经济稳定增长的前提和源泉，经济总量的增长只有与结构改善相结合才能实现经济的持续、稳定增长。国民经济中各产业的稳定性是不一样的，三次产业的各自的稳定性及三次产业结构决定了整体经济增长的稳定性：第一产业的稳定性主要受到自然条件和其他不确定因素的限制，相对来说其波动性要大于第二、三产业；第二产业的稳定性主要受工业化战略和投资等因素的影响，其波动性仅次于第一产业；第三产业主要是为第一、二产业提供服务的，第一、二产业的波动会引致第三产业的波动。由于各次产业的稳定性不同，则产业结构是影响整体经济增长的重要变量，若经济中稳定较强的产业占的比重大，则经济增长的稳定性也较好；反之，若经济中稳定性差的产业占的比重大，则经济增长的稳定性也较差。

（一）基于增长率的滚动标准差系数的分析

从供给面看，GDP由三次产业产值加总得到，因此经济波动实际上可以看作三次产业生产各自波动的综合结果。根据（1-1）式提供的计算方法，得到1978～2014年我国历年GDP及各次产业增长率的滚动标准差系数（图8-5）。由图8-5可以看出，我国经济增长的稳定性表现出三大特征：首先，总体上看，GDP及三次产业增长的稳定性在改革开放后逐渐得到改善；其次，分产业来看，第一、第二产业增长的稳定性比GDP增长的稳定性差，而第三产业增长的稳定性与GDP增长的稳定性大致相当。最后，三次产业中第三产业增长的稳定性最好，2000年后我国第一产业的稳定性在三次产业中最差，第二、三产业及GDP的稳定性基本持平。

另外，根据1978～2014年37年间数据作为一个整体计算得到改革开放以来我国经济及三次产业增长的均值、标准差及标准差系数（表8-4）。我国GDP年均增长9.81%，其标准差为2.69%，标准差系数为0.274。经济增长的波动，主要是由产业结构的波动所致。第一产业的标准差系数为

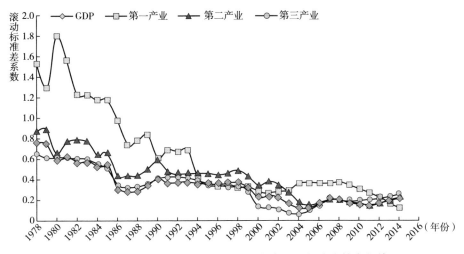

图 8 - 5　改革开放以来中国经济及三次产业增长稳定性变化情况

资料来源:《中国统计年鉴2015》和笔者的计算。

0.568,是三次产业中最高的,标准差却在三次产业中最小（为2.55%),说明第一产业的增速普遍较低（为4.48%),但波动较为明显。这主要是因为第一产业受自然条件的影响较大,遇到有自然灾害的年份,容易突然地收缩外。第二产业的标准差系数为0.385,标准差为4.39%,高于第三产业。第三产业总体来说波动较小,标准差系数仅为0.308,标准差为3.32%。由此看来,我国经济增长的波动,主要是各产业部门增长的不均衡所致,是结构性波动所推动的总量波动。

表 8 - 4　改革开放以来中国经济及各次产业增长率的均值、标准差及标准差系数

	均值（%）	标准差（%）	标准差系数
GDP	9.81	2.69	0.274
第一产业	4.48	2.55	0.568
第二产业	11.49	4.39	0.385
第三产业	10.80	3.32	0.308

说明:表中的各项数据根据1978～2014年36年数据计算。

资料来源:《中国统计年鉴2015》和笔者的计算。

（二）基于增长率变动幅度的分析

表 8 - 5 给出了1978～2014年我国经济及三次产业增长情况及其变动

幅度。从 GDP 增长率的波动幅度来看，37 年中有 5 年经济增长率变动幅度超过 ±50%，其中有 1 年（1991）超过 100%。1992 年改革开放进入第二阶段后，国家宏观调控经济政策与思路发生转变，着重强调经济的平稳增长。1993～2014 年，我国经济增长变动幅度不仅没有超过 ±50% 的范围，而且还将其控制在 ±30% 之内（除 2008 年金融危机经济增长的变动幅度达到 -32.2%）。总的来看，我国经济增长一直在高位上较为平稳地运行。分产业来看，37 年中第一、二、三产业经济增长率变动幅度超过 ±50% 的年份分别为 11 年、7 年和 4 年。1993～2014 年，我国三次产业增长变动幅度只有极少数几个年份超出了 ±50% 的范围。

表 8 – 5　1978～2014 年中国经济及三次产业增长情况及其变动

单位:%

年份	GDP增长率	GDP变动幅度	第一产业增长率	第一产业变动幅度	第二产业增长率	第二产业变动幅度	第三产业增长率	第三产业变动幅度
1978	11.6	52.9	4.1	-286.8	15.0	13.1	13.6	41.4
1979	7.6	-35.0	6.1	48.1	8.2	-45.5	7.8	-42.5
1980	7.9	3.8	-1.5	-124.2	13.6	65.6	6.1	-22.4
1981	5.1	-34.6	7.0	-570.9	1.9	-86.2	9.7	59.5
1982	9.0	75.9	11.5	65.1	5.6	195.8	12.7	31.5
1983	10.8	19.2	8.3	-27.8	10.4	86.6	14.7	15.4
1984	15.2	41.5	12.9	54.7	14.5	39.5	19.5	32.8
1985	13.5	-11.3	1.8	-85.7	18.6	28.3	18.3	-6.3
1986	8.9	-33.8	3.3	80.0	10.2	-44.9	12.3	-32.4
1987	11.7	31.0	4.7	41.8	13.7	34.0	14.8	19.7
1988	11.3	-3.5	2.5	-45.9	14.5	5.7	13.3	-10.1
1989	4.2	-62.8	3.1	20.9	3.7	-74.1	5.9	-55.9
1990	3.9	-6.9	7.3	138.3	3.2	-15.5	2.7	-54.5
1991	9.3	137.0	2.4	-67.9	13.9	337.8	9.2	247.0
1992	14.3	53.6	4.7	97.6	21.2	52.6	12.6	36.9
1993	13.9	-2.3	4.6	0.0	19.9	-6.1	12.2	-3.3
1994	13.1	-6.0	3.9	-15.1	18.3	-8.1	11.4	-6.5
1995	11.0	-16.2	4.9	25.3	13.9	-24.0	10.1	-11.5
1996	9.9	-9.6	5.0	2.0	12.1	-12.8	9.2	-8.8

续表

年份	GDP 增长率	GDP 变动幅度	第一产业 增长率	第一产业 变动幅度	第二产业 增长率	第二产业 变动幅度	第三产业 增长率	第三产业 变动幅度
1997	9.2	−7.0	3.4	−31.8	10.5	−13.5	10.4	13.2
1998	7.8	−15.0	3.4	−0.1	8.9	−14.9	8.4	−19.4
1999	7.6	−2.9	2.7	−20.5	8.2	−8.5	9.2	9.6
2000	8.4	10.6	2.3	−14.8	9.4	15.3	9.7	5.5
2001	8.3	−1.5	2.6	13.3	8.4	−10.2	10.2	5.4
2002	9.1	9.4	2.7	2.3	9.8	16.4	10.5	2.1
2003	10.0	10.3	2.4	−12.1	12.7	28.9	9.5	−8.9
2004	10.1	0.6	6.1	157.4	11.1	−12.3	10.1	5.9
2005	11.3	12.6	5.1	−16.9	12.1	8.7	12.3	22.1
2006	12.7	11.8	4.8	−6.3	13.4	11.1	14.1	14.5
2007	14.2	11.9	3.5	−25.9	15.0	12.0	16.1	13.8
2008	9.6	−32.2	5.2	46.4	9.8	−34.7	10.5	−34.9
2009	9.2	−4.0	4.0	−22.4	10.1	2.8	9.5	−9.5
2010	10.6	15.1	4.3	6.4	12.7	25.8	9.7	2.3
2011	9.5	−10.7	4.2	−1.8	10.6	−16.5	9.5	−1.9
2012	7.7	−18.3	4.5	7.1	8.2	−22.6	8.0	−16.2
2013	7.7	−0.8	3.8	−14.6	7.9	−3.8	8.3	3.7
2014	7.3	−5.4	4.1	6.2	7.3	−7.3	7.8	−4.9

资料来源:《中国统计年鉴 2015》和笔者的计算。

三 产业结构对我国经济增长稳定性的贡献

根据前文的方差分析模型,运用我国 1978~2014 年生产法核算数据,将 GDP 分为第一产业、第二产业、第三产业三部分,产业结构用三者的比例关系来表示,GDP、第一产业、第二产业、第三产业分别用 GDP 平减指数、第一产业平减指数、第二产业平减指数、第三产业平减指数换算为实际变量,分别计算各变量的实际增长率。数据来源于《中国统计年鉴 2015》。

从 1978~2014 年我国产业结构的演变来看(图 8−6),稳定性相对较强的第三产业比重缓慢上升,由 1978 年的 24.6% 上升到 2014 年的

47.8%，上升了 23.2 个百分点。而稳定性相对较差的第二产业占比持续波动，由 1978 年的 47.7% 下降到 2014 年的 43.1%，下降了 4.6 个百分点。第一产业占 GDP 的比重持续下降，从 1978 年的 27.7% 下降到 2014 年的 9.1%。因此，从产业结构演变趋势做初步分析，我国产业结构调整或变化在一定程度上起到了稳定经济增长的作用。

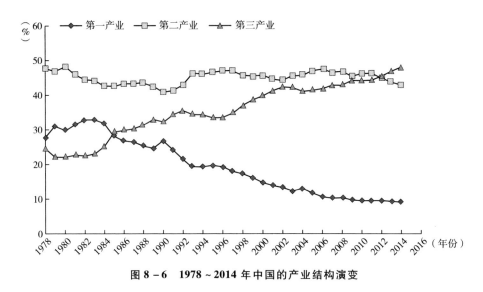

图 8 - 6　1978~2014 年中国的产业结构演变

从 GDP 的各组成部分自身的稳定性来看（图 8 - 7），GDP、第一产业、第三产业增长率的波动幅度有逐渐收窄的趋势，而第二产业增长率的波动幅度并没有收窄的迹象。

根据方差分解模型来具体计算 GDP 增长率方差变动的结构效应、波动效应、联动效应，计算结果见表 8 - 6。产业结构变动效应为 25.6%，说明 25.6% 的 GDP 波动的下降是由产业结构变动带来的，产业结构变动提高了经济增长的稳定性，主要原因是经济中稳定性较高的第三产业比例上升、第一产业比重下降，而稳定性较差的第二产业比重变化较小；各产业的波动效应为 81.3%，说明各产业稳定性的进一步提高有利于经济增长稳定性的改善，GDP 波动的下降是由三次产业自身稳定性提高的结果；产业的交互效应为 -6.9%，说明三次产业的相互作用加剧了经济波动。从方差分解结果来看，产业结构变动熨平了经济波动，而各产业波动性下降对经济波动的熨平效应最大，交互效应则加剧了我国的经济波动。

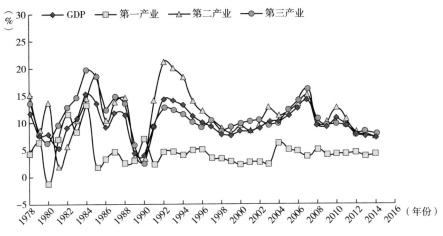

图 8 – 7 中国 GDP 及三次产业增长率

资料来源：《中国统计年鉴 2015》和笔者的计算。

表 8 – 6 GDP 波动的方差分解结果（产业结构）

	比例（%）
产业结构变动效应	25.6
各产业波动效应	81.3
产业交互效应	– 6.9

资料来源：《中国统计年鉴 2015》和笔者的计算。

第三节 要素结构与经济增长稳定性

经济增长理论表明，要素投入和生产技术结合起来形成经济的产出。一般来说，最重要的投入要素分别是资本、劳动力和技术，当然资本进一步可划分为人力资本、物质资本和社会资本等。当各要素投入发生波动时，产出也会发生波动，因此要素结构的变动也会影响经济增长的稳定性。

本节基于要素与增长的关系，测算资本、劳动等要素投入的收入份额（即产出的要素弹性），分析我国长期经济增长的要素投入及其结构特征。在此基础上，利用增长核算模型分析要素结构对我国经济增长稳定性的影响。

一　增长核算角度：要素结构与经济增长稳定性

（一）中国长期经济增长的要素投入及其结构特征

由于其他要素的度量相对比较困难，因此在进行经济增长分析时，我们笼统地将除劳动力和物质资本外的所有要素称为全要素，其对经济增长的贡献由全要素生产率来衡量。

1. 要素投入结构变动趋势

1978～2013 年我国劳动力和物质资本投入的结构变动特征表现为：首先，从资本投入和劳动投入的变化特征来看，1978～2013 年我国资本积累的增长速度远高于劳动力投入的增长速度。具体来看，1978 年资本存量为 5686.6 亿元（1978 年不变价），到 2013 年增长到 255468.4 亿元，是 1978 年的 44.9 倍；而劳动力投入 1978 年为 40152 万人，2013 年增加到 76977 万人，是 1978 年的 1.92 倍。图 8 - 8 给出了 1978～2013 年我国的资本劳动比（1978 年不变价，单位：元/人），可以看出我国的人均资本存量的变化经历了三个阶段：第一阶段（1978～1990），这一时期我国的人均资本存量基本维持在 2500 元/人上下波动；第二阶段（1991～2000），这一时期我国人均资本存量增长速度开始上升；第三阶段（2000～2013），这一时期我国人均资本存量增长速度急剧上升。

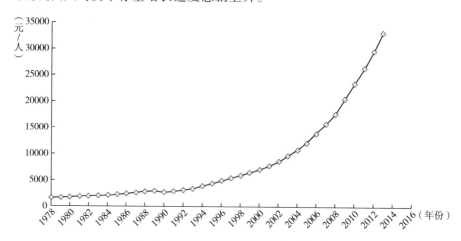

图 8 - 8　1978～2013 年中国的资本劳动比

从资本和劳动投入的增长率来看，1978～2013 年我国资本投入年平均增长率与经济增长率基本持平，分别为 11.50% 和 9.80%，而劳动投入年均增长率则远低于资本投入为 1.88%。我国要素投入的变化也体现出阶段特征（表 8-7）：第一个阶段（1978～1990），资本增长率相对较低，而劳动增长率高，经济增长主要依靠的是要素投入效率的提高；第二阶段（1991～2000），资本投入增长率急剧上升到 12.24%，而劳动投入增长率由于计划生育政策效果显现而降低为 1.07%，经济增长的投资驱动特征开始显现；第三阶段（2000～2013），资本投入依然维持高增长 13.53%，劳动力投入增长率降低为 0.47%。进入第三阶段后，经济增长的资本驱动特性进一步凸显，资本投入的效率也由于持续的投资有所下降，如何提高资本和劳动的利用效率进而实现经济增长方式由要素投入驱动向创新驱动转变是我国经济面临的最为严峻的问题。

表 8-7　中国不同时期要素投入量的平均增长率

单位:%

时　　　间	经济增长率	资本增长率	劳动增长率
1978～2013	9.80	11.50	1.88
1978～1990	9.04	9.31	4.06
1991～2000	10.55	12.24	1.07
2000～2013	10.12	13.53	0.47

2. 对未来要素结构的变动趋势预测

从劳动力供给的角度看，未来 10 年我国人口自然增长率会有所下降，但由于"单独二胎"、全面二胎等政策的实施，我国就业人口将维持年均 1.6% 水平增长。从资本投入，未来 10 年我国资本存量的增长速度将会由于经济增长方式转变的实现和结构调整等因素有所回落，考虑到我国的投资驱动特征，资本投入的增长率能维持在 10% 以上的增长速度。

（二）要素投入与全要素生产率对中国经济增长的贡献

1. 增长核算模型

经济增长的源泉主要来自两大方面：要素投入增加和全要素生产率的

提高。阿布拉莫维茨（*Abramowitz*，1956）[①] 和索洛（Solow，1957）[②] 共同创立了增长核算理论来解决经济增长的源泉问题，他们的模型中主要考虑劳动力投入、资本投入和技术进步对经济增长的作用。考虑总量生产函数

$$Y(t) = F(K(t), A(t)L(t))$$

总产出 $Y(t)$ 对时间 t 求导数，可得：

$$\dot{Y}(t) = \frac{\partial Y}{\partial K}\dot{K}(t) + \frac{\partial Y}{\partial L}\dot{L}(t) + \frac{\partial Y}{\partial A}\dot{A}(t) \tag{8-7}$$

其中 $\dfrac{\partial Y}{\partial K}$、$\dfrac{\partial Y}{\partial L}$ 分别表示资本、劳动的边际产量。上式两边同除以 $Y(t)$，得

$$\frac{\dot{Y}(t)}{Y(t)} = \frac{K(t)}{Y(t)}\frac{\partial Y(t)}{\partial K(t)}\frac{\dot{K}(t)}{K(t)} + \frac{L(t)}{Y(t)}\frac{\partial Y(t)}{\partial L(t)}\frac{\dot{L}(t)}{L(t)} + \frac{A(t)}{Y(t)}\frac{\partial Y(t)}{\partial A(t)}\frac{\dot{A}(t)}{A(t)}$$

$$= \alpha_K(t)\frac{\dot{K}(t)}{K(t)} + \alpha_L(t)\frac{\dot{L}(t)}{L(t)} + B(t) \tag{8-8}$$

其中 $\alpha_K(t)$、$\alpha_L(t)$ 分别为 t 时资本、劳动的产出弹性，且有 $B(t) = \dfrac{\partial Y(t)}{\partial A(t)}\dfrac{A(t)}{Y(t)}\dfrac{\dot{A}(t)}{A(t)}$ 称为索洛剩余（Solow residual），也称为全要素生产率（Total Factor Productivity），其来源包括技术进步、效率提升、制度变迁等。（8-8）式中的各项分别反映了各因素的增长对产出的贡献：等式左边反映了产出的增长，右边第一、二、三项分别反映了资本、劳动和人力资本对产出的贡献。在关于经济增长因素分析的实证研究中，生产函数的形式一般采用柯布 - 道格拉斯形式，即

$$Y(t) = F(K(t), A(t)L(t)) = K(t)^\alpha [A(t)L(t)]^\beta, \ 0 < \alpha < 1 \tag{8-9}$$

① Moses Abramowitz, "Resource and Output Trends in the United States since 1870," *American Economic Review*, 1956, 46 (2): 5-23.

② Robert M. Solow, "Technical Change and the Aggregate Production Function," *Review of Economics and Statistics*, 1957, 39 (3): 312-320.

2. 数据来源

要对（8-9）式进行回归分析，进而分析各要素对经济增长的贡献，首先需要获得 $Y(t)$, $K(t)$, $A(t)$, $L(t)$ 相应的数据。相关数据来自第四章第二节表1。

在我们的模型中，除了（8-9）式中考虑到的各种要素投入外，还需要考虑促使我国经济持续增长的其他因素 $oth(t) = e^{\mu_t}$。将 $oth(t) = e^{\mu_t}$ 加入（8-9）式，并对（8-9）式两边求对数，得

$$\ln Y = \alpha_0 + \alpha \ln K + \beta \ln L + \mu_t \tag{8-10}$$

其中，$\alpha_0 = \beta \ln A$。运用表4-1的数据对（8-10）式进行估计，所得结果如下：

$$lnY = -5.4846 + 0.7535 lnK + 0.6765 lnL \tag{8-11}$$

$$（10.17）\quad（70.27）\quad\quad（11.71）$$

$$R^2 = 0.9991 \quad AdjR^2 = 0.9991 \quad F = 17776.30$$

从方程的估计结果来看，模型拟合效果好且各投入要素的系数显著。结合增长核算理论与（8-8）式可知，在其他条件不变的情况下，当劳动投入增加1%时，产出将增加0.6765%；在其他条件不变的情况下，当资本投入增加1%时，产出将增加0.7535%。

（三）要素结构对中国经济增长稳定性的影响

根据前面的实证分析结果（8-11）式，我国各生产要素增长率的波动会直接导致经济增长的波动：劳动投入波动1%，会导致经济波动0.6765%；资本投入波动1%，会导致经济波动0.7535%。从各要素自身的波动程度来看，一般来说，劳动要素由于人口演变规律的制约其波动性相对较小；而资本要素是通过投资累积而成的，投资往往随经济周期发生大的波动，因此资本要素的波动性一般来说较大；全要素生产率波动是经济波动的主要来源（李春吉，2010）[1]。

---

[1]　李春吉：《投资冲击、全要素生产率冲击与中国经济波动——基于RBC模型估计结果的分析》，《经济问题》2010年第9期。

二 要素投入波动及结构变动引起经济波动

根据总量生产函数可知，要素投入结合生产技术得到经济的产出，自然而然地要素投入和要素结构变动也会导致产出水平的波动。国内学者也从要素投入角度研究了要素投入与经济波动（经济稳定）的关系，具有代表性的有：郭庆旺和贾俊雪（2004）[①] 运用产出缺口、投资缺口和全要素生产率缺口分别度量产出波动、投资波动和全要素生产率波动，并结合中国经济数据分析了投资冲击和全要素生产率冲击（波动）对经济波动的影响，结果表明投资冲击和全要素生产率冲击都是我国经济波动的重要原因，但全要素生产率的影响程度更大且持续时间更长。陈亮（2010）[②] 通过省级面板数据分析了外生冲击、要素投入变化对我国产出波动的影响，分析结果表明投资波动显著加剧了经济波动，而劳动投入的波动并不会加剧经济波动。冉光和、曹跃群和钟德华（2008）[③] 考察了要素投入、货币供应和技术进步对中国经济波动的影响，指出资本投入波动是中国经济波动的主要原因，货币波动次之，技术进步对经济波动的影响相对较小但更为持久。方福前和詹新宇（2011）[④] 分析了资本冲击、劳动冲击和产业结构升级对我国经济波动的影响，这种影响呈现出阶段性：以1992年为界，1992年前资本冲击、劳动冲击和产业结构升级的变动都比较剧烈；1992年后资本对经济的冲击最大，而劳动次之，产业结构升级的冲击一直为负。

本节将以传统总量生产函数为基础，通过构建状态空间模型来分析劳动、资本及要素结构变动对我国经济波动（稳定）的影响。

[①] 郭庆旺、贾俊雪：《中国经济波动的解释：投资冲击与全要素生产率冲击》，《管理世界》2004年第7期。

[②] 陈亮：《外生冲击、要素投入变化及产出波动》，硕士学位论文，复旦大学经济学院，2010。

[③] 冉光和、曹跃群、钟德华：《要素投入、货币供应与中国经济波动》，《管理世界》2008年第2期。

[④] 方福前、詹新宇：《我国产业结构升级对经济波动的熨平效应分析》，《经济理论与经济管理》2011年第9期。

（一）理论模型

借鉴方福前和詹新宇（2011）[①] 的模型，将劳动、资本、要素结构、技术等指标一起纳入总量生产函数，有

$$Y_t = F(K_t, L_t, S_t, A_t) \tag{8-12}$$

其中 Y_t 为产出水平，K_t 为资本投入；L_t 为劳动投入；S_t 为要素结构，由于模型中只简单考虑了两种生产要素，用资本劳动比来衡量；A_t 为技术水平（短期中用常数 c 来表示）。对（8-12）式两边取对数得线性的生产函数

$$\ln Y = c + \alpha \ln K + \beta \ln L + \gamma \ln S + \mu_t \tag{8-13}$$

由于研究的是要素投入波动对产出波动的影响，因此做如下处理：假定 $\ln Y = \ln \overline{Y} + \varepsilon_{Y,t}$，$\overline{Y}$ 为潜在产出，$\varepsilon_{Y,t}$ 为对数实际产出和对数潜在产出之差，反映经济增长偏离其潜在产出的百分比，度量了经济波动；同理假定 $\ln K = \ln \overline{K} + \varepsilon_{K,t}$，$\ln L = \ln \overline{L} + \varepsilon_{L,t}$，$\ln S = \ln \overline{S} + \varepsilon_{S,t}$，$\varepsilon_{K,t}$、$\varepsilon_{L,t}$ 和 $\varepsilon_{S,t}$ 分别度量了资本波动、劳动波动和要素结构变动；将（8-13）式去趋势处理，得

$$\varepsilon_{Y,t} = c + \alpha \varepsilon_{K,t} + \beta \varepsilon_{L,t} + \gamma \varepsilon_{S,t} + \mu_t \tag{8-14}$$

（8-14）式给出了资本波动、劳动波动和要素结构变动如何影响产出的波动，另外设 $\tilde{Y} = \varepsilon_{Y,t}$，$\tilde{K}_t = \varepsilon_{K,t}$、$\tilde{L}_t = \varepsilon_{L,t}$ 和 $\tilde{S}_t = \varepsilon_{S,t}$，从而（8-14）式变为

$$\tilde{Y}_t = c + \alpha \tilde{K}_t + \beta \tilde{K}_t + \gamma \tilde{S}_t + \mu_t \tag{8-15}$$

（8-15）式即为测度资本波动、劳动波动和要素结构变动对经济波动的主要模型。

[①]　方福前、詹新宇：《我国产业结构升级对经济波动的熨平效应分析》，《经济理论与经济管理》2011年第9期。

（二）状态空间模型

采用 1978～2013 年我国宏观经济数据进行分析，数据属于时间序列，考虑到改革开放以来我国经济结构、制度环境等发生了较大的变化，若采用传统的固定参数模型将难以捕捉要素结构变化对经济波动的影响，通过计量经济学中的状态空间模型来建立时变参数模型：

$$量测方程：\tilde{Y}_t = c + sv_{1t}\tilde{k}_t + sv_{2t}\tilde{k}_t + sv_{3t}\tilde{S}_t + \mu_t \tag{8-16}$$

$$状态方程：sv_{1t} = \gamma_1 sv_{1t-1} + \eta_{1t},\, sv_{2t} = \gamma_2 sv_{2t-1} + \eta_{2t},\, sv_{3t} = \gamma_3 sv_{3t-1} + \eta_{3t}$$

其中 μ_t 和 η_{it} 均值为 0 且彼此相互独立，即有 $\begin{bmatrix} \mu_t \\ \eta_{it} \end{bmatrix} \sim N\left(\begin{bmatrix} 0 \\ 0 \end{bmatrix}, \begin{bmatrix} \sigma_1^2 & 0 \\ 0 & \rho_i^2 \end{bmatrix} \right)$，$i = 1,\, 2,\, 3$；$t = 1,\, 2,\, \cdots,\, T$。

（三）数据处理与实证分析

1. 基础数据来源

（8-13）式中产出 Y、资本存量 K、劳动力 L 的来源与第四章第三节表 4-3 相同，要素结构指标 S 通过资本存量 K 除以劳动力获得，基础数据如表 8-8 所示。

表 8-8　中国 1978～2013 年相关经济数据

年　份	Y（亿元）	K（亿元）	L（万人）	S（元/人）
1978	3650.20	5686.64	40152.00	1416.28
1979	3927.62	6172.43	41024.00	1504.59
1980	4237.90	6764.69	42361.00	1596.91
1981	4454.03	7288.02	43725.00	1666.79
1982	4854.89	7888.10	45295.00	1741.49
1983	5379.22	8583.07	46436.00	1848.37
1984	6196.86	9492.84	48197.00	1969.59
1985	7033.44	10573.31	49873.00	2120.05
1986	7659.41	11749.37	51282.00	2291.13
1987	8555.57	13156.38	52783.00	2492.54

续表

年　份	Y（亿元）	K（亿元）	L（万人）	S（元/人）
1988	9522.34	14648.96	54334.00	2696.09
1989	9922.28	15589.55	55329.00	2817.61
1990	10309.25	16554.65	64749.00	2556.74
1991	11268.01	17821.41	65491.00	2721.20
1992	12879.34	19672.07	66152.00	2973.77
1993	14669.57	22253.56	66808.00	3330.97
1994	16591.28	25404.51	67455.00	3766.14
1995	18416.32	28986.17	68065.00	4258.60
1996	20239.54	32973.63	68950.00	4782.25
1997	22101.57	36978.99	69820.00	5296.33
1998	23825.50	41202.28	70637.00	5832.96
1999	25636.23	45612.82	71394.00	6388.89
2000	27789.68	50386.80	72085.00	6989.92
2001	30096.22	55710.39	72797.00	7652.84
2002	32834.98	62089.77	73280.00	8472.95
2003	36118.48	70274.78	73736.00	9530.59
2004	39766.44	79723.63	74264.00	10735.16
2005	44260.05	90985.67	74647.00	12188.79
2006	49881.08	103908.45	74978.00	13858.52
2007	56964.19	118048.12	75321.00	15672.67
2008	62432.75	133948.34	75564.00	17726.48
2009	68176.56	155492.69	75828.00	20505.97
2010	75403.28	177905.51	76105.00	23376.32
2011	82566.59	201660.40	76420.00	26388.43
2012	88924.22	227430.10	76704.00	29650.36
2013	95771.38	255468.44	76977.00	33187.63

资料来源：《中国统计年鉴2015》和笔者的计算。

2. 波动成分的数据处理

从国内外研究现状来看，对经济变量波动成分与趋势成分的分解方法主要有三种：消除趋势法（HP 滤波、BP 滤波、卡尔曼滤波等）、生产函数法、菲利普斯曲线法。目前研究经济波动的文献大多采用 HP 滤波法来获得经济变量的波动成分，本节中也采用 HP 滤波法来得到产出 Y、资本存量 K、劳动力 L、要素结构 S 的波动成分。HP 滤波的原理如下：对经济变量（如产出）的对数形式 $(y_t)_{t=1}^T$ 的时间序列运用滤波（即去趋势）的方法，经济变量的趋势成分 g_t 通过最小化下式的值得出

$$\min_{g_t, t=1, \cdots, T} \sum_{t=1}^T (y_t - g_t)^2 + \lambda \sum_{t=1}^T \left[(g_{t+1} - g_t) - (g_t - g_{t+1}) \right]^2$$

其中 y_t 是经济变量的对数值，g_t 是经济变量的趋势成分，λ 是观测者选取的一个参数，对于年度数据，λ 一般选取 100。对经济变量的对数值进行滤波处理后得到经济变量的波动成分 $\tilde{Y}$、$\tilde{K}$、$\tilde{L}$ 和 $\tilde{S}$。（图 8 - 9）

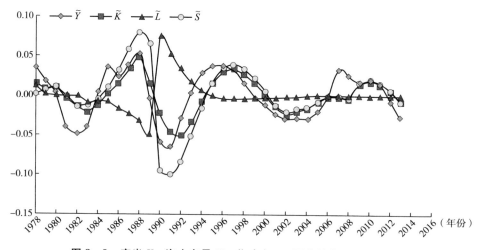

图 8 - 9　产出 Y、资本存量 K、劳动力 L、要素结构 S 的波动成分

考虑到 20 世纪 90 年代是我国市场化改革的转折点，以 1992 年为界将本节考察的时间序列 1978 ~ 2013 年划分为两个阶段：1978 ~ 1991 年和 1992 ~ 2013 年，经济波动、要素冲击与结构变化的特征如表 8 - 9 所示。总体来看，各要素冲击的波动性在改革开放的第一阶段要高于第二阶段，这主要是由于改革开放前的计划经济体制受社会保障、投资体制等体制改革影响较大，对生产要素产生了较大的冲击。从波动幅度来看，第一阶段

（1978～1991），要素结构变化最大，经济波动次之，资本冲击[1]和要素冲击基本相当；第二阶段（1992～2013），经济波动、各要素及结构的波动幅度较第一阶段都有不同程度的下降，要素结构变化最大，经济波动和资本冲击次之，劳动冲击最小。从各要素及结构的周期性来看，资本和要素结构呈现出顺周期特征，而劳动呈现出逆周期特征。[2]

表 8 - 9　经济波动、要素冲击与结构变化的描述性统计

	标准差（%）			与经济波动的相关系数		
	1978～2013 年	1978～1991 年	1992～2013 年	1978～2013 年	1978～1991 年	1992～2013 年
$\tilde{Y}$	3.1141	3.9800	2.4908	1	1	1
$\tilde{K}$	2.2151	2.4381	2.1166	0.7572	0.8691	0.6709
$\tilde{L}$	2.0351	3.1357	0.8961	-0.4961	-0.6177	-0.2297
$\tilde{S}$	3.8292	5.1386	2.8338	0.7017	0.7893	0.5737

（四）状态空间模型下的时变参数模型分析

运用我国 1978～2013 年数据对（8-16）式进行估计，状态方程及量测方程均通过检验，得状态方程的参数估计结果如图 8-10 所示。若资本冲击、劳动冲击和要素结构变化冲击与经济波动之间的关系相对稳定[3]，则图 8-10 中 sv_1、sv_2、sv_3 等参数应为固定值，而 sv_1、sv_2、sv_3 等应随时间呈现为直线，但根据状态空间模型参数估计结果，三条线明显为曲线，说明资本冲击、劳动冲击和要素结构变化冲击对经济波动的影响是动态变化的。这种结果是由我国改革开放以来经济制度变化、经济结构调整和发展方式转变等多因素造成的。根据图 8-10 可以发现，sv_1、sv_2、sv_3 等参数变化可划分为两个阶段：第一阶段（1978～1991），sv_1、sv_2、sv_3 等参

---

[1] 根据传统的凯恩斯经济理论，投资波动性在一般大于 GDP 波动性，但需要注意的是此处用的是资本的波动性，投资的巨大变化只会引起资本存量微小变化，因此此处说明资本存量的波动幅度小于产出并不与传统经济理论矛盾。

[2] 从图 8-9 反映的特征可以看出，我国就业人员统计在 1989～1990 年进行了统计口径的调整，1989 年就业人员数为 55329 万人，1990 年为 64749 万人，就业人员一年时间增加了近 1 亿人，与此前及此后年平均增加 1000 多万人形成鲜明的对比，由于找不到合适调整的方法，本节没有对数据进行调整。

[3] 对应固定参数模型情况。

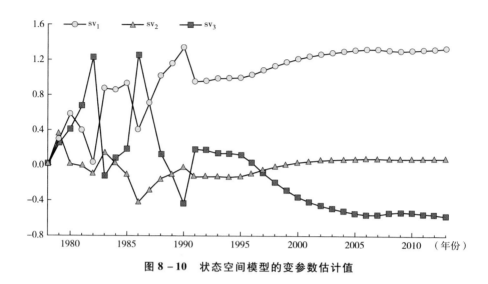

图 8 - 10   状态空间模型的变参数估计值

数剧烈波动；第二阶段（1992～2013），sv_1、sv_2、sv_3 等参数呈有规律的变动。

资本冲击、劳动冲击和要素结构变化冲击对经济波动的影响两阶段的划分以 1992 年为界，1992 年邓小平"南方谈话"，表明我国的市场化改革进入了一个新的阶段。1978～1991 年是我国进行市场化改革的第一个阶段，这一时期我国经济要素配置的特点是，资本要素稀缺，劳动要素相对丰裕，因此产出的劳动份额要高于资本份额。从各要素冲击对经济波动的影响来看，资本冲击、劳动冲击和要素结构变化冲击都较为剧烈，资本冲击对经济波动的贡献是较大的且呈现出波动中上升的态势，劳动冲击对经济波动的贡献在均值为零附近上下波动，要素结构变化冲击对经济波动的贡献仅次于资本冲击且呈现出在波动中下降的趋势，说明要素结构的逐步调整有利于熨平经济波动，但其作用还比较小。各要素冲击波动剧烈可能与我国刚开始进行市场化改革，缺乏市场经济运作的经验和各种体制机制转变造成各要素配置的波动有关。

1992 年后，我国市场化改革进入了一个新阶段，随着经济体制改革的深化，资本要素相对稀缺的状况逐步得到改善，根据前文研究，2008 年金融危机前后，我国资本存量已逼近黄金律资本存量，因此这一阶段产出的资本份额比上一阶段有所提高。劳动要素方面，由于"人口红利"即将消失等因素的影响，产出的劳动份额有一定的下降。资本冲击、劳动冲击和要素结构变化冲击都呈现一定的规律性，资本冲击对经济波动的贡献是三者中最大的且为正，呈现一个逐渐上升的态势，在一定程度上这也与需求结构中投资的波动性最大相呼应；劳动冲击对经济波动的贡献很低接近零，说明在这一阶段我国劳动供给还是比较充足的；要素结构变化冲击对经济波动的贡献与资本冲击变化趋势恰好相反呈现逐渐下降的趋势，且在1998年后转为负值，说明要素结构变化冲击在1998年后有利于熨平经济波动，即随着经济的人均资本存量逼近人均黄金律资本存量，要素结构对经济波动的熨平效应逐步显现。

（五）要素冲击的脉冲响应分析

时变参数模型给出了要素冲击及要素结构变化冲击对经济波动贡献程度的变化趋势，但并不能反映要素冲击与经济波动动态响应作用过程。由于资本冲击、劳动冲击、要素结构变化冲击和经济波动都是平稳序列，可以进行脉冲响应分析。图8-11、图8-12、图8-13分别给出了经济波动对劳动冲击、要素结构变化冲击的脉冲响应。

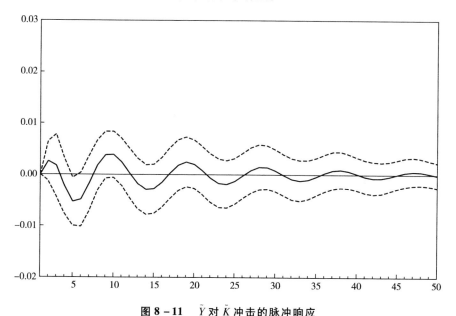

图8-11　$\tilde{Y}$ 对 $\tilde{K}$ 冲击的脉冲响应

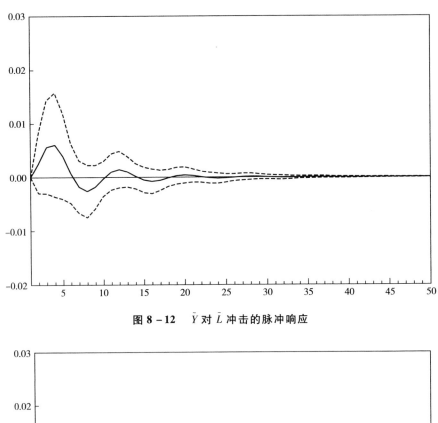

图 8 - 12 $\tilde{Y}$ 对 $\tilde{L}$ 冲击的脉冲响应

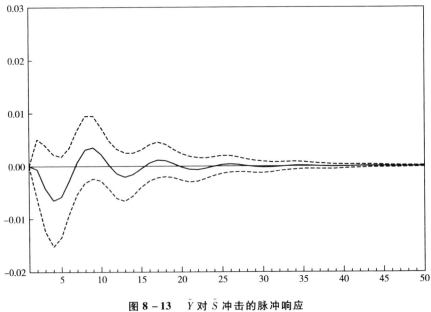

图 8 - 13 $\tilde{Y}$ 对 $\tilde{S}$ 冲击的脉冲响应

资本冲击对经济波动发出正向冲击后，在第一期和第二期后会加剧经济波动，从第三期到第八期转为负向冲击减缓经济波动且在第五期达到最大值，第八期后又转变为正向冲击，以后冲击模式以 5 年为周期持续，但影响幅度逐渐变小，到 50 期时对经济的冲击趋近消失。这实际上与资本形成周期相关，投资决策作出后，一般要经过 5 年的时间才能形成生产力。因此，从短期来看，资本冲击会加剧经济波动，中期有一定缓解经济波动的左右，长期其影响趋近于消失。

劳动冲击对经济波动发出正向冲击后，第一期到第七期加剧经济波动且在第五期达到最大值，第八期到第十期转为负向冲击且在第九期达到负向冲击最大值，第十一期到第二十期会经历一个与一到十期相同的冲击模式，但冲击的振幅减小。可以看出，劳动冲击对经济波动的影响时间大致持续 20 年，这恰好与人类一代人的繁殖周期相吻合。

要素结构变化对经济波动发出正向冲击后，第一期到第七期减缓经济波动且在第四期达到负向冲击最大值，第八期到第十一期转为正向冲击且在第九期达到最大值，第十二期到第二十期会经历一个与一到十期相同的冲击模式，但冲击的振幅减小。可以看出，结构变化冲击对经济波动的影响时间大致持续 25 年，这实际上与本研究中用人均资本存量衡量要素结构，从而要素结构变化同时反映了资本和劳动水平的复合变化相关。

第四节　所有制结构与经济增长稳定性

一　所有制结构对经济增长稳定性的影响

不同所有制形式共存是当前中国经济的突出特征，因此所有制结构也会影响我国经济增长的稳定性。目前国内学者（吴振宇、张文魁，2015）[①]认为所有制结构对经济增长及其波动进行传导通过两个途径：一是生产途径，非公经济由于更注重创新及效率的提高，推动全要素生产率的提高，

---

① 吴振宇、张文魁：《国有经济比重对宏观经济运行的影响——2000—2012 年的经验研究》，《管理世界》2015 年第 2 期。

进而促进经济潜在经济增长速度的提升[1]；二是价格途径，非公经济对价格的变化更为敏感，对价格变化的适应能力也更强，而公有制经济由于软预算约束等原因对价格条件变化不太敏感和适应。高莉（2000）[2]运用省际数据的分析表明非公经济比重提升 1 个百分点将使经济增长速度提高 0.64 个百分点。刘伟等（2001）[3]通过分析所有制结构对要素投入（劳动、资本）的影响后，指出当非公经济规模达到 53% 以上时，由于规模经济的作用我国经济增长将进入良性循环。田卫民（2012）通过将所有制结构纳入总量生产函数，并运用我国经济数据进行实证分析，得出 1978～2006 年我国最优的所有制结构，国有经济占比为 25.05%[4]。刘瑞明和石磊（2010）认为国有企业存在双重效率损失，本身带来的损失和本身损失带来的其他效率损失，这种双重损失带来了整体经济增长速度的降低[5]。王文成（2011）分析了不同所有制形式在经济周期的不同阶段对经济增长的影响，结果表明国有经济对经济稳定增长起到了积极作用[6]。吴振宇和张文魁（2015）[7]运用省级工业行业相关数据分析国有经济对我国经济运行的影响，表明国有经济占比下降有利于资本使用效率、经济增长、经济外向度的提升，有利于经济的平稳运行。

二 所有制结构与经济增长稳定性相关性分析

宏观经济分析中，不同所有制类型的企业投资的波动性也不相同，本节将企业按所有制类型分成两种：公有制企业和非公有制企业。由于这两

---

[1] 例如，从投资行为来看，非公经济投资更注重效率，而公有制经济投资可能夹杂了其他的动机（如稳定经济）。

[2] 高莉：《非国有经济投资减缓实证分析——通货紧缩微观形成机制》，《改革》2000 年第 6 期。

[3] 刘伟、李绍荣：《所有制变化与经济增长和要素效率提升》，《经济研究》2001 年第 1 期。

[4] 田卫民、景维民：《基于经济增长的最优所有制结构安排——中国所有制结构与经济增长关系的实证研究》，《经济问题》2008 年第 8 期。

[5] 刘瑞明、石磊：《国有企业的双重效率损失与经济增长》，《经济研究》2010 年第 1 期。

[6] 王文成：《不同所有制形式对经济增长的影响》，《中国软科学》2011 年第 6 期。

[7] 吴振宇、张文魁：《国有经济比重对宏观经济运行的影响——2000—2012 年的经验研究》，《管理世界》2015 年第 2 期。

类企业的波动性差别很大，因此所有制结构的变化也会影响经济增长的稳定性。一般的看法是，公有制企业投资和生产的波动性大而非公有制企业投资和生产的波动性小。由于公有制企业的特殊的委托代理关系——委托人（所有者）众多，却不能有效地对代理人实施监督，且作为代理人的经理，其经济收益及社会地位由企业规模决定，他具有极大的"扩张欲望"。另外，政府推动经济增长也会首先加大对国有经济的投资规模。两相交叠，公有制企业的投资往往增长过快，容易导致经济过热。当经济过热时，国家的调控政策最先也会作用于公有制企业，而使其投资规模急剧的收缩。而非公有制企业在生产和投资方面，受到市场的约束比较强，且受外部环境的影响相对较小，因此其波动性相对较小。

中国非公经济全社会固定资产投资自 2000 年以来增长很快，非公经济全社会固定资产投资 2014 年为 387015.5 亿元，是 2000 年的 16413.25 亿元的 23.58 倍，非公经济固定资产投资占全社会固定资产投资比重由 1990 年的 49.86% 上升到 2014 年的 75.59%（图 8 - 14）。由于非公经济和公有制经济的数据缺失，本研究通过 GDP 增长率标准差和非公有经济固定资产投资占比的关系，简单表示所有制结构与经济增长稳定性的关系（图 8 - 15）：随着非公（公有）经济固定资产投资占比的逐渐上升（下降），经济增长稳定性也逐步提高（降低），两者是一个正（负）相关的关系。

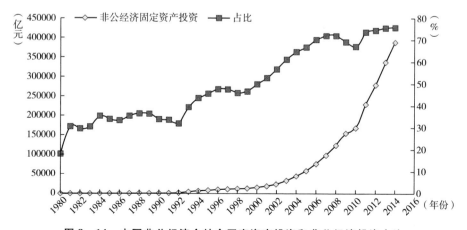

图 8 - 14　中国非公经济全社会固定资产投资和非公经济投资占比

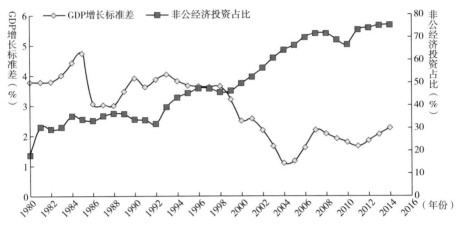

图 8 – 15　非公经济固定资产投资占比与经济增长稳定性

说明：GDP 增长标准差为滚动标准差，即每一个年度计算一个标准差，该标准差使用此前 10 个年度数据计算（包括该年度的 10 个年度）。

资料来源：《中国统计年鉴 2015》和笔者的计算。

第五节　中国经济增长稳定性影响
因素的实证分析

本部分首先通过构建经济增长稳定指数，以此为衡量经济增长稳定性的指标；然后计量模型定量分析需求结构、产业结构、所有制结构、产出缺口等因素对经济增长稳定性的影响程度[①]。

一　经济增长稳定指数的构建

（一）潜在产出及潜在增长率

20 世纪末以来，由霍德里克和普雷思科特（1980）[②] 提出的 HP 滤波法在各个领域得到了日益广泛的应用，其基本原理是把样本点的趋势值当

---

① 由于要素结构缺乏合理的衡量指标，因此并没有纳入计量模型的分析。

② R. J. Hodrick and E. C. Prescott, " Postwar U. S. Business Cycles: An Empirical Investigation," *Journal of Money Credit & Banking*, 1981, 29（1）: 1 – 16.

作潜在 GDP，通过最小化实际 GDP 和样本点的趋势值，来获得潜在 GDP 的估计值。根据中国 1978～2014 年实际 GDP 的时间序列，先用 HP 滤波法得到了中国的潜在产出，然后根据潜在产出序列和实际 GDP 序列得到中国经济潜在增长率和实际增长率（如图 8 – 16）。

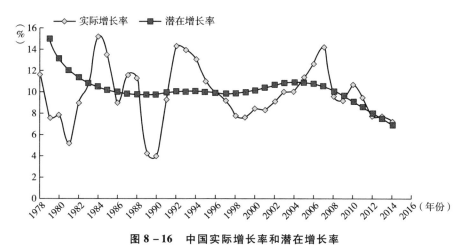

图 8 – 16　中国实际增长率和潜在增长率

（二）经济增长的稳定指数

根据公式（1 – 3）计算经济增长稳定指数 W，如图 8 – 17 所示。从图中可以看出，1978 年以来，中国经济增长稳定指数虽有波动但均为正值，没有出现古典型的波动（经济总量下降）或实际经济增长与潜在经济增长率相差两倍的极不稳定的现象。

二　经济增长稳定性与产出缺口

实际上，产出缺口和经济增长的稳定性之间存在一个关系：当实际经济增长率越接近其潜在增长率时，即产出缺口小时，经济增长的稳定性越高；当实际经济增长率偏离潜在增长率越远时，即产出缺口大时，经济增长的稳定性越差。这一分析在图 8 – 18 中很好地体现出来，经济增长的稳定指数在 1978～2014 年与实际经济增长率的关系呈现"倒 U 型"变化，经济增长稳定指数在实际增长率达到 10%（潜在增长率）时达到最大，当实际经济增长率小于 10% 或大于 10% 则经济增长稳定指数下降。

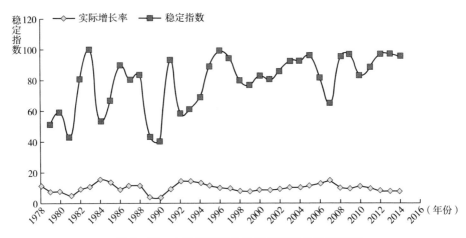

图 8 - 17　中国经济增长率与经济增长稳定指数

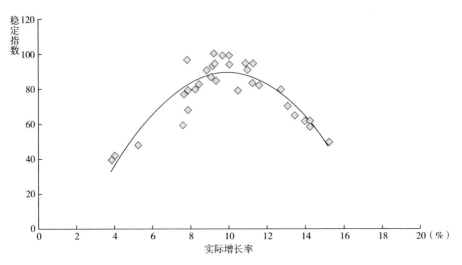

图 8 - 18　稳定指数与产出实际增长率

三　经济增长稳定性影响因素的实证分析

（一）模型及数据来源

　　根据以上分析，经济增长稳定性的影响因素主要有产业结构、需求结构和产出缺口、投资者的所有制结构，因此我们可以建立模型来定量分析这些影响因素对经济增长稳定性的影响。假定各因素对经济增长稳定性产生线性影响，即有如下模型：

$$Y = \beta_0 + \beta_1 OG + \beta_2 DS + \beta_3 IS + \beta_4 OS + \mu \qquad (8-17)$$

　　其中 Y 为经济增长稳定指数，OG 表示产出缺口（Output Gap），DS 表示需求结构（Demand Structure），IS 表示产业结构（Industry Structure），OS 表示所有制结构。

　　经济增长稳定指数由前文介绍的方法得出（表8-10），但考虑到数据处理的方便性，在运用到回归分析的过程中，本研究对经济增长稳定指数取5项移动平均得到的新数列作为回归模型的因变量；产出缺口 OG 是实际经济增长率和潜在经济增长率的离差的绝对值；需求结构 DS 用消费占 GDP 的比重即消费率来表示；产业结构 IS 用第二产业增加值占 GDP 比重来表示；所有制结构 OS 用国有经济固定投资占全国固定投资总额的比重表示。

表 8-10　中国经济增长稳定性实证分析相关数据

年份	稳定指数	需求结构（%）	产业结构（%）	产出缺口（%）	所有制结构（%）
1981	71.02	66.72	45.8	3.80	69.46
1982	69.11	66.48	44.5	5.67	70.42
1983	68.57	67.43	44.1	1.44	69.54
1984	76.99	65.77	42.8	0.60	64.66
1985	75.87	65.02	42.6	5.08	66.08
1986	73.66	64.76	43.4	3.52	66.63
1987	72.14	62.58	43.2	0.96	64.58
1988	67.08	61.85	43.4	1.88	63.53
1989	67.55	63.94	42.4	1.63	63.67
1990	63.08	63.32	40.9	5.60	66.11
1991	58.81	61.91	41.4	5.92	66.38
1992	64.43	59.71	43.0	0.74	68.05
1993	74.70	58.26	46.1	4.19	60.63
1994	75.99	58.19	46.1	3.86	56.42
1995	83.17	59.07	46.7	3.01	54.44
1996	86.63	60.00	47.0	0.93	52.40
1997	87.82	59.64	47.0	0.10	52.49
1998	86.24	60.48	45.7	0.58	54.11
1999	82.40	62.67	45.3	2.07	53.42

续表

年份	稳定指数	需求结构（%）	产业结构（%）	产出缺口（%）	所有制结构（%）
2000	80.71	63.68	45.4	2.39	50.14
2001	83.55	62.01	44.7	1.76	47.31
2002	87.01	61.01	44.3	2.10	43.40
2003	89.37	57.94	45.5	1.51	38.98
2004	89.32	55.21	45.8	0.72	35.51
2005	84.37	54.11	46.9	0.71	33.42
2006	85.52	52.36	47.4	0.58	29.97
2007	86.80	50.63	46.7	2.15	28.19
2008	83.68	49.74	46.8	0.35	28.18
2009	84.69	49.96	45.7	1.56	31.03
2010	91.67	49.07	46.2	0.96	33.10
2011	88.68	50.24	46.1	0.23	26.48
2012	97.15	50.81	45.0	0.24	25.68
2013	96.79	51.04	43.7	0.32	24.61
2014	95.41	51.42	42.7	0.35	24.41

资料来源：《中国统计年鉴 2015》和笔者的计算。

（二）数据的平稳性及协整检验

由于数据的非平稳，利用时间序列数据进行估计时容易引起伪回归问题，因此在进行回归前需进行数据的平稳性检验。本研究采用 ADF 检验来检验数据的平稳性，检验结果如表 8－11 所示。分别对经济增长稳定指数、产出缺口、需求结构、产业结构、所有制结构等 5 个变量的水平值及一阶差分进行 ADF 检验，结果表明：在 1% 的显著水平上，5 个变量的水平值都是不平稳的；在 1% 的显著水平上，5 个变量的一阶差分序列都是平稳的，也就是说，5 个变量序列都是一阶单整的。

表 8－11　单位根检验结果（ADF 检验）

变量	ADF 值	10%临界值	5%临界值	1%临界值	检验形式（C，T，N）	检验结果
Y	－1.341348	－2.625121	－2.971853	－3.689194	(C，0，1)	不平稳
ΔY	－3.775704	－2.625121	－2.971853	－3.689194	(C，0，1)	平　稳
OG	－2.403275	－1.610011	－1.952910	－2.647120	(0，0，0)	不平稳

续表

变量	ADF 值	10% 临界值	5% 临界值	1% 临界值	检验形式（C，T，N）	检验结果
ΔOG	-7.286159	-2.627420	-2.976263	-3.699871	（C，0，2）	平　稳
DS	-2.155654	-3.225334	-3.580623	-4.323979	（C，T，1）	不平稳
ΔDS	-2.781760	-1.609798	-1.953381	-2.650145	（0，0，1）	平　稳
IS	-1.889437	-2.625121	-2.971853	-3.689194	（C，0，1）	不平稳
ΔIS	-3.979278	-1.609798	-1.953381	-2.650145	（0，0，1）	平　稳
OS	-1.799918	-3.221728	-3.574244	-4.309824	（C，T，0）	不平稳
ΔOS	-4.439568	-2.625121	-2.971853	-3.689194	（C，0，1）	平　稳

说明：C，T，N 分别代表检验中是否带有常数项、时间趋势项及差分滞后阶数，差分滞后阶数的选择为 SIC 最小化原则。

经济增长稳定指数、产出缺口、需求结构、产业结构、所有制结构等 5 个变量都不是平稳的，但它们都是一阶单整序列，满足协整检验前提条件。采用 Johansen 协整检验来检验变量间是否存在长期均衡关系。检验结果表明（表 8 - 12），在显著水平为 5% 的情况下，Y、OG、DS、IS、OS 等 5 个变量间存在协整关系。

表 8 - 12　Johansen 协整检验结果

原假设	特征值	迹统计量	5% 临界值	相伴概率	最大特征根	5% 临界值	P 值
None	0.861916	119.0357	69.81889	0.0000	55.43692	33.87687	0.0000
At most 1	0.580613	63.59878	47.85613	0.0009	24.33093	27.58434	0.1236
At most 2	0.555355	39.26785	29.79707	0.0030	22.69339	21.13162	0.0299
At most 3	0.445539	16.57446	15.49471	0.0343	16.51322	14.26460	0.0217
At most 4	0.002185	0.061238	3.841466	0.8045	0.061238	3.841466	0.8045

（三）回归分析

利用表 8 - 10 的样本数据对式（8 - 17）进行回归，估计结果如表 8 - 13 所示。

从回归方程的结果来看，各变量参数的 t 统计量均大于显著水平为 5% 的临界值，调整后拟合优度大于 0.80，DW 统计量为 1.4197，表明模型不存在自相关，模型设定良好。

表 8 – 13 稳定性影响因素实证分析结果

解释变量	参数估计值	标准差	t 统计量	P 值
OG	– 0.968000	0.463217	– 2.089733	0.0466
DS	0.785944	0.308528	2.547402	0.0171
IS	1.471444	0.247986	5.933580	0.0000
OS	– 0.624317	0.150958	– 4.135693	0.0003
拟合优度 R^2	0.826273	被解释变量均值		78.39795
修正的拟合优度 R^2	0.806227	被解释变量标准差		9.077139
回归标准误	3.995721	赤池信息准则		5.731891
残差平方和	415.1105	施瓦茨准则		5.918717
对数似然比	– 81.97837	H – Q 信息准则		5.791658
DW 统计量	1.419702			

由表 8 – 13 可知，经济增长稳定性主要受产出缺口、需求结构、产业结构和投资者所有制结构等四大因素的影响，其中需求结构和产业结构对经济增长稳定性的影响为正，产出缺口和所有制结构对经济增长稳定性的影响为负，这与前面的理论分析是一致的。这四大影响因素大致能解释 80% 以上的经济增长稳定性的变化。具体来看，当产出缺口增加 1 个百分点时，经济增长稳定指数降低 0.97；当需求结构（最终消费率）提高 1 个百分点时，经济增长稳定指数上升 0.79；当产业结构提高 1 个百分点时，经济增长稳定指数上升 1.47；当所有制结构（国有经济比重）上升 1 个百分点时，经济增长稳定指数降低 0.62。

第六节 结论及政策启示

一 研究结论

本章首先总结了经济增长稳定性的测度指标，然后利用它来分析改革开放以来我国经济增长稳定性的演变情况，再结合我国实际进一步分析我国经济增长稳定性的影响因素，得到了如下结论。

第一，总体上看，GDP、最终消费和资本形成总额增长的稳定性在改革开放后逐渐得到改善；资本形成总额增长的稳定性弱于 GDP、最终消费增长的稳定性；最终消费与 GDP 增长的稳定性在 1978 年后的大部分时间里趋于一致。从方差分解结果来看，需求结构变动效应为 – 5.2%，说明需求结构的变动加剧了我国经济波动，降低了经济增长的稳定性，主要原因是需求中稳定性较高的最终消费比例下降，而稳定性较差的资本形成、净出口的比例上升；各需求的波动效应为 108.2%，说明各需求稳定性的进一步提高有利于经济增长稳定性的改善；需求的交互效应为 – 2.9%，说明需求各组成部分的相互作用有利于经济增长稳定性的提高。

第二，总体上看，中国 GDP 及三次产业增长的稳定性在改革开放后逐渐得到改善；分产业来看，第一、第二产业增长的稳定性弱于 GDP 增长的稳定性，而第三产业增长的稳定性与 GDP 增长的稳定性大致相当；三次产业中第一产业增长的稳定性最差，第二、第三产业增长的稳定性则相对较好。从方差分解结果来看，产业结构变动效应为 25.6%，说明产业结构的变动熨平了我国经济波动，提高了经济增长的稳定性，主要原因是经济中稳定性较高的第三产业比例上升、第一产业比重下降，而稳定性较差的第二产业比重变化较小；各产业的波动效应为 81.3%，说明各产业稳定性的进一步提高有利于经济增长稳定性的改善，81.3% 的 GDP 波动性的下降是由三次产业自身稳定性提高的结果；产业的交互效应为 – 6.9%，说明三次产业的相互作用加剧了经济波动。

第三，从要素结构对经济增长稳定性的影响来看：中国各生产要素增长率的波动会直接导致经济增长的波动：劳动投入波动 1%，会导致经济波动 0.6765%；资本投入波动 1%，会导致经济波动 0.7535%。从各要素冲击和要素结构变化对经济波动的影响程度来看，资本冲击、劳动冲击和要素结构变化冲击对经济波动的影响两阶段的划分以 1992 年为界，1992 年邓小平"南方谈话"，表明我国的市场化改革进入了一个新的阶段。1978 ~ 1991 年是中国进行市场化改革的第一个阶段，这一时期我国经济要素配置的特点是，资本要素稀缺，劳动要素相对丰裕，因此产出的劳动份额要高于资本份额。从各要素冲击对经济波动的影响来看，资本冲击、劳动冲击和要素结构变化冲击都较为剧烈，资本冲击对经济波动的贡献是较大的且呈现出波动中上升的态势，劳动冲击对经济波动的贡献在均值为零附近上下波动，要素结构变化冲击对经济波动的贡献仅次于资本冲击且呈现出在波动中下降的趋势，说明要素结构的逐步调整有利于熨平经济波动，但其作用还比较小。各要素冲击波动剧烈可能与我国刚开始进行市场化改革，缺乏市场经济运作的经验和各种体制机制转变造成各要素配置的波动有关。

第四，产出缺口也影响经济增长的稳定性，一般来说，缺口越大，说明经济增长稳定性越差。

第五，投资主体的所有制结构也影响经济增长的稳定性，国有经济占比越大，经济增长稳定性越差。

最后，经济增长稳定性主要受产出缺口、需求结构、产业结构和投资者所有制结构等四大因素的影响，当产出缺口增加 1 个百分点时，经济增长稳定指数降低 0.97；当需求结构（最终消费率）提高 1 个百分点时，经济增长稳定指数上升 0.79；当产业结构提高 1 个百分点时，经济增长稳定指数上升 1.47；当所有制结构（国有经济比重）上升 1 个百分点时，经济增长稳定指数降低 0.62。

二　政策启示

现阶段中国宏观经济的主要目标是保持经济的持续快速稳定的增长，经济增长的稳定性被放在非常重要的位置，为提高中国经济增长的稳定性，提出如下的政策建议。

第一，提高居民消费率。根据本章的分析，消费率上升对经济增长稳定指数有正向影响，提高消费率有助于经济增长稳定性的改善。但中国消费率从改革开放以来一直呈下降的态势，从 1978 年的 61.4% 下降到 2014 年的 50.7%，36 年间下降了 10.7 个百分点，进一步分析，中国消费率下降主要是居民消费下降引起的，政府消费率一直维持在 15% 左右。因此，提高消费率主要是提高居民消费率，可采取以下几个措施：①提高居民收入，使居民收入增长能够与 GDP 增长同步；②完善社会保障体系，使居民进行消费无后顾之忧；③推进收入分配调整，提高初次分配中劳动收入占GDP 的比重；④缩小收入差距，促进消费需求的增长；⑤优化城乡居民消费支出的内部结构、大力提升服务性消费水平是实现消费可持续增长的必然要求。

第二，加强对宏观经济的供给管理，使实际经济增长率逼近经济的潜在增长率，进而提高经济增长的稳定性。供给管理的重点就在于通过生产技术方面的重大改造和供给动力机制的重构，充分挖掘供给潜力；合理规划与调整产业结构，以使供给结构适应需求结构，减少资源闲置和供给滞存。显然，与需求管理相比供给管理难以在短期内收效，需长期不断地努力。然而，一旦供给基础得到真正改善，就能从根本上协调供求矛盾，为提升经济增长稳定性打下坚实的基础。

第三，推进产业结构调整。产业结构对应于经济的供给方，产业结构的调整要与代表经济需求方的结构（需求结构）结合起来。实际上，可以通过需求结构的调整来实现产业结构的调整（沈利生，2011）[1]。另外，从产业结构本身出发，可采取措施进行产业结构的优化：加大对农业基础设施的投入，做好农业内部结构调整，降低农业产出的波动性；在推进工业化的进程中，实现工业结构的转型升级；继续加强传统服务业，大力发展基础性服务业和新兴服务业。

第四，优化生产要素投入结构。各生产要素的波动会导致经济增长率的波动，确保各生产要素的供给和需求进一步实现匹配，降低资源错配带来的要素波动性。增加研发投入，提高全要素生产率；加大教育投入，提高劳动者素质；扩大有效投资，稳定资本积累水平。

第五，推动所有制结构改革。调整国有经济和非公经济的比例，虽然一般认为国有经济的效率要低于非公经济，但国有经济是国家进行宏观调控的重要工具，也是经济的稳定器，因此不可能无限制地调低国有经济的比例，国有经济的规模存在一个最优水平（田卫民、景维民，2008）[2]，应使国有经济向其最优规模收敛。另外，要通过对国有经济本身的改革，来降低国有经济的波动性，最终为提高经济增长稳定性服务。

---

[1] 沈利生：《最终需求结构变动怎样影响产业结构变动——基于投入产出模型的分析》，《数量经济技术经济研究》2011 年第 12 期。

[2] 田卫民、景维民：《基于经济增长的最优所有制结构安排——中国所有制结构与经济增长关系的实证研究》，《经济问题》2008 年第 8 期。

第九章

最终消费率对经济增长及其
稳定性的影响分析

消费率对经济增长及其稳定性产生作用一般通过两种途径：一是传统的通过投资的间接传导机制，即由于产出在消费和投资间进行分割，消费率过高（投资率较低)[①] 导致经济增长动力不足，不利于经济的长期增长和稳定；消费率过低（投资率太高)[②] 导致经济动态无效，同样不利于经济的长期增长和稳定，在这一情形下还导致了居民福利的损失；只有消费率处于最优水平时，既不会导致增长动力不足也不会导致经济动态无效，经济增长和稳定都得到保障。二是消费是总需求中占比最大也是稳定性最高的变量，消费率的提高对经济增长的作用虽然不如投资那样明显，但更具有持久性和稳定性[③]，且只要消费率不超过最优消费率的条件下，也不存在如导致经济动态无效等负面效应，因此消费率提高是经济长期持续增长的内生动力。消费在经济发展中起到了"自动稳定器"的作用，如果消费长期低迷，导致消费率较低，即使供给层面的增长动力较为强劲，但需

---

① 消费过度（投资不足），使得消费率高于最优消费率，在这种情况下，再进一步采取措施提高最终消费率，将导致经济的增长动力不足，与美国的经济现实比较吻合。

② 消费不足（投资过度），使得消费率低于最优消费率，在这种情况下，再进一步采取措施提高最终消费率，将增强经济的增长动力，与我国的经济现实较为吻合。

③ 消费在经济发展中起到了"自稳定器"的作用：从长期来看，消费和 GDP 增长速度大致相同；从短期来看，消费的波动性小于 GDP 的波动性，而且在经济下行时，GDP 增长率下降，消费增速也会下降但下降幅度小于 GDP，消费制约了经济的进一步下行；在经济上行时，GDP 增长率上升，消费增速也会上升但上升幅度小于 GDP，消费制约了经济的进一步上行。

求方的投资和净出口不可能长期坚挺，最终经济可能会陷入产能过剩、投资效率低、过度依赖外需等困境，经济增长乏力，陷入"中等收入陷阱"。

刻画消费率对经济增长作用机制及其稳定性的文献较少，在现有文献中，只有欧阳峣等（2016）[①] 有所涉及，在其论文中总结了消费率影响经济增长的三种机制："第一，居民消费比例上升或下降直接导致经济增长速度加快或放缓，但是居民消费引起的投资变化对经济增长的作用则可能与居民消费的作用并不一致；第二，居民消费规模变化通过影响要素利用效率来影响经济增长，它主要通过影响规模经济、经济结构等方面来影响要素利用效率；第三，居民消费规模变化可能影响技术创新，进而促进或抑制经济增长。"但其对消费率影响经济增长及其增长的分析也仅限于理论阐述，并没有构建理论模型进行分析。

由以上分析可知，消费率对经济增长及其稳定性产生作用的两种途径都不容易进行量化分析，因此本章通过数值模拟的方式分析消费率变化对经济增长及其稳定性的影响。考虑到数据可得性和多角度分析的需要，本章从三个层面分析消费率变动对经济增长及其稳定性的影响：首先，从国民经济核算层面，在消费、投资、净出口的增长率保持不变的条件下，假定消费率上升、投资率下降和净出口率不变的情况下，模拟最终消费率变动对经济增长的影响；其次，从投入产出分析层面，假定在消费率上升、投资率下降和净出口率下降的情况下，分析最终消费率变动对我国经济增长的影响；最后，运用我国 1978～2016 年数据，通过建立最终消费率、投资率和经济增长率的 VAR 模型分析消费率变动对我国经济增长及其稳定性的影响。

第一节　消费率提高对经济增长的影响分析
——国民经济核算视角

由"高投资、高增长"的经济增长模式推动我国经济实现了 30 多年

---

① 欧阳峣、傅元海、王松：《居民消费的规模效应及其演变机制》，《经济研究》2016年第 2 期。

的高速增长，但也带来了我国需求结构的严重失衡，具体表现为资本形成率逐年提高到 2014 年已高达 46.8%，最终消费率逐年下降到 2014 年的 50.7%，资本形成率（最终消费率）远高于（低于）相同发展阶段国家的水平和世界平均水平。需求结构失衡对经济增长的持续性和健康产生了一些负面影响，如长期的高投资政策使得某些产业投资过度导致产能过剩，不利于经济的长期增长。

中国自 90 年代就提出扩大内需政策，而消费是占内需份额最大的一部分，在"十二五"规划纲要中提出了扩大消费、建立提高消费水平的长效机制等来解决我国最终消费率偏低对经济增长可持续性造成的不良影响。那最终消费率提高会对我国经济增长及其稳定性产生什么影响，国内学者在这个领域的研究较少，只有少数几个学者有所涉及，但并未针对此问题进行研究。如沈利生（2011）[①] 指出，在消费的比重增加 5 个百分点，资本形成、出口的比重各减少 2.5 个百分点的情况下，最终需求的结构变动对 GDP 的总量似乎没有多大影响；林建浩和王美今（2013）[②] 指出以 1995年第四季度为界，中国的经济周期从高波动与低波动交替出现的"活乱循环"时期，进入以微波化为主要特征的"大稳健"阶段，经济增长稳定性得到大幅提高。郭守亭、王宇骅和吴振球（2017）[③] 在估算我国柯布－道格拉斯总量生产函数的基础上，测算了需求结构变化（投资率下降、政府消费率和净出口率保持不变）对我国经济增长稳定性及居民消费率的影响，实证结果表明投资率下降，导致经济增长速度下降和居民消费率上升。

基于以上分析，本节从国民经济核算层面，通过数值模拟分析了消费率提升对中国经济增长及其稳定性的影响。本节的结构安排如下：第一部分探讨了最终消费和资本形成对长期经济增长的作用，第二部分分析了最终消费率、最终消费贡献率与经济增长及其稳定性之间的关系，第三部分

---

① 沈利生：《最终需求结构变动怎样影响产业结构变动——基于投入产出模型的分析》，《数量经济技术经济研究》2011 年第 12 期。

② 林建浩、王美今：《中国宏观经济波动的"大稳健"——时点识别与原因分析》，《经济学》2013 年第 2 期。

③ 郭守亭、王宇骅、吴振球：《我国扩大居民消费与宏观经济稳定研究》，《经济经纬》2017 年第 2 期。

通过数值模拟分析最终消费率上升对中国经济增长的影响，第四部分分析了最终消费率上升对经济增长稳定性的影响。

一 最终消费对经济增长的支撑作用分析

从需求层面看，经济增长主要由消费、投资、出口"三驾马车"来驱动，由于出口是外部需求，主要取决于国际经济环境，不可能长期持续推动经济增长。经济增长的长期需求动力只能是消费和投资。消费增长率、投资增长率和需求结构（最终消费率、资本形成率）决定了经济增长的前景。根据国民经济核算恒等式 $GDP = C + I + G$，并将其表达成增量形式，$\Delta GDP = \Delta C + \Delta I + \Delta NX$，等式两边同时除以 GDP，得

$$\frac{\Delta GDP}{GDP} = \frac{\Delta C}{GDP} + \frac{\Delta I}{GDP} + \frac{\Delta NX}{GDP}$$

$$= \frac{\Delta C}{C} \times \frac{C}{GDP} + \frac{\Delta I}{I} \times \frac{I}{GDP} + \frac{\Delta NX}{NX} \times \frac{NX}{GDP} \qquad (9-1)$$

其中 $\Delta C/C$、$\Delta I/I$ 和 $\Delta NX/NX$ 分别为最终消费、资本形成总额和净出口的增长率，C/GDP、I/GDP、NX/GDP 分别为最终消费率、资本形成率和净出口率。（9-1）式说明投资增长率、消费增长率、净出口增长率和需求结构如何决定了经济增长率。改革开放以来，中国需求结构发生了很大的变化，结构变化与投资、消费增长速度及经济其他特征共同决定了经济增长的演变，为了将投资消费对经济增长的影响凸显出来，本节通过构建基于状态空间的可变参数模型来分析投资、消费对我国经济增长的影响。

采用 1978～2016 年中国宏观经济数据进行分析，数据属于时间序列，考虑到改革开放以来我国经济结构、制度环境等发生了较大的变化，若采用传统的固定参数模型将难以捕捉投资、消费对经济增长的动态影响，通过计量经济学中的状态空间模型来建立时变参数模型：

$$量测方程：GDPg_t = c + sv_{1t}Cg_t + sv_{2t}Ig_t + \mu_t$$

$$状态方程：\begin{array}{l} sv_{1t} = \gamma_1 sv_{1t-1} + \eta_{1t} \\ sv_{2t} = \gamma_2 sv_{2t-1} + \eta_{2t} \end{array} \qquad (9-2)$$

其中 μ_t 和 η_{it} 均值为 0 且彼此相互独立，即有 $\begin{bmatrix} \mu_t \\ \eta_{it} \end{bmatrix} \sim N\left[\begin{bmatrix} 0 \\ 0 \end{bmatrix}, \begin{bmatrix} \sigma_1^2 & 0 \\ 0 & \rho_i^2 \end{bmatrix}\right]$，$i = 1, 2$；$t = 1, 2, \cdots, T$。

（9-2）式中，$GDPg_t$ 表示经济增长率，用《中国统计年鉴》中国内生产总值指数（上年为 100）减去 100 得到；Cg_t 和 Ig_t 分别表示最终消费增长率和投资增长率，运用三大需求对经济增长贡献率和拉动，并结合（9-1）式，倒推出最终消费增长率和投资增长率。模型的量测方程中，$GDPg_t$ 作为被解释变量，Cg_t 和 Ig_t 是解释变量。sv_1 和 sv_2 是回归系数，在模型中将其设为时变的，也就是说 sv_1 和 sv_2 随时间的变动是不可观测的，服从随机游走过程，它们的变化说明了在经济发展过程中经济增长对消费增长和投资增长的敏感性变化过程。

运用 Eviews 软件对（9-2）式进行估计，估计结果如表 9-1 所示，所有变量均通过了显著性检验。

表 9-1 状态空间模型估计结果

	固定参数	标准误差	Z - 统计量	概　率
C（1）	3.960342	1.083560	3.654935	0.0003
C（2）	0.790069	0.252764	3.125716	0.0018
	可变参数	均方根	Z - 统计量	概　率
sv_1	0.333177	0.054091	6.159543	0.0000
sv_2	0.238791	0.043099	5.540477	0.0000

从状态空间模型的回归系数可以看出，GDP 增长率对消费增长率的敏感性（0.333177）大于对投资增长率的敏感性（0.238791）。图 9-1 给出了 1978～2016 年 GDP 增长率对消费增长率和投资增长率敏感性的走势，sv_1 表示消费增长率的敏感性，sv_2 表示投资增长率的敏感性。根据状态空间模型可知，sv_1（sv_2）表示消费（投资）增长率每变动 1 个百分点所引起的 GDP 增长率变化。

从图 9-1 可知，首先，从长期来看，经济增长对消费增长的敏感性远大于对投资增长的敏感性，这也说明了投资不可能超越消费成为经济增长的第一动力，消费才是经济长期可持续稳定增长的第一动力。

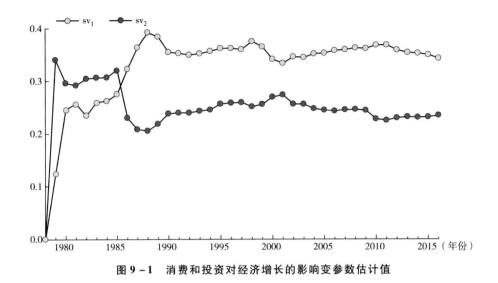

图 9 - 1　消费和投资对经济增长的影响变参数估计值

其次，中国经济增长对消费增长的敏感性呈现出阶段性：第一阶段（1978～1988），消费增长对经济增长的拉动作用在逐步提高，经济增长对消费增长的敏感性明显增强。这主要是因为在改革开放前，中国家庭的消费需求长期受到抑制，改革开放后，家庭的消费需求得到释放的结果；第二阶段（1989 年至今），消费增长对经济增长的拉动作用围绕 0.35 波动，消费增长对经济增长的贡献基本保持稳定。

最后，中国经济增长对投资增长的敏感性也呈现出明显阶段性：第一阶段（1978～1988），投资增长对经济增长的拉动作用在逐步下降，经济增长对投资增长的敏感性明显减弱，但仍然大于消费增长敏感性。这主要是因为改革开放后面临的主要问题是供给不足，当长期受到抑制的投资需求得到释放后，一方面投资效率提升，另一方面受到了边际收益递减规律的约束；第二阶段（1989～2001），投资增长对经济增长的拉动作用缓慢上升。在中国进入改革的新阶段后，逐渐的改革投资结构和体制，使得投资对经济增长的拉动作用缓慢上升。第三阶段（2002 年至今），经济增长对投资的敏感性缓慢下降。进入 21 世纪，中国经济投资驱动的特征日益显著，导致投资效率下降、产能过剩等问题，引起了经济增长对投资增长敏感性下降。

二 最终消费率与经济增长及其稳定性

(一) 最终消费率与最终消费贡献率[①]

根据宏观经济学中的国民经济核算恒等式，$GDP = CH + I + G + NX$，其中 CH 表示居民消费，I 表示投资，G 表示政府购买，NX 表示净出口。在中国的国民经济统计中，将居民消费和政府购买合在一起成为最终消费（C），投资称为资本形成总额（I），净出口含义与西方核算体系相同，从而有 $GDP = C + I + NX$。等式两边同时除以 GDP 有，$\dfrac{GDP}{GDP} = \dfrac{C}{GDP} + \dfrac{I}{GDP} + \dfrac{NX}{GDP}$，即 $\dfrac{C}{GDP} + \dfrac{I}{GDP} + \dfrac{NX}{GDP} = 1$，最终消费率（$CR$）、资本形成率（$IR$）和净出口率（$NXR$）之和等于 1。将 $GDP = C + I + NX$ 写成增量形式有，$\Delta GDP = \Delta C + \Delta I + \Delta NX$，该式两边同时除以 ΔGDP，得最终消费率、资本形成、净出口对经济增长率的贡献率表达式，$\dfrac{\Delta C}{\Delta GDP} + \dfrac{\Delta I}{\Delta GDP} + \dfrac{\Delta NX}{\Delta GDP} = 100\%$，其中，$\dfrac{\Delta C}{\Delta GDP}$ 是最终消费贡献率，$\dfrac{\Delta I}{\Delta GDP}$ 是资本形成贡献率，$\dfrac{\Delta NX}{\Delta GDP}$ 是净出口贡献率。

从上述分析可知，消费对经济的贡献可从两个角度来衡量：一是对经济总量（GDP）的贡献；二是对经济增量（经济增长）的贡献。前者一般用最终消费率来衡量，最终消费率（CR）是最终消费总额（资本形成总额）占国内生产总值（GDP）的比重，反映消费对 GDP 总量的贡献；最终消费对经济增长的贡献用最终消费贡献率来衡量，是最终消费增量占 GDP 增量的百分比，反映最终消费增量对经济增长的贡献。图 9 – 2 给出了最终消费对经济的总量贡献和增量贡献，由图 9 – 2 可知，最终消费贡献率的波动性大于最终消费率的波动性，但最终消费率好像是最终消费贡献率的趋势成分一样，使得最终消费贡献率围绕最终消费率上下波动。

---

① 最终消费贡献率为最终消费增量占 GDP 增量的比重。

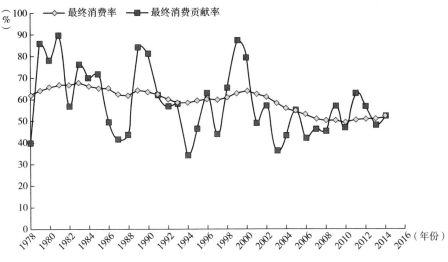

图 9 - 2　1978 年以来中国最终消费率与最终消费贡献率

为进一步分析消费的增量贡献和总量贡献之间的关系，即最终消费率和最终消费贡献率之间的关系，通过 HP 滤波分解出最终消费率和最终消费贡献率的趋势成分和波动成分（图 9 - 3 和图 9 - 4）。

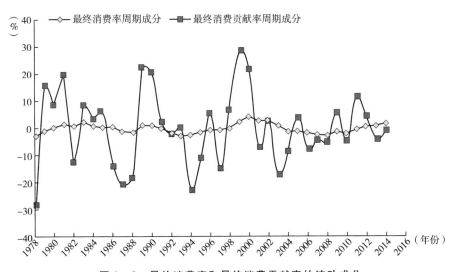

图 9 - 3　最终消费率和最终消费贡献率的波动成分

从最终消费率和最终消费贡献率的周期成分看，最终消费率和最终消费贡献率围绕零上下波动，但最终消费贡献率的波动幅度远大于最终

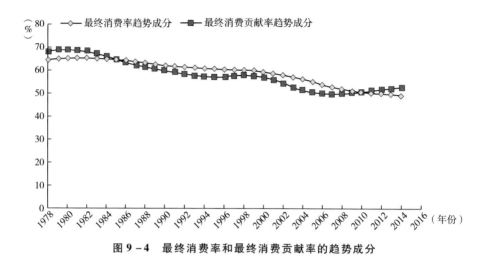

图 9 - 4　最终消费率和最终消费贡献率的趋势成分

消费率；从最终消费率和最终消费贡献率的趋势成分看，1978 年以来两者均呈下降趋势，但两者之间的差距非常小，且最终消费率和最终消费贡献率趋势成分的相关程度非常高，相关系数高达 0.905。以最终消费贡献率趋势成分为因变量，最终消费率趋势成分为自变量进行回归，最终消费率趋势成分的系数为 1.07，说明最终消费率的趋势成分增加 1 个百分点，最终消费贡献率的趋势成分上升 1.07 个百分点。因此，可以用最终消费率的趋势成分作为最终消费贡献率的替代指标分析消费对经济增长的贡献。

（二）最终消费率与经济增长关系

（9-1）式说明 GDP 增长率等于最终消费率乘以消费增长率、资本形成率乘以资本形成率增长率、净出口率乘以净出口增长率三者之和，最终消费率乘以消费增长率度量了消费对经济增长的拉动，资本形成率乘以资本形成率增长率度量了资本形成率对经济增长的拉动，净出口率乘以净出口增长率度量了净出口对经济增长的拉动。表 9 - 2 给出了 1978 年以来我国三大需求的增长率。三大需求增长率已知的条件下，将最终消费率趋势成分和资本形成趋势成分作为最终消费贡献率和资本形成贡献率的替代指标，就可以模拟当消费率上升、资本形成率下降和净出口率不变的情况下，这种结构变动对经济增长的影响。

表 9 - 2　1978 年以来三大需求增长率

单位:%

年份	消费增长率	资本形成增长率	净出口增长率	年份	消费增长率	资本形成增长率	净出口增长率
1978	7.3	20.1	189.8	1998	8.5	6.5	11.7
1979	10.0	4.0	40.5	1999	10.8	4.9	-21.4
1980	9.4	4.5	-30.9	2000	10.4	5.5	0.0
1981	7.0	-0.3	172.6	2001	6.7	14.6	-52.4
1982	7.7	6.5	112.4	2002	8.4	9.8	15.7
1983	12.0	11.1	-106.9	2003	6.3	17.3	-23.2
1984	16.0	18.3	-9867.4	2004	7.9	14.5	-15.3
1985	14.7	27.1	171.4	2005	11.6	9.3	25.7
1986	7.0	3.7	-130.5	2006	10.2	13.5	25.0
1987	7.7	8.2	4287.8	2007	12.8	15.3	17.3
1988	8.0	15.9	-10.1	2008	8.7	11.8	3.9
1989	5.3	-0.3	-130.3	2009	10.7	17.5	-89.8
1990	5.7	-8.4	107.8	2010	9.9	14.5	-32.4
1991	9.1	9.8	7.1	2011	11.9	9.2	-32.9
1992	13.5	18.9	-118.5	2012	8.6	7.2	3.7
1993	13.8	17.5	73.7	2013	7.2	9.1	-8.1
1994	7.8	11.0	291.5	2014	7.1	7.3	3.7
1995	8.7	12.9	49.1	2015	7.9	6.5	-2.9
1996	10.2	8.9	14.8	2016	8.4	6.6	-30.4
1997	6.6	3.9	87.6	2017	—	—	—

资料来源:《中国统计年鉴 2017》。

(三) 中国经济增长稳定性分析

对经济增长的稳定性,一般采用经济增长率的标准差或滚动标准差来反映 (Blanchard and Simon,2001[①];曼昆,2006[②]),标准差越小,经济增

①　O. Blanchard and J. Simon, "The Long and Large Decline in U. S. Output Volatility," *Brookings Papers on Economic Activity*, 2001, 32 (1): 135 - 164.

②　〔美〕曼昆:《宏观经济学》(第 6 版),张帆译,中国人民大学出版社,2006。

长稳定性越好。标准差反映的是一段时间内经济增长率对其均值的偏离程度，如可以根据 1978～1991 年和 1992～2014 年 GDP 增长率分别计算这两个时期 GDP 增长率的标准差，1978～1991 年间 GDP 增长率标准差为 3.37%，1992～2014 年间为 2.20%，因此改革开放第二阶段经济增长稳定性得到了改善；滚动标准差能更直接动态地反映经济增长稳定性的变化情况，在确定滚动的时期数后，每一年都可以得到一个标准差，通过每年标准差大小的变化情况，可更直观地观察经济增长稳定性的变化情况。由于数据为年度数据，本章将滚动时期数设为 10，T 期经济增长滚动标准差的计算方式为，以 T−9 期开始一直到 T 期经济增长率计算一个标准差作为 T 期的标准差数值。图 9−5 给出了 1978 年以来我国经济增长的滚动标准差，表明我国经济增长的稳定性得到了大幅度的提高，经济增长的滚动标准差从 1978 年的 6.37% 下降到 2004 年的最低点 1.10%，2004 年后在 2% 上下波动。

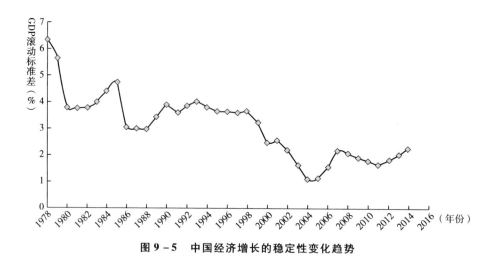

图 9−5 中国经济增长的稳定性变化趋势

三 最终消费率上升对中国经济增长的影响分析

为了分析消费率上升对我国经济增长及其稳定性的影响分析，假定最终消费、资本形成总额和净出口的增长率在各情景中不变，由于中国经济的净出口比重较小且比较稳定，在模拟分析中只考虑最终消费率和资本形成率变化对经济增长率的影响。

通过分析三种情形下我国 GDP 增长率变化情况，来反映最终消费率变化对经济增长率及其稳定性的影响。（表 9 - 3）

基准情形：1978 年以来现实经济的最终消费率、资本形成率和净出口率；

情景一：最终消费率下降 5 个百分点，资本形成率上升 5 个百分点，净出口率保持不变；

情景二：最终消费率上升 5 个百分点，资本形成率下降 5 个百分点，净出口率保持不变；

情景三：最终消费率上升 10 个百分点，资本形成率下降 10 个百分点，净出口率保持不变。

表 9 - 3　基准与 3 种模拟情景中的最终消费率变化情况

	最终消费率	资本形成率	净出口率
情景 1	比基准情形下降 5 个百分点	比基准情形上升 5 个百分点	不变
基准情形	1978 年以来现实经济的最终消费率、资本形成率、净出口率		
情景 2	比基准情形上升 5 个百分点	比基准情形下降 5 个百分点	不变
情景 3	比基准情形上升 10 个百分点	比基准情形下降 10 个百分点	不变

根据表 9 - 2 中三大需求增长率，及表 9 - 3 中给出的三种情景下的需求结构，由（9 - 1）式可计算出各种情景下的经济增长率（图 9 - 6 和表 9 - 4）。

从最终消费率变动对 GDP 增长率的影响来看，由于在 1978 ~ 2014 年、1992 ~ 2014 年两个时期最终消费增长率分别小于资本形成总额增长率 1.003 个百分点和 1.805 个百分点，因此与基准情景相比最终消费率上升在两个时期都使得经济增长率分别下降 0.0501 个百分点（情景 2，最终消费率上升 5 个百分点）和 0.1003 个百分点（情景 3，最终消费率上升 10 个百分点），而最终消费率上升、资本形成率下降将导致 GDP 增长率下降。以 1978 ~ 2014 年为例进行分析，基准情景中国 GDP 增长率均值为 9.787%，情景 1（最终消费率下降 5 个百分点、资本形成率上升 5 个百分点）增长率均值为 9.84%，情景 2（最终消费率上升 5 个百分点、资本形

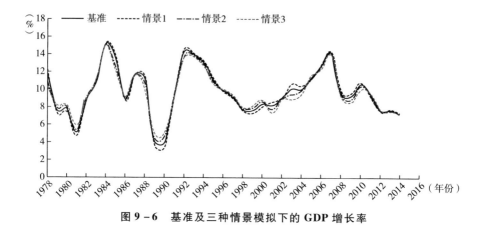

图 9－6 基准及三种情景模拟下的 GDP 增长率

成率下降 5 个百分点）增长率均值为 9.74%，情景 3（最终消费率上升 10 个百分点、资本形成率上升 10 个百分点）增长率均值为 9.69%。

表 9－4 基准及三种情景下的 GDP 增长率

单位：%

年份	基准	情景 1	情景 2	情景 3	年份	基准	情景 1	情景 2	情景 3
1978	11.6	12.2	11.0	10.4	1997	9.2	9.0	9.4	9.5
1979	7.6	7.3	7.9	8.2	1998	7.8	7.7	7.9	8.0
1980	7.8	7.6	8.0	8.3	1999	7.6	7.3	7.9	8.2
1981	5.1	4.7	5.5	5.8	2000	8.4	8.1	8.7	8.9
1982	9.0	8.9	9.1	9.1	2001	8.2	8.6	7.8	7.4
1983	10.8	10.8	10.8	10.9	2002	9.0	9.0	9.0	8.9
1984	15.2	15.3	15.1	15.0	2003	10.1	10.7	9.5	9.0
1985	13.5	14.1	12.9	12.2	2004	10.1	10.4	9.8	9.4
1986	8.9	8.7	9.1	9.2	2005	11.3	11.2	11.4	11.5
1987	11.7	11.7	11.7	11.6	2006	12.7	12.9	12.5	12.4
1988	11.3	11.7	10.9	10.5	2007	14.2	14.3	14.1	14.0
1989	4.2	3.8	4.6	4.9	2008	9.6	9.8	9.4	9.3
1990	3.9	3.3	4.5	5.0	2009	9.2	9.5	8.9	8.5
1991	9.3	9.3	9.3	9.2	2010	10.6	10.8	10.4	10.1
1992	14.3	14.6	14.0	13.7	2011	9.4	9.2	9.6	9.7
1993	13.9	14.0	13.8	13.6	2012	7.6	7.5	7.7	7.8
1994	13.1	13.3	12.9	12.7	2013	7.7	7.8	7.6	7.5
1995	11.0	11.2	10.8	10.6	2014	7.3	7.3	7.3	7.3
1996	9.9	9.8	10.0	10.0	2015	—	—	—	—

1978～1991 年，由于最终消费增长率大于资本形成总额增长率0.4156 个百分点，最终消费率上升使得 GDP 增长率均值上升，最终消费率下降使得 GDP 增长率均值下降。具体来看，基准情景我国 GDP 增长率均值为 9.2786%，情景 1（最终消费率下降 5 个百分点、资本形成率上升5 个百分点）增长率均值为 9.2628%，情景 2（最终消费率上升 5 个百分点、资本形成率下降 5 个百分点）增长率均值为 9.2943%，情景 3（最终消费率上升 10 个百分点、资本形成率上升 10 个百分点）增长率均值为 9.3101%。

表 9 - 5　不同时期基准及三种情景模拟下的 GDP 增长率标准差及均值

单位:%

时　　期	变　量	基　准	情景 1	情景 2	情景 3
1978～2014	标准差	2.6998	2.8893	2.5284	2.3791
	均　值	9.7865	9.8366	9.7363	9.6862
1978～1991	标准差	3.3735	3.6764	3.0842	2.8130
	均　值	9.2786	9.2628	9.2943	9.3101
1992～2014	标准差	2.2223	2.3101	2.1541	2.1073
	均　值	10.0957	10.1859	10.0054	9.9152

资料来源：笔者的计算。

四　最终消费率变动对经济增长稳定性分析

从最终消费率变动对 GDP 增长率稳定性的影响来看，以变量增长率的标准差大小来作为变量增长率的稳定性，变量增长率的标准差越小，稳定性越高；变量增长率的标准差越大，稳定性越低。首先，分析三大需求在不同时期稳定性的差异（表 9 - 6），1978～1991 年、1992～2014 年、1978～2014 年三个时期中最终消费、资本形成总额和净出口稳定性都呈现出一个特征，以各需求增长率标准差大小来衡量各需求稳定性，最终消费的稳定性最好，资本形成总额的稳定性次之，净出口最差。以 1992～2014年这一时期为例，最终消费增长率标准差为 2.2141%，资本形成总额增长率标准差为 4.4990%，净出口增长率标准差为 76.4908%。

表9-6　不同时期中国三大需求增长率标准差和均值

单位:%

时　期	变　量	最终消费	资本形成总额	净出口
1978~2014	标准差	2.6329	6.7408	1790.2831
	均　值	9.2934	10.2962	-134.1707
1978~1991	标准差	3.2805	9.3347	2961.1887
	均　值	8.9953	8.5797	-399.5252
1992~2014	标准差	2.2141	4.4990	76.4908
	均　值	9.4655	11.2705	9.9788

资料来源：笔者的计算。

由于在所有时期各需求稳定性的关系是稳定的，且最终消费的稳定性最好，资本形成总额的稳定性次之，净出口最差，因此可以预期最终消费率上升、资本形成率下降和净出口率不变将导致 GDP 增长率稳定性提高；最终消费率下降、资本形成率上升和净出口率不变将导致 GDP 增长率稳定性下降。表9-5证实了这一预期的正确性，情景1（最终消费率下降5个百分点、资本形成率上升5个百分点）GDP 增长率标准差与基准情景相比在1978~1991年、1992~2014年、1978~2014年分别上升0.3030个百分点、0.0878个百分点、0.1895个百分点；情景2（最终消费率上升5个百分点、资本形成率下降5个百分点）GDP 增长率标准差与基准情景相比在1978~1991年、1992~2014年、1978~2014年分别下降0.2892个百分点、0.0682个百分点、0.1714个百分点；情景3（最终消费率上升10个百分点、资本形成率下降10个百分点）GDP 增长率标准差与基准情景相比在1978~1991年、1992~2014年、1978~2014年分别下降0.5604个百分点、0.1150个百分点、0.3208个百分点。通过最终消费率上升5个百分点和10个百分点对GDP 增长率标准差的影响来分析，最终消费率上升得越多对 GDP 增长率稳定性提高越有帮助。

从 GDP 增长率的滚动标准差来看，最终消费率提高对 GDP 增长率稳定性的影响最为直观，由于各情景和基准情景的最终消费率的大小排序为：情景1＜基准＜情景2＜情景3，图9-7中各情景下 GDP 增长率滚动标准差的排序大致与这一排序相符，滚动标准差线情景 1 在最上面，其次为基准情景，再次为情景 2，情景 3 在最下面，提高最终消费率对经济增长稳定性的改善作用明显。

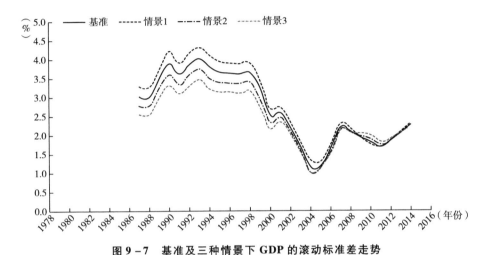

图 9 - 7　基准及三种情景下 GDP 的滚动标准差走势

说明：由于基准及三种情景下的起始时间为 1978 年，滚动标准差滚动时期数为 10 期，因此滚动标准差从 1987 年开始。

五　结论

根据表 9 - 2 可知，最终消费率上升对 GDP 增长率的影响取决于所考察时期最终消费平均增长率和资本形成总额平均增长率之间的关系，且对 GDP 增长率的影响幅度较小：若最终消费平均增长率大于资本形成总额平均增长率，则最终消费率上升、资本形成率下降和净出口率不变将使经济增长率上升；反之，若最终消费平均增长率小于资本形成总额平均增长率，则最终消费率上升、资本形成率下降和净出口率不变将使经济增长率下降。

一般情况下，最终消费、资本形成总额、净出口的稳定性的排序为最终消费＞资本形成总额＞净出口，因此，最终消费率上升、资本形成率下降和净出口率不变将使经济增长稳定性得到提升。

第二节　消费率变化对经济增长的影响
——基于投入产出表的分析

本节基于中国 2012 年投入产出表[①]运用情景模拟法分析最终消费率变动对经济增长的影响。研究结果表明，提高最终消费率对经济增长率的影响较小。

一　投入产出模型

投入产出表将生产过程与最终需求结合起来，是从需求层面分析最终消费、资本形成、进口和出口对经济增长贡献的合适工具，与国民经济核算相比，可以更深入地揭示各项需求的作用。国内很多学者利用投入产出表来研究出口对经济增长的贡献，得出了很多有益的结论。沈利生（2009[②]，2011[③]）通过投入产出模型定量测算了消费、投资、出口"三驾马车"对中国经济的贡献。根据投入产出模型，投入产出的基本计算公式为：

$$X = (I - A)^{-1}(Y - M) \tag{9-3}$$

结合国家统计局发布的投入产出表可知，式（9-3）中 X 是总产出，A 是直接消耗系数矩阵，Y 是最终产品，M 是进口，这些向量或矩阵都是依据竞争性投入产出表得到的。竞争性投入产出表指当投入产出流量中使用的中间投入和最终投入既可能来自国内产品，也可能来自国外产品，还可能同时来自国内和国外两类产品，在计算时并不对来源进行区分，从而因存在两类不同来源的产品而产生的竞争。进一步也导致了竞争性投入产出表不能直接用于计算和分析。因此，需要通过编制非竞争型投入产出表

[①] 投入产出表由我国国家统计局发布，每 5 年发布一次，当前我国最新的投入产出表是 2012 年投入产出表。

[②] 沈利生：《"三驾马车"的拉动作用评估》，《数量经济技术研究》2009 年第 4 期。

[③] 沈利生：《最终需求结构变动怎样影响产业结构变动——基于投入产出模型的分析》，《数量经济技术经济研究》2011 年第 12 期。

（表9－7）将国内产品和国外产品拆分开来，才能用于计算。表9－7中，带上标 d 表示国内产品，带上标 m 的表示进口产品，小写字母表示年度流量，大写字母表示合计项，这样拆分的结果使得中间投入和使用中明确区分出了国内产品和国外产品，但在最终产品中依然包含了国外产品的转移价值，在后续的计算投资、消费、出口对经济增长贡献中需要加以扣减。

表9－7　非竞争型投入产出

	部门	中间使用 1，2，…，n	最终使用 消费	最终使用 资本形成	最终使用 出口	最终使用 合计	进口	总产出
国内产品 中国投入	1 2 ⋮ n	x_{ij}^d	c_i^d	in_i^d	ex_i^d	Y_i^d		X_i
进口产品 中国投入	1 2 ⋮ n	x_{ij}^m	c_i^m	in_i^m	ex_i^m	Y_i^m	M_i	
增加值		V_j						
总投入		X_j						

由投入产出表的平衡关系，并令国内产品的直接消耗系数为 $a_{ij}^d = \dfrac{x_{ij}}{X_j}$ ，则有

$$\sum_{j=1}^{n} a_{ij}^d X_j + Y_i^d = X_i \quad i = 1,2,\cdots,n \tag{9-4}$$

写成矩阵形式 $A^d X + Y^d = X$ ，进而可得

$$X = (I - A^d)^{-1} Y^d \tag{9-5}$$

（9－5）式中的 $(I - A^d)^{-1} = B^d$ 是国内产品的里昂惕夫逆矩阵，其元素 b_{ji}^d 表示 j 部门1单位国内最终产品对 i 部门的完全消耗（完全需求）。I 为单位矩阵。

Y^d 表示剔除进口投入产出模型的直接消耗矩阵及最终需求列向量，这个最终需求为本地最终需求，令 C、IN、EX 表示消费，投资，出口，则有

$$Y^d = C^d + IN^d + EX^d \tag{9-6}$$

令 j 部门以单位总投入产生的增加值即增加值率 $r_j = \dfrac{V_j}{X_j}$，$j = 1，2 \cdots n$。然而各部门增加值之和就是 GDP，其中 R 为 $1 \times n$ 的行向量，X 是总产出的列向量。然后将（9-5）式、（9-6）式代入有：

$$
\begin{aligned}
GDP &= \sum_{i=1}^{n} V_j = \sum_{i=1}^{n} r_j X_j = RX = R(I - A^d)^{-1} Y^d \\
&= R(I - A^d)^{-1}(C^d + IN^d + EX^d) \\
&= R(I - A^d)^{-1} C^d + R(I - A^d)^{-1} IN^d + R(I - A^d)^{-1} EX^d \\
&= GDP^C + GDP^{IN} + GDP^{EX}
\end{aligned}
\tag{9-7}
$$

式（9-7）中的 GDP^C、GDP^{IN}、GDP^{EX} 分别是由消费 C^d、投资 IN^d、出口 EX^d 拉动产生的增加值。

另外，进行如上分析的一个基础——非竞争型投入产出表的拆分[1]，假设同一部门的国内产品和国外进口产品具有同质性，则有：

$$
y_i^m = M_i \frac{y_i}{\sum_{j=1}^{n} x_{ij} + \sum_{j=1}^{k} y_j}，x_{ij}^m = M_i \frac{x_{ij}}{\sum_{j=1}^{n} x_{ij} + \sum_{j=1}^{k} y_j}
\tag{9-8}
$$

其中，y_i 表示原竞争性投入产出表中第 i 项最终使用量，x_{ij} 表示原竞争性投入产出表中第 j 部门生产过程中消耗 i 部门的量。然后利用上述公式即可获得我国非竞争型投入产出表。

二　2012 年消费、投资和出口对中国经济增长拉动作用分析

投入产出表由我国国家统计局发布，每 5 年发布一次，当前我国最新的投入产出表是 2012 年投入产出表，本节采用 42 部门的投入产出表，原表为竞争型表，根据（9-8）式拆分为非竞争型表。中间产品和最终产品的拆分结果如表 9-8 所示。从全部最终产品的走向来看，我国的最终产品大致为四四二分，即 41.37% 用于消费，37.82% 用于投资，20.81% 用于

---

① 李善同、吴三忙：《中国地区经济增长中的"四驾马车"拉动作用测度——基于分省投入产出表的实证分析》，资源型地区可持续发展与政策国际会议暨国际区域科学学会第三次年会，北京，2012 年 3 月。

出口。从国内最终产品来看，占比最大的是消费为 42.09%，其次为投资占比为 38.07%，最后是出口为 19.51%。

表9-8 2012年非竞争型投入产出表拆分结果

单位：亿元

	总产出	中间产品	最终产品	最终产品			
				消 费	资本形成	出 口	其 他
全部产品	1601627.10	1064826.9	656774.32	271718.58	248389.90	136665.85	2052.83
国内产品	1479600.10	976083.11	625543.97	263307.13	238127.13	122056.89	2052.83
进口产品	122026.98	88743.80	31230.35	8411.45	10262.77	14608.96	
	占总产出比重（%）			占最终产品比重（%）			
全部产品		66.48	41.01	41.37	37.82	20.81	0.31
国内产品		65.97	42.28	42.09	38.07	19.51	0.33
进口产品		72.72	25.59	41.07	37.73	20.81	

根据（9-7）式可计算"三驾马车"最终消费、资本形成、出口分别拉动的增加值（表9-9）。从表9-9可知，2012年在国内最终产品中，消费、资本形成、出口占比分别为 42.09%、38.07%、19.51%，它们拉动的增加值占 GDP 的比重分别为 44.24%、37.01%、18.39%，此比重就是 2012 年"三驾马车"中消费、资本形成、出口的拉动贡献；这个贡献虽然与支出法核算的最终消费率、资本形成率、净出口率（分别为 50.8%、46.5%、-2.7%）没有可比性，但可以发现出口的贡献不容忽视。与 2007 年相比（沈利生，2011）[①]，消费、资本形成和出口的拉动结构由 2007 年的 41.78%、31.15%、26.26% 转变为 2012 年的 44.24%、37.01%、18.39%，2012 年消费拉动增加值占比提高了 2.46 个百分点，而资本形成拉动的增加值占比上升了 5.86 个百分点，出口拉动的增加值下降了 7.87 个百分点，表明金融危机后我国经济增长的需求动力结构发生了转变：消费和资本形成对增加值的拉动力上升，出口对增加值的拉动力下降。

同时，各项国内最终产品拉动的增加值小于本身的数值，也就是 1 单

① 沈利生：《最终需求结构变动怎样影响产业结构变动——基于投入产出模型的分析》，《数量经济技术经济研究》2011 年第 12 期。

位最终产品拉动的增加值小于 1，消费、资本形成、出口、其他的拉动系数分别为 0.959、0.861、0.778、0.932，由于消费品、其他的拉动系数大于投资品、出口产品，消费和其他拉动的增加值比重大于消费和其他占最终产品的比重，而资本形成、出口拉动的增加值比重小于资本形成和出口占最终产品的比重。

表 9－9　2012 年中国国内最终产品及其拉动的增加值

单位：亿元

国内生产总值	国内最终产品				最终产品拉动的增加值			
	消　费	资本形成	出　口	其　他	消　费	资本形成	出　口	其　他
536800.2	263307.13	238127.13	122056.89	2052.83	237478.97	198682.79	98725.31	1913.16
比重（%）	42.09	38.07	19.51	0.33	44.24	37.01	18.39	0.36
单位最终产品拉动的增加值					0.9588	0.8609	0.7775	0.9320

三　最终消费率变动对经济增长的模拟分析

为了分析消费率变化对经济增长的影响，做情景模拟分析。假定国内最终产品总量给定，通过改变最终需求中消费、资本形成、出口三部分的比重，利用（9－7）式可计算各类国内最终产品拉动的三次产业增加值，进而获得 GDP 变化情况：设定基准情景和模拟情景见表 9－10。

表 9－10　基准与模拟情景的国内最终产品及结构

	消　费	资本形成	出　口	其　他	合　计
基准情景（亿元）	263307.13	238127.13	122056.89	2052.83	625543.97
结构（%）	42.09	38.07	19.51	0.33	100
模拟情景（亿元）	294584.33	222488.53	106418.29	2052.83	625543.97
结构（%）	47.09	35.57	17.01	0.33	100

基准情景：为 2012 年投入产出表反映的国内最终产品结构。

基准情景：最终产品结构中最终消费、资本形成、出口占比分别为 42.09%、38.07%、19.51%。

模拟情景：最终产品结构中，最终消费比重上升 5 个百分点，资本形成和出口比重相应地各下降 2.5 个百分点，其他比重不变。

表 9-11 列出了加上进口产品以后基准情景和模拟情景的最终需求结构（各部门进口产品不变），考虑进口后基准情景的最终消费率、资本形成率和净出口率分别为 52.29%、47.29%、0.01%。从最终需求结构的变动看，模拟情景相当于在基准情景基础上最终消费率上升了 6.22 个百分点，资本形成率降低了 3.11 个百分点，净出口降低了 3.11 个百分点。

表 9-11　考虑进口各项最终需求比后基准与模拟情景的需求结构

	消　费	资本形成	净出口	其　他
基　准	263307.13	238127.13	29.91	2052.83
结构（%）	52.29	47.29	0.01	0.41
模拟情景	294584.33	222488.53	-15608.68	2052.83
结构（%）	58.51	44.19	-3.10	0.41

根据（9-7）式、表 9-8 和非竞争型投入产出表可计算两种情景下消费、资本形成、出口和其他拉动的增加值（表 9-12）。由表 9-12 可知，利用投入产出表模拟最终消费率上升对经济增长的影响，模拟情景最终消费率上升 6.22 个百分点（资本形成率降低 3.11 个百分点，净出口降低 3.11 个百分点）使得 GDP 比基准情景增加了 2511.79 亿元，增加了 0.47%。若考虑与 2011 年 GDP 进行对比，则最终消费率上升 6.22 个百分点，使得在 2012 年的增长率由 7.7% 提高到 8.205%[①]。因此，可以看出，最终消费率提升 6.22 个百分点使得经济增长率提升了 0.505 个百分点，最终消费率上升对经济增长的影响相对较小。

表 9-12　基准及模拟情景下 GDP 及其结构

		最终消费	资本形成	出　口	其　他	GDP	GDP 变动（基准为 100）
基准	拉动 GDP（亿元）	237478.97	198682.79	98725.31	1913.16	536800.23	—
	对 GDP 贡献（%）	44.2397296	37.0124264	18.391443	0.3564007	100	—
模拟情景	拉动 GDP（亿元）	265688.15	185634.63	86076.08	1913.16	539312.02	2511.79
	对 GDP 贡献（%）	49.26	34.42	15.96	0.35	100.00	0.47

①　计算过程为：利用《中国统计年鉴 2015》中支出法 GDP 核算计算 2012 年 GDP 平减指数，用该指数平减模拟情景的 GDP，再与 2011 年 GDP 进行比较计算模拟情景下的 GDP 增长率。

第三节 消费率上升对中国经济增长 影响的动态分析

一 消费率、投资率和中国经济增长

(一) 消费率、投资率和中国经济增长描述分析

消费、投资和出口被称为需求层面拉动经济增长的"三驾马车",从国民经济核算角度,消费、投资和出口之和并不等于GDP,需要从中扣除进口部分,GDP等于最终消费、资本形成总额和净出口之和。根据中国的情况,净出口除了少数年份外一般都为正,且其数值较小近年来在3%左右波动(最大值为2007年的8.7%)。图9-8给出了1953~2016年中国GDP增长率、最终消费率和资本形成率,GDP增长率和资本形成率的运动轨迹大致相同,由于投资属于先行的顺周期变量,因此资本形成率的波峰和波谷要先于GDP一年,但这种稳定的关系在2007~2011年发生了变动,GDP增长率由2007年的14.2%下降为2011年的9.5%,与此同时,资本

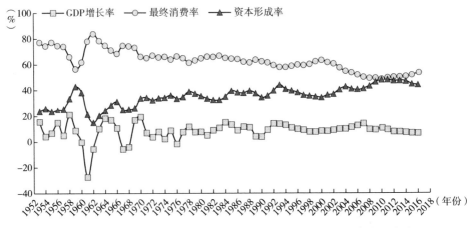

图9-8 1953~2014年中国GDP增长率、最终消费率和资本形成率

资料来源:1953~1978年数据来源于《新中国60年统计数据》,1978~2016年数据来源于国家统计局数据库。

形成率则从 2007 年的 40.7% 上升到 2011 年的 47.3%，这主要是由于全球金融危机我国出台了 4 万亿投资的刺激政策，导致了 2008 年及其随后 2009 年、2010 年、2011 年的投资率的持续上升，而 GDP 增长率则因出口下跌和投资效率下降逐步下滑；2012 年后，GDP 增长率和资本形成率的这一关系逐步恢复。GDP 增长率和投资率呈明显的反向变动说明了我国经济增长的投资驱动特征十分显著。

从最终消费率和经济增长率的关系来看，两者之间存在微弱的反向变动关系，如在 1992 ~ 2007 年间，GDP 增长率从 1992 年的 14.2% 下降到 1999 年谷底的 7.7% 再上升到 2007 年的 14.2%，与此同时，最终消费率则从 1993 年的 57.9% 上升到 2000 年波峰的 63.3% 再下降到 2008 年的 49.2%。这一微弱的反向变动关系说明了两个事实：首先，消费作为 GDP 中稳定性最高的部分，其份额的变化不会引起 GDP 的明显波动；其次，由于 GDP 中消费和投资份额之和占了大致 97%，而资本形成率和 GDP 呈现明显的同方向运动规律，那消费率必然与 GDP 呈现反向变动的关系。

由图 9 - 7 可知，资本形成率和最终消费率形成镜像的方向变动关系，当净出口份额大致稳定在 3% 左右时，资本形成率上升 1 个百分点必然导致最终消费率下降 1 个百分点。因此，最终消费率与资本形成率之间存在明显的相关性。

（二）消费率波动、投资率波动和中国经济增长波动性相关分析

为进一步分析消费率、投资率和中国经济增长之间的相关，采用 HP 滤波法得各变量的趋势成分和周期成分（图 9 - 9 和图 9 - 10）。

消费率、投资率和中国经济增长性的周期成分看，GDP 增长率和资本形成率呈同向变动关系，GDP 增长率和最终消费率呈弱反向变动关系，最终消费率和资本形成率呈反向变动关系。

消费率、投资率和中国经济增长性的趋势成分看，GDP 潜在增长率为正，从 1953 年到 1961 年呈下降趋势，1962 年后呈上升趋势，1985 ~ 2008 年大致在 10%，2008 年后有一定程度的下降；最终消费率趋势成分一直在波动中下降，从 1953 年的 75.1% 下降到 2014 年的 49.5%；资本形成率趋势成分则一直在波动中上升，从 1953 年的 25.5% 上升到 2007 年的 47.7%。

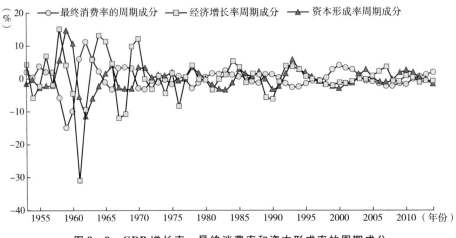

图 9 - 9　GDP 增长率、最终消费率和资本形成率的周期成分

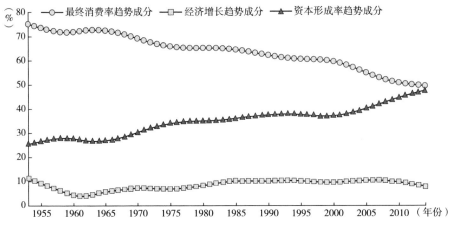

图 9 - 10　GDP 增长率、最终消费率和资本形成率的趋势成分

　　另外，为分析 GDP 增长率、最终消费率和资本形成率之间的相关性，计算了各变量之间的相关系数（表 9 - 13）。可以看出，GDP 增长率和最

表 9 - 13　GDP 增长率（*GR*）、最终消费率（*CR*）和
资本形成率（*IR*）的相关系数

	GR	*CR*	*IR*
GR	1.0000	- 0.2884	0.3058
CR	- 0.2884	1.0000	- 0.9661
IR	0.3058	- 0.9661	1.0000

终消费率之间的相关系数为 - 0.2884，为负向弱相关；GDP 增长率和资本形成率之间的相关系数为 0.3058，为正向弱相关；最终消费率和资本形成率之间的相关系数为 - 0.9661，为负向高度相关。

二　GDP 增长率、最终消费率和资本形成率 VAR 模型构建

向量自回归（VAR）模型由计量经济学家和宏观经济学家西姆斯（C. A. Sims）于 1980 年引入经济学中，VAR 模型将系统的内生变量及滞后值作为自变量，各内生变量为因变量，从而构建多元自回归模型，被称为向量自回归模型。VAR 模型能够估计联合内生变量的动态关系。为了研究最终消费率、资本形成率和经济增长率之间的动态关系，建立包括最终消费率、资本形成率和经济增长率的三变量 VAR 模型。VAR（p）模型的数学表达式为

$$y_t = \alpha + A_1 y_{t-1} + \cdots + A_p y_{t-p} + \varepsilon_t$$

其中 y_t 是 m 维的内生变量列向量，$A_1, \cdots, A_p$ 是待估的参数矩阵，p 是滞后阶数，ε_t 是 m 维的扰动列向量[①]。

（一）变量选择与数据来源

本节着重分析最终消费率、资本形成率和经济增长率之间的动态关系，因此将最终消费率、资本形成率和经济增长率作为内生变量。选取 1978～2016 年中国最终消费率（CR）和资本形成率（IR）数据，经济增长率（GR）数据采用以上年为 100 的 GDP 指数减去 100 得到，1978～2016 年数据来源于国家统计局数据库。

（二）单位根检验

本节采用 ADF 单位根检验对时间序列的对数和差分对数序列进行平稳性检验，检验结果如表 9 - 14 所示，由表 9 - 14 可知，变量 GR、CR、IR

---

① 高铁梅：《计量经济分析方法与建模——Eviews 应用及实例》（第二版），清华大学出版社，2009。

的都为平稳序列，即为 I（0）过程。

表 9 - 14　单位根检验结果（ADF 检验）

变量	ADF 值	10% 临界值	5% 临界值	1% 临界值	检验形式（C、T、N）	检验结果
GR	- 3.652045	- 2.612874	- 2.948404	- 3.63290	（C，0，3）	平稳 I（0）
CR	- 5.821135	- 3.171541	- 3.486509	- 4.118444	（C，T，3）	平稳 I（0）
IR	- 3.598870	- 3.200320	- 3.536601	- 4.226815	（C，T，1）	平稳 I（0）

说明：C、T、N 分别代表检验中是否带有常数项、时间趋势项及差分滞后阶数，差分滞后阶数的选择为 SIC 最小化原则。

（三）VAR 模型及其稳定性分析

运用 Eviews 计量经济学软件，参照 SIC、AC、HQ 等滞后阶数选择标准，判断滞后阶数为 2 时最佳，回归后，得到如下的 VAR（2）模型（表 9 - 15）。

表 9 - 15　*GR*、*CR*、*IR* 的 VAR 模型回归结果

	GR	CR	IR
GR（- 1）	0.629462	0.120162	0.120162
	(0.20731)	(0.11961)	(0.11961)
	[3.03632]	[1.00459]	[1.00459]
GR（- 2）	- 0.246096	- 0.015771	- 0.299293
	(0.17632)	(0.10173)	(0.12951)
	[- 1.39570]	[- 0.15503]	[- 2.31091]
CR（- 1）	- 0.564656	1.641892	- 0.464716
	(0.36358)	(0.20978)	(0.26706)
	[- 1.55304]	[7.82684]	[- 1.74013]
CR（- 2）	0.495733	- 0.611197	0.180769
	(0.37277)	(0.21508)	(0.27381)
	[1.32985]	[- 2.84172]	[0.66020]
IR（- 1）	- 0.257092	0.047765	0.897306
	(0.24288)	(0.14013)	(0.17840)
	[- 1.05853]	[0.34085]	[5.02980]

	GR	CR	IR
	0.072156	0.071241	-0.326065
IR（-2）	(0.23957)	(0.13822)	(0.17597)
	[0.30119]	[0.51540]	[-1.85298]
	17.19319	-7.593146	34.37830
C	(16.2776)	(9.39175)	(11.9562)
	[1.05625]	[-0.80849]	[2.87535]
拟合优度 R^2	0.512069	0.964937	0.909991
修正的拟合优度 R^2	0.414482	0.957924	0.891989
F 统计量	5.247341	137.5991	50.54999

由表 9-15 可知，经济增长率方程中，滞后 1 期的经济增长率、最终消费率和资本形成率的系数分别为 0.629、-0.565、-0.257，其中只有经济增长率的系数显著；滞后 2 期的经济增长率、最终消费率和资本形成率的系数分别为 -0.246、0.496、0.072，所有系数均不显著。最终消费率方程中，滞后 1 期的经济增长率、最终消费率和资本形成率的系数分别为 0.120、1.642、0.048，只有最终消费率的系数显著；滞后 2 期的经济增长率、最终消费率和资本形成率的系数分别为 -0.016、-0.611、0.071，只有最终消费率的系数显著。资本形成率方程中，滞后 1 期的经济增长率、最终消费率和资本形成率的系数分别为 0.120、-0.465、0.897，其中只有资本形成率的系数显著；滞后 2 期的经济增长率、最终消费率和资本形成率的系数分别为 -0.299、0.181、-0.326，只有经济增长率的系数显著。

由上述分析可知，经济增长率、最终消费率和资本形成率等三个变量本身在很大程度上可由其滞后值的变化来解释，变量的变动体现出一定的规律性，即经济增长率、最终消费率和资本形成率具有较好的可持续性。下面利用脉冲响应函数和方差分解分析进一步揭示三者之间的动态关系。

根据 VAR 模型分析步骤，在进行脉冲响应函数分析之前，还需检验 VAR 模型的平稳性，如果模型特征根的倒数都落在单位圆内，则 VAR 模型是稳定的，可以进行脉冲响应函数分析，否则不能进行脉冲响应函数分析。由图9－11可知，所有根的倒数都落在单位圆内，VAR模型整体拟合较好，可以进行脉冲响应函数分析。

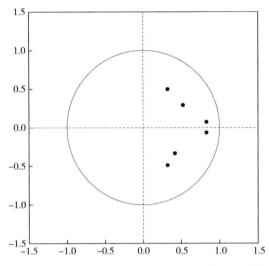

图9－11　经济增长率、最终消费率和资本形成率
VAR模型单位根检验

三　最终消费率、资本形成率与经济增长的脉冲响应分析

脉冲响应函数可以给出当一个变量对应的随机扰动项受到一个标准差的新息冲击时，对系统内变量的动态影响。在向量自回归模型中，可以采用脉冲响应函数来分析最终消费率、资本形成率与经济增长对各种新息冲击的动态反映，假定对最终消费率和资本形成率的冲击发生在对经济增长率的冲击之间，最终消费率和资本形成率的冲击会对经济增长造成长期（持续性）影响和短期（暂时性）影响，而对经济增长率的冲击也会反过来对最终消费率和资本形成率造成影响。改革开放过程中消费结构变化、投资体制改革等因素可看作对最终消费率和资本形成率的长期冲击，其他的当期冲击可看作对最终消费率和投资率的暂时性冲击。在表9－15建立的三变量VAR（2）模型中，分别考虑最终消费率、资本形成率与经济增

长率作为因变量时，来自其他变量包括因变量自身的一个标准差的随机扰动所带来的影响和影响的持续情况。根据 VAR（2）模型，得到最终消费率、资本形成率与经济增长之间相互冲击的动态响应函数，脉冲响应函数响应路径如图 9 – 12、图 9 – 13 和图 9 – 14 所示，图中横轴为冲击作用的滞后期数（以年为单位），纵轴表示内生变量对冲击的响应程度，曲线表示脉冲响应函数。

（一）经济增长率对各种冲击的脉冲响应分析

图 9 – 12 给出了经济增长对自身冲击、最终消费率冲击和资本形成率冲击的脉冲响应曲线。首先，分析经济增长对自身冲击的脉冲响应函数。在当期给经济增长率自身一个正的标准差冲击后，经济增长率的响应程度在此后 4 期内急剧递减，从 2.08% 下降到 – 0.33%，此后又开始上升到第 7 期为 0.04%，到第 10 期趋于消失。说明随着我国市场化改革的逐步深入，我国经济增长的稳定性逐渐增强，经济波动本身的维持性并不强，对经济增长率本身的标准差冲击对经济增长本身的影响并不持久，即只有短期影响。因此，在未来的经济政策制定方面，尽可能从供给侧方面着手，提升经济增长的可持续性。

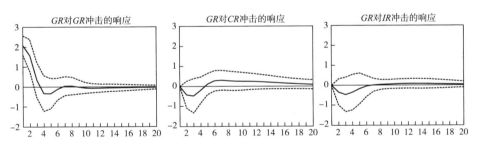

图 9 – 12　经济增长对自身冲击、最终消费率冲击和资本形成率冲击的脉冲响应曲线

其次，分析最终消费率冲击对经济增长率的影响。在当期给经济增长率施加一个最终消费率正的标准差冲击后，经济增长率前 4 期的为负响应，此后转为正响应但幅度较小。从经济增长率对最终消费率冲击的响应程度来看，经济增长率的变化较小，这与国民收入核算视角分析得到的结论一样，最终消费率上升 1 个百分点，对经济增长率的影响几乎可以忽略，最终消费更多的是对经济增长稳定性和可持续性方面产生影响。

最后，分析资本形成率冲击对经济增长率的影响。在当期给经济增长率施加一个资本形成率正的标准差冲击后，经济增长率的响应程度在第1~6期为负值，在第3期达到最大负值 −0.47%，第7期后变为正向影响但数值较小，此后响应趋于消失。从经济增长率对资本形成率冲击的响应程度来看，经济增长率的变化较小，这与国民收入核算视角分析得到的结论一样，资本形成率上升1个百分点，对经济增长率的影响几乎可以忽略，经济增长率还是维持在其潜在水平。

（二）最终消费率对各种冲击的脉冲响应分析

图9−13给出了最终消费率对经济增长冲击、自身冲击和资本形成率冲击的脉冲响应曲线。首先，分析最终消费率对经济增长率冲击的脉冲响应函数。在当期给最终消费率施加一个经济增长率正的标准差冲击后，最终消费率对此产生负响应，最终消费率持续下降，到第20期冲击对最终消费率的影响趋于消失。从最终消费率对经济增长率冲击的响应函数来看，经济增长率冲击对最终消费率持续产生负向影响，其影响直到20期才逐步消失。结合我国经济发展现状来分析，由于短期内要使经济增长率提高，最直接和有效的方式是通过增加投资，但投资的增加会产生挤出效应，使得最终消费减少，结果GDP增加，最终消费额下降，最终消费率下降。我国改革开放以来一直维持了较高的增长速度，典型投资驱动的经济增长特征也在一定程度上使消费率下降。

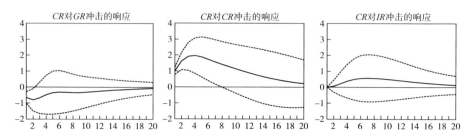

图9−13　最终消费率对经济增长冲击、自身冲击和
资本形成率冲击的脉冲响应曲线

其次，分析最终消费率对自身冲击的脉冲响应函数。在当期给最终消费率自身一个正的标准差冲击后，最终消费率响应程度一直为正，但表现出先上升后下降的趋势，从第 1 期的 1.00% 上升到第 4 期的 1.97%，此后响应程度保持为正且持续下降。这实际上说明了最终消费本身是极为稳定的，比如当由于消费结构的变化引起最终消费的变化，那这种影响会一直持续下去，直到下一次消费结构的变化为止。

最后，分析资本形成率冲击对最终消费率的动态影响。在当期给最终消费率施加一个经济增长率正的标准差冲击后，在第 1 期到第 7 期持续上升，从第 1 期的 0.00% 上升到第 7 期的 0.57%，从第 8 期开始最终消费率的响应程度逐渐下降，到第 20 期为 0.13%。从资本形成率冲击对最终消费率的动态影响来看，短期内投资的变动会导致最终消费率做相应的调整，但由于投资的双重属性，既是当期需求，又是未来生产力，因此随着时间的推移，资本逐渐形成生产力，其对消费的影响才逐步表现出来。

（三）资本形成率对各种冲击的脉冲响应分析

图 9 - 14 给出了资本形成率对经济增长率冲击、最终消费率冲击和资自身冲击的脉冲响应曲线。首先，分析经济增长率冲击对资本形成率的影响。在当期给资本形成率施加一个经济增长率正的标准差冲击后，资本形成率响应程度除 5、6 两期外均为正，且在第 2 期达到响应程度的最大值 1.56%，到第 20 期资本形成率响应程度降到 0.06%。可以看出，资本形成率与最终消费率对经济增长率冲击的响应函数恰好相反，响应程度大小

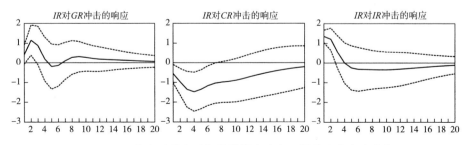

图 9 - 14　资本形成率对经济增长率冲击、最终消费率冲击和资自身冲击的脉冲响应曲线

相当，但方向相反。结合我国经济发展现状来分析，由于短期内要使经济增长率提高，最直接和有效的方式是通过增加投资，要使 GDP 增长 1 个百分点，在投资增长率不变的情况下，资本形成率的变化超过 1 个百分点。

其次，分析最终消费率冲击对资本形成率的影响。在当期给资本形成率施加一个最终消费率正的标准差冲击后，资本形成率响应程度持续为负，负向影响由大逐渐变小，第 1 期资本形成率的响应程度为 - 0.56%，到第 20 期为 - 0.20%。改革开放以来，我国净出口率平均为 3%，因此当净出口率固定时，最终消费率的上升必然导致资本形成率的下降，由于消费者的消费习惯一般来说相对稳定，最终消费也相对稳定，最终消费率冲击对资本形成率的影响持续性也较强。

最后，分析资本形成率对自身冲击的脉冲响应函数。在当期给资本形成率自身一个正的标准差冲击后，资本形成率响应程度第 1 期的 1.36% 下降到第 4 期的 - 0.002%，此后持续下降到第 9 期负向最大值 - 0.35%，从第 10 期开始负向响应逐渐变小，到第 20 期为 - 0.11%。结合我国经济发展现状，投资对自身冲击响应在前 3 期最为强烈，投资周期较为明显，说明我国投资政策收缩、扩张对投资的影响周期性较强。

四　最终消费率、资本形成率与经济增长的方差分解分析

方差分解表明当 VAR 模型的某个变量受到一个单位标准差的冲击后，变量的预测误差方差百分比反映出的变量之间的交互作用。具体来看，时间序列的误差方差是自身扰动项及系统其他扰动项共同作用的结果，而方差分解的目的就是要将系统的均方差（Mean Square Error）分解成各个变量冲击所做的贡献。对最终消费率、资本形成率与经济增长方差分解的结果如表 9 - 16、表 9 - 17、表 9 - 18 所示。

由表 9 - 16 可知，从各变量冲击对经济增长率变化的影响来看，经济增长率变化主要受自身波动的影响，第 1 期只受自身波动的影响，此后影响缓慢下降，到第 15 期影响基本稳定在 81.8%；最终消费率对经济增长变化的贡献较小，这一方面说明了最终消费率的变化对经济增长率影响较小，另一方面也说明了最终消费率的变化对经济增长率波动影响小，即最

终消费率的提高有利于稳定经济增长；资本形成率对经济增长率波动的贡献由第 1 期的 0% 逐渐上升到第 15 期的 6.15%，最终稳定在这一数值，这与前面分析得到的结论相一致，即资本形成总额比最终消费更直接影响经济增长及其变化。

表 9 - 16　*GR* 的方差分解

时　期	S. E.	GR	CR	IR
1	2.080728	100.0000	0.000000	0.000000
2	2.663384	95.74944	2.537295	1.713264
3	2.767327	90.19460	5.321820	4.483585
4	2.816104	88.48155	5.611372	5.907079
5	2.844440	88.16967	5.666533	6.163795
6	2.860522	87.33440	6.542773	6.122831
7	2.876833	86.36329	7.581787	6.054927
8	2.890697	85.56085	8.428545	6.010610
9	2.902307	84.87914	9.130100	5.990761
10	2.913998	84.23719	9.772815	5.989993
11	2.925877	83.61186	10.38078	6.007357
12	2.936927	83.03064	10.93074	6.038620
13	2.946444	82.52810	11.39550	6.076398
14	2.954271	82.11697	11.76829	6.114741
15	2.960563	81.79046	12.05906	6.150479
16	2.965553	81.53486	12.28285	6.182282
17	2.969453	81.33704	12.45331	6.209655
18	2.972445	81.18609	12.58140	6.232507
19	2.974697	81.07285	12.67611	6.251041
20	2.976364	80.98931	12.74500	6.265690

由表 9 - 17 可知，从各变量冲击对最终消费率变化的影响来看，经济增长率变化对最终消费率变化的贡献由第 1 期的 29.74% 逐渐下降至其稳定水平的 7.98%；最终消费率自身波动对其变化的贡献由第 1 期的 70.25% 逐渐上升到其稳定水平 83.8%；资本形成率变化对最终消费率变化的贡献由第 1 期的 0% 逐渐上升到其稳定水平 8.20%。因此，整体来看，

最终消费率变化主要受其自身的影响，资本形成率和经济增长率对最终消费率的变化影响较小，这说明消费具有持续性。

表 9 - 17　CR 的方差分解

时　期	S. E.	GR	CR	IR
1	2.080728	29.74853	70.25147	0.000000
2	2.663384	22.72868	77.18272	0.088600
3	2.767327	17.24383	82.17044	0.585733
4	2.816104	13.44590	85.05145	1.502655
5	2.844440	11.09903	86.29927	2.601702
6	2.860522	9.738469	86.59250	3.669028
7	2.876833	8.990508	86.40693	4.602566
8	2.890697	8.597904	86.02241	5.379684
9	2.902307	8.385589	85.60166	6.012753
10	2.913998	8.254744	85.22224	6.523020
11	2.925877	8.163995	84.90524	6.930760
12	2.936927	8.099580	84.64688	7.253537
13	2.946444	8.055484	84.43799	7.506527
14	2.954271	8.026587	84.27063	7.702784
15	2.960563	8.008155	84.13846	7.853381
16	2.965553	7.996508	84.03590	7.967594
17	2.969453	7.989189	83.95767	8.053137
18	2.972445	7.984656	83.89896	8.116383
19	2.974697	7.981930	83.85554	8.162535
20	2.976364	7.980358	83.82387	8.195776

由表 9 - 18 可知，从各变量冲击对资本形成率变化的影响来看，经济增长率变化对资本形成率变化的贡献由第 1 期的 7.86% 提升到第 3 期的 25.52%，然后逐渐下降至其稳定水平的 12.65%；最终消费率对资本形成率变化贡献由第 1 期的 13.42% 逐渐上升到其稳定水平的 65.96%；资本形成率变化对自身的贡献由第 1 期的 78.72% 逐渐下降到其稳定水平 21.39%。整体来看，资本形成率变化主要受其自身长率和最终消费率的影响。

表 9 – 18　IR 的方差分解

时　　期	S. E.	GR	CR	IR
1	2.080728	7.863467	13.41770	78.71884
2	2.663384	24.93921	20.58486	54.47593
3	2.767327	25.52095	34.36310	40.11594
4	2.816104	20.79929	47.02050	32.18021
5	2.844440	18.02032	54.02937	27.95031
6	2.860522	16.32231	57.84141	25.83627
7	2.876833	15.14642	60.27986	24.57372
8	2.890697	14.54498	61.87285	23.58218
9	2.902307	14.17787	63.01930	22.80283
10	2.913998	13.82284	63.92027	22.25689
11	2.925877	13.49103	64.60330	21.90566
12	2.936927	13.22763	65.08349	21.68888
13	2.946444	13.03995	65.40296	21.55709
14	2.954271	12.91183	65.61029	21.47787
15	2.960563	12.82354	65.74474	21.43173
16	2.965553	12.76095	65.83243	21.40662
17	2.969453	12.71608	65.88932	21.39460
18	2.972445	12.68428	65.92541	21.39031
19	2.974697	12.66223	65.94750	21.39028
20	2.976364	12.64721	65.96044	21.39234

　　从经济增长率与最终消费率两者的方差分解结果看，经济增长率波动主要受其自身波动的影响，最终消费率变化对经济增长率变化的影响非常小；最终消费率波动主要受其自身波动的影响。这一分析结果与脉冲响应函数分析基本一致。

五　结论

　　本节选取我国 1978～2014 年最终消费率、资本形成率与经济增长率数据，建立向量自回归模型（VAR）并利用相应的计量方法，从实证的角度分析了我国最终消费率、资本形成率与经济增长的关系，得到以下结论。

我国最终消费率、资本形成率与经济增长之间存在一种稳定的长期均衡关系，建立的 VAR 模型具有平稳性，各变量及其滞后值之间存在相互影响关系。

通过脉冲响应函数分析发现：第一，在当期给经济增长率自身一个正的标准差冲击后，经济增长率的响应程度在此后 4 期内急剧递减，从 2.08% 下降到 −0.33%，此后又开始上升到第 7 期为 0.04%，到第 10 期趋于消失。说明随着我国市场化改革的逐步深入，我国经济增长的稳定性逐渐增强，经济波动本身的维持性并不强，对经济增长率本身的标准差冲击对经济增长本身的影响并不持久，即只有短期影响。经济增长对最终消费率冲击的响应程度表明，经济增长率前 4 期的为负响应，此后转为正响应但幅度较小。从经济增长率对最终消费率冲击的响应程度来看，经济增长率的响应程度在第 1~6 期为负值，在第 3 期达到最大负值 −0.47%，第 7 期后变为正向影响但数值较小，此后响应趋于消失。

第二，从最终消费率对经济增长率冲击、资本形成率冲击和自身冲击的响应程度来看，最终消费率对资本形成率冲击和自身冲击的响应程度持续为正，且持续到第 20 期才逐步消失；最终消费率对经济增长率冲击的脉冲响应持续为负，由于短期内要使经济增长率提高，最直接和有效的方式是通过增加投资，但投资的增加会产生挤出效应，使得最终消费减少，结果 GDP 增加，最终消费额下降，最终消费率下降。

第三，从资本形成率对经济增长率冲击、最终消费率冲击和资自身冲击的脉冲响应程度来看，资本形成率经济增长率冲击响应程度除第 5、6 两期外均为正，且在第 2 期达到响应程度的最大值 1.56%，到第 20 期资本形成率响应程度降到 0.06%；资本形成率对最终消费率的响应程度持续为负，负向影响由大逐渐变小，第 1 期资本形成率的响应程度为 −0.56%，到第 20 期为 −0.20%；资本形成率对自身冲击的响应程度从第 1 期的 1.36% 下降到第 4 期的 −0.002%，此后持续下降到第 9 期负向最大值 −0.35%，从第 10 期开始负向响应逐渐变小，到第 20 期为 −0.11%。

从经济增长率与最终消费率两者的方差分解结果看，经济增长率波动主要受其自身波动的影响，最终消费率变化对经济增长率变化的影响非常小；最终消费率波动主要受其自身波动的影响。

第四节　政策启示

在我国经济进入新常态的背景下，使经济保持持续稳定的中高速增长对我国全面建成小康社会和国民福利的进一步改进提升具有重要意义。基于提高最终消费率对经济增长率影响较小，但对经济增长稳定性的影响效应较为显著的结论，本章得到以下政策启示。

首先，进一步采取措施提高最终消费率。根据本章的研究，最终消费率的提高虽然对提高经济增长率的作用较为微弱，但对提高经济增长稳定性具有持续的推动作用。具体措施包括：改善消费环境，提高消费者的消费信心；进一步完善社会保障体系，使消费者有更多的收入可用于消费；推进收入分配改革，提高劳动者报酬所占比重。

其次，通过持续扩大有效投资，适度降低资本形成率。与我国最终消费率持续下降形成反差的是，资本形成率逐年上升，结果使得我国的资本积累水平也逐年上升以至于资本积累已超过其最优水平（黄金律资本存量）。具体措施包括：调整投资结构，对已出现产能过剩的产业，压缩其投资；加大对新兴产业及新兴科技的投资。

最后，采取措施减少最终消费和资本形成总额的波动。经济增长的稳定性取决于其构成最终消费、资本形成总额和净出口的稳定性，由于净出口占比较小且受国际市场的影响较大，净出口率的变动对经济增长稳定性的影响也相对较小。因此，最终消费和资本形成总额的稳定性对经济增长的稳定起到了决定性的作用。具体措施包括：尽量少用如 2008 年 4 万亿投资之类的政策来刺激经济，因为短期的稳定会给未来的长期埋下隐患；提高各类消费和投资政策的持续性，提高新的消费和投资政策与老政策的协调性。

第十章

结论与展望

第一节　研究结论

基于我国最终消费率逐年下降且经济进入结构性减速的现实，但在"十三五"及未来很长一段时间消费对我国经济实现持续稳定增长将起到非常重要的作用。正是基于这样的考虑，本书首先分析了我国最终消费率与经济增长稳定性的特征事实，明确研究所要解释和解决的问题；接着基于动态效率、索洛模型、拉姆齐模型等理论框架，探讨了在经济实现最优增长条件下最优消费率的决定及最优消费率与经济稳定增长的关系问题；然后运用相关指标对我国经济增长稳定性进行评价，并分析了其影响因素；最后基于我国经济数据，通过数值模拟、投入产出模型、VAR模型分析了最终消费率对我国经济增长及其稳定性的影响，得出了提高最终消费率对经济增长率本身影响较小，但对经济增长稳定性作用较为显著的结论。因此，提高最终消费率向其最优值收敛，对我国经济实现稳定增长具有重要的意义。具体而言，通过上述九章的研究，本书主要得出了以下结论。

第一，最终消费率与经济增长稳定性特征事实表明：我国最终消费率逐年下降，但经济数据反映出来的经济增长稳定性在逐步提高，劳动收入份额和收入差距是最终消费率的重要影响因素。本书认为，最终消费率下降与经济增长稳定性提高之间并没有直接的联系，经济增长稳定性的提高是市场化改革、经济结构、经济政策等多方面改进的综合结果。事实上，后续实证研究结果表明，我国需求结构的失衡（最终消费率下降、资本形成率上升）在一定程度上加剧了经济波动。

第二，通过把动态效率和最优消费率二者统一在动态效率分析框架下进行研究，将经济实现黄金律增长时对应的消费率界定为最优消费率，则经济动态效率为判断现实经济消费率与最优消费率之间的关系提供了一种思路：当经济处于动态无效状态时，现实经济的消费率低于最优消费率；当经济处于动态有效状态时，现实经济的消费率高于最优消费率。运用1992～2016 年我国经济相关数据进行实证分析，结果显示：

（1）1992～2007 年和 2011～2012 年、2016 年我国经济动态有效，最终消费率高于最优消费率；2008～2010 年和 2013～2015 年经济呈动态无效，最终消费率低于最优消费率；1992～2016 年我国的最优消费率大致为55%。虽然这一比例远低于同期的世界平均水平和中等收入国家水平。但本书认为这一比例在该时期来说已是经济主体对各经济条件进行反应后作出的最优选择。因此我国最终消费率偏低是一个相对的概念。因此，这一最优消费率水平（55%）可作为"十三五"期间我国需求结构调整的短期目标值，通过使最终消费率由 2014 年的 50.7% 逐渐向其最优值 55% 收敛，一方面使经济增长的消费动力有保障，另一方面也能在一定程度上提高经济增长稳定性。

（2）对最终消费率进行分解表明，最终消费率取决于劳动收入占比和居民平均消费倾向，这两个变量的走势基本可以解释 1992～2016 年来我国最终消费率的走势。通过 VAR 模型，分析了最终消费率和劳动收入占比之间的关系。劳动收入占比和最终消费率存在单向的因果关系，劳动收入占比是最终消费率的 Granger 原因，而最终消费率不是劳动收入占比的Granger 原因。劳动收入占比的提高对最终消费率的提高具有较大的提升效应。

（3）从省级层面最终消费率来看，1993～2016 年我国最终消费率呈现出与经济发展水平负相关关系，东部地区经济最发达，最终消费率在三个地区中却最低，中部地区经济发展水平适中，最终消费率也居中，西部地区经济发展落后，最终消费率却最高；从省级层面动态效率来看，得出的结论与已有文献结论刚好相反，东部地区整体看处于动态无效，中西部地区处于动态有效状态；从最终消费率与最优消费率的关系来看，东部地区最终消费率整体上小于最优消费率，消费相对不足，中西部地区最终消费率整体上大于其最优消费率，消费相对过度。

第三，以索洛模型为基础，从两个层面分析了我国改革开放以来的最优消费率：一是基于黄金律资本存量的角度，推演最优消费率等于劳动的产出弹性，实证分析结果表明，最优消费率为 67.7%；二是从资本产出比的角度来测算我国改革开放以来的最优消费率，1978~2013 年我国最优消费率均值为 64.9%。从索洛模型的角度分析，我国的最优消费率合理取值区间为 [64.9%，67.7%]。从最优消费率的取值区间来看，这一区间的中间值大致为 66%，高于基于动态效率视角下的最优消费率（55%）11 个百分点，原因在于索洛模型是从长期最优增长的角度来进行分析，而经济动态效率视角则更注重经济中短期及经济现实的结合。因此，从长期增长的角度来看，最优消费率合理取值区间为 [64.9%，67.7%] 可作为我国 "十三五" 后未来很长一段时间需求结构调整的目标。

第四，在储蓄－消费行为内生化的拉姆齐模型中，将经济达到稳态时的消费率界定为最优消费率，给出了最优消费率的显示解，在参数校准的基础上，得出我国最优消费率为 62.75%，并讨论了各外生参数变化如何影响最优消费率。具体来看，①经济的最优消费率取决于贴现率 ρ、消费者的相对风险厌恶系数 θ、技术进步率 g、产出的资本弹性 α、人口增长率 n、折旧率 δ 等外生参数。结合我国经济发展实际和国内外相关学者的研究成果校准参数，测算我国改革开放以来的最优消费率为 62.75%。②根据最优消费率的显示解，贴现率 ρ、消费者的相对风险厌恶系数 θ 对最优消费率的影响是正向的，技术进步率 g 对最有消费率的影响方向是不确定的，产出的资本弹性 α、人口增长率 n 和折旧率 δ 对最优消费率的影响是反向的。③依据数值模拟结果，产出的资本弹性 α、人口增长率 n 和折旧率 δ 对最优消费率影响的边际效应是不变的，当产出的资本弹性 α 上升 5 个百分点时，最优消费率下降 2.48 个百分点；当人口增长率 n 和折旧率 δ 上升 1 个百分点时，最优消费率下降 1.59 个百分点；由于校准参数满足 $\rho < \theta(n + \delta)$，因此技术进步率上升会导致最优消费率的上升，贴现率

ρ、消费者的相对风险厌恶系数 θ 和技术进步率 g 对最优消费率的边际效应是递减的。④贴现率 ρ、相对风险厌恶系数 θ、技术进步率 g、产出的资本弹性 α、人口增长率 n、折旧率 δ 等 6 个外生参数中，相对风险厌恶系数 θ 对最优消费率的影响最大，其变化 1 单位的影响是其他参数的 10 倍。基于我国最终消费率处于世界低水平的事实，可以通过调整这些外生参数，使消费率向最优值收敛。基于拉姆齐模型测算的最优消费率与索洛模型较为接近，从研究结果归纳的角度，本书也将拉姆齐模型对最优消费率的测算结果归为经济长期增长的调整目标。

第五，通过构建开放经济下的跨期一般均衡模型，在模型参数校准的基础上，运用数值模拟的方法探讨开放经济下最优消费率的决定及影响因素，得出了以下结论：①开放经济条件下的均衡模型可以用来解释我国的消费行为。将我国经济现实与最优消费率发展路径进行对比，可以发现无论是在索洛模型、拉姆齐模型还是开放经济模型下，我国的最终消费率都远低于最优消费率，说明我国经济发展偏离了最优发展路径。②开放经济条件下最优消费率在不同参数下的取值范围为 [51.1%，80.8%]，在各参数符合经济现实的条件下取其中间值 66.0%，也就是说，将开放经济条件下的最优消费率取值确定为 66.0%。这一数值与索洛模型、拉姆齐模型两个长期模型得出的最终消费率结果相差不大。③反映家庭消费行为的两大参数对均衡消费率的影响：在其他参数给定的情况下，贴现因子与均衡消费率成反比例关系，贴现因子越大，即消费者越有耐心将消费推迟到未来，则均衡消费率越低。在其他参数给定的情况下，替代弹性与均衡消费率呈现负相关关系，跨期替代弹性越大，即消费者更愿意将现期消费在未来各期间进行替代，则均衡消费率越低。

第六，本书通过构建动态随机一般均衡模型研究消费率问题，由于DSGE 模型是基于经济主体最优化出发来研究相关问题的，出于方便的考虑本书将经济处于稳态时的消费率界定为最优消费率，进而分析最优消费率和经济产出对各种外生冲击的响应。得出了以下结论：①根据校准参数进行数值模拟，得到经济达到稳态时的消费率（最优消费率）为 58.02%，这一消费率是最终消费率，包括居民消费率和校准的政府消费率 15%，从而居民消费率为 43.02%。这一数值与我国现实经济消费率较为接近，

1978～2016 年我国最终消费率均值为 55.8%。②给定 1% 的正向的技术冲击，最终消费率对技术冲击的反映是：当期最终消费负向偏离其稳态值，且偏离幅度达到最大的 0.0073%，在第 8 期达到负向偏离的阶段最小值，然后逐渐向稳态值回归。这可能是由于技术进步率的提升导致产出水平的提升，增加的产出会有较多的比例用于资本积累，从而导致了消费率下降。最终消费对率技术冲击的反映为负，且持续期较长。③给定 1% 的正向的政府消费冲击，最终消费率对政府消费冲击的反映是：当期最终消费正向偏离其稳态值，且偏离幅度达到最大的 0.0011%，此后一直是正向偏离且幅度逐渐减小，最终向稳态值回归。④DSGE 模型中稳态消费率对各参数的敏感性分析表明：产出资本弹性、折旧率和贴现因子与最优消费率成反比例关系。这些参数变化对最优消费率的影响符合预期判断。

第七，本书在总结经济增长稳定性的测度指标基础上，分析改革开放以来我国经济增长稳定性的演变情况，再结合我国实际进一步分析我国经济增长稳定性的影响因素，得到了如下结论。

①总体上看，GDP、最终消费和资本形成总额增长的稳定性在改革开放后逐渐得到改善；资本形成总额增长的稳定性弱于 GDP、最终消费增长的稳定性；最终消费与 GDP 增长的稳定性在 1978 年后的大部分时间里趋于一致。从方差分解结果来看，需求结构变动效应为 -5.2%，说明需求结构的变动加剧了我国经济波动，降低了经济增长的稳定性，主要原因是需求中稳定性较高的最终消费比例下降，而稳定性较差的资本形成、净出口的比例上升；各需求的波动效应为 108.2%，说明各需求稳定性的进一步提高有利于经济增长稳定性的改善；需求的交互效应为 -2.9%，说明需求各组成部分的相互作用不利于经济增长稳定性的提高。

②总体上看，我国 GDP 及三次产业增长的稳定性在改革开放后逐渐得到改善；分产业来看，第一、第二产业增长的稳定性弱于 GDP 增长的稳定性，而第三产业增长的稳定性与 GDP 增长的稳定性大致相当；三次产业中第一产业增长的稳定性最差，第二、第三产业增长的稳定性则相对较好。从方差分解结果来看，产业结构变动效应为 25.6%，说明产业结构的变动熨平了我国经济波动，提高了经济增长的稳定性，主要原因是经济中稳定性较高的第三产业比例上升、第一产业比重下降，而稳定性较差的第二产

业比重变化较小；各产业的波动效应为 81.3%，说明各产业稳定性的进一步提高有利于经济增长稳定性的改善，81.3% 的 GDP 波动性的下降是由三次产业自身稳定性提高的结果；产业的交互效应为 - 6.9%，说明三次产业的相互作用加剧了经济波动。

③从要素结构对经济增长稳定性的影响来看：我国各生产要素增长率的波动会直接导致经济增长的波动：劳动投入增长率波动 1%，会导致经济增长率波动 0.6765%；资本投入增长率波动 1%，会导致经济增长率波动 0.7535%。从各要素冲击和要素结构变化对经济波动的影响程度来看，资本冲击、劳动冲击和要素结构变化冲击对经济波动的影响两阶段的划分以 1992 年为界，1992 年邓小平"南方谈话"，表明我国的市场化改革进入了一个新的阶段。1978～1991 年是我国进行市场化改革的第一个阶段，这一时期我国经济要素配置的特点是，资本要素稀缺，劳动要素相对丰裕，因此产出的劳动份额要高于资本份额。从各要素冲击对经济波动的影响来看，资本冲击、劳动冲击和要素结构变化冲击都较为剧烈，资本冲击对经济波动的贡献是较大的且呈现出波动中上升的态势，劳动冲击对经济波动的贡献在均值为零附近上下波动，要素结构变化冲击对经济波动的贡献仅次于资本冲击且呈现出在波动中下降的趋势，说明要素结构的逐步调整有利于熨平经济波动，但其作用还比较小。各要素冲击波动剧烈可能与我国刚开始进行市场化改革，缺乏市场经济运作的经验和各种体制机制转变造成各要素配置的波动有关。

④产出缺口也影响经济增长的稳定性，一般来说，缺口越大，说明经济增长稳定性越差。

⑤投资主体的所有制结构也影响经济增长的稳定性，国有经济占比越大，经济增长稳定性越差。

⑥经济增长稳定性主要受产出缺口、需求结构、产业结构和投资者所有制结构等四大因素的影响，当产出缺口增加 1 个百分点时，经济增长稳定指数降低 0.97；当需求结构（最终消费率）提高 1 个百分点时，经济增长稳定指数上升 0.79；当产业结构提高 1 个百分点时，经济增长稳定指数上升 1.47；当所有制结构（国有经济比重）上升 1 个百分点，经济增长稳定指数降低 0.62。

第八，从国民经济核算、投入产出模型、VAR 模型三个层面分析消费率变动对经济增长及其稳定性的影响。从国民经济核算层面分析结构表明，在消费、投资、净出口的增长率保持不变的条件下，假定消费率上升、投资率下降和净出口率不变的情况下，提高消费率对经济增长率影响较小，但对经济增长稳定性的提高作用较为显著；其次，从投入产出分析层面，假定消费率上升、投资率下降和净出口率下降的情况下，最终消费率变动对我国经济增长的影响较小；最后，运用我国 1978～2016 年数据，通过建立最终消费率、投资率和经济增长率的 VAR 模型分析消费率变动对我国经济增长及其稳定性的影响，从经济增长率对最终消费率冲击的响应程度来看，经济增长率的变化较小；从经济增长率与最终消费率两者的方差分解结果看，经济增长率波动主要受其自身波动的影响，最终消费率变化对经济增长率变化的影响非常小。

第二节　政策建议

本书研究表明，提高消费率对经济增长率的影响较小，但对经济增长稳定性的提高有较为显著的效应。因此，提高最终消费率向其中短期最优值（55%）和长期最优值（66%）收敛对于我国经济实现长期稳定增长和消费者福利水平的提高至关重要。基于以上研究结论，本书提出以下建议。

第一，构建扩大消费的长效机制，进一步提高并稳定我国的消费率。

①提高居民的收入水平，使居民"能消费"。一是多渠道增加居民收入，包括帮助城镇失业人员和进城务工人员实现就业、大学生的就业培训等，根据经典的消费理论，消费是收入的函数，收入增加会导致消费增加，进而体现为宏观层面的最终消费率的提高；二是进一步改革我国的收入分配制度，在初次分配和再分配中增加劳动者的收入份额，收入份额的提高将在宏观层面直接提高最终消费率；三是加快建立以个人账户与社会统筹相结合的社会保障体系，为居民解决住房、教育、医疗、养老、失业救济等方面的后顾之忧，使居民的平均消费倾向逐步上升，最终使最终消

费率上升；四是通过资本市场建设改变居民的收入结构，提高投资收入（资产性收入）在居民收入中的比例，进而使居民的消费不再仅仅受限于其劳动收入。

②改善消费环境，使居民"敢消费"。一是完善生产环节、供应环节和贸易流通环节的消费基础设施，降低商品流通成本，提高给消费者的服务质量；二是推进与消费相关的法治建设，改变消费者的弱势地位，切实维护消费者的消费权益与确保消费者安全消费，包括消费者权益保障法、存款保险法和环境保护法等法律法规；三是优化社会信用体系，建立商品质量追溯体系、市场行为规范监督管理等公共服务体系，加大对社会失信行为的打击力度，鼓励企业诚信经营。

③稳定消费预期，使居民"愿消费"。居民消费主要受收入预期、支出预期、物价预期等三大预期因素的影响。一是通过政策措施稳定居民收入预期，制定稳定的工资增长机制，使居民收入水平与经济增长同等速度增长；二是进一步推进社会保障体系的建设，稳定居民的支出预期，加大国家在社保领域的支出，使居民在面对不确定性时的预期支出下降；三是完善国家物价的监控，稳定物价，特别是对关系国计民生的商品价格的控制。

④培育消费热点，释放消费潜力。随着我国经济结构调整和消费结构逐步升级，新产业、新业态和新消费不断涌现，在这一过程中要着重关注新旧消费业态模式的衔接和转换问题，避免消费动力的衰减引发经济增长波动。一是加强对信息消费、旅游消费、家政服务、体验消费、文化消费、健康养老消费等产业发展的引导，并规范完善相应的政策法规。二是扩张消费群体，拓宽消费领域。一般条件下，消费热点的消费群体主要是城镇居民，随着我国城市化进程的推进，更多的农村居民会转化为城镇居民，进而为新的消费热点提供支撑。三是加快供给侧结构性改革，为新消费需求提高有效供给。

⑤开拓农村消费，激发农村消费活力。前文分析表明，自 2002 年以来，我国消费率的下降主要是由农村居民消费率下降造成的，因此采取措施提高农村居民消费有助于遏制我国最终消费率的下降。可采取的措施包括：一是采取多种措施增加农民收入，降低城乡收入差距，如加大对农民

工的培训和农村基础设施的完善，加大对农业与第二、三产业融合发展，切实提高农民的农业收入和非农业收入。二是进一步加快城乡公共服务均衡化进程，推动农村居民与城镇居民享有同等的公共服务，从而使农村居民有更多的收入用于消费。三是加大政策支持，激活农村市场流通：一方面，打通农产品向市场的流通问题，使农民收入有保障；另一方面，打通商品市场与农民需求匹配渠道。

第二，采取多种政策措施，确保我国经济稳定增长。

①减少对资本依赖，降低产出资本弹性。与我国最终消费率持续下降形成反差的是，资本形成率逐年上升，结果使我国的资本积累水平也逐年上升以至资本积累已超过其最优水平（黄金律资本存量）。改革开放以来，由于投资增速一直维持在较高的水平，资本对我国经济增长的贡献在所有的要素中是最大的，这也导致了我国资本深化程度的加深和资本产出比的迅速提升，但长期依靠高投资驱动经济增长的模式是不可持续的，因此未来一段时间再靠投资驱动我国经济增长的可能性非常小，必须通过调整投资结构，淘汰无效产能，提高投资效率，进而使得资本深化程度的减弱和资本产出比下降，使最终消费率向最优消费率收敛。产出资本弹性高会带来两方面的问题：一方面，产出资本弹性高则产出劳动弹性低，也就是劳动的收入份额低，相关研究表明劳动收入的边际消费倾向远高于资本收入的边际消费倾向，劳动的收入份额低不利于消费的持续扩大；另一方面，产出资本弹性高会带来持续的高投资，最终使经济资本积累过度，经济进入动态无效状态。

②保持经济政策的持续性和新旧政策的衔接性，减缓经济波动。由于通货膨胀率、经济增长率和利率的大幅波动会影响消费者的偏好，具体来说，主要影响消费者的贴现率和风险厌恶系数：通货膨胀率、利率高时，消费者的贴现率也将相应地调高，虽有利于最优消费率的提高，但消费率不是越高越好，而是要与经济发展阶段相适应；当通货膨胀率、经济增长率和利率大幅波动，消费者面临的不确定性增强时，会使消费率偏离其最优水平。使实际经济增长率逼近经济的潜在增长率，进而提高经济增长的稳定性。供给管理的重点就在于通过生产技术方面的重大改造和供给动力机制的重构，充分挖掘供给潜力；合理规划与调整产业结构，以使供给结

构适应需求结构，减少资源闲置和供给滞存。显然，与需求管理相比供给管理难以在短期内收效，需长期不断地努力。然而，一旦供给基础得到真正改善，就能从根本上协调供求矛盾，为提升经济增长稳定性打下坚实的基础。

③推进供给侧结构性改革。产业结构对应于经济的供给方，产业结构的调整要与代表经济需求方的结构（需求结构）结合起来。实际上，可以通过需求结构的调整来实现产业结构的调整。另外，从产业结构本身出发，可采取措施进行产业结构的优化：加大对农业基础设施的投入，做好农业内部结构调整，降低农业产出的波动性；在推进工业化的进程中，实现工业结构的转型升级；继续加强传统服务业，大力发展基础性服务业和新兴服务业。从要素结构来分析，各生产要素的波动会导致经济增长率的波动，确保各生产要素的供给和需求实现匹配，减少资源错配带来的要素波动性。增加研发投入，提高全要素生产率；加大教育投入，提高劳动者素质；扩大有效投资，稳定资本积累水平。推动所有制结构改革。从所有制结构来分析，调整国有经济和非公经济的比例，虽然一般认为国有经济的效率要低于非公经济，但国有经济是国家进行宏观调控的重要工具，也是经济的稳定器，因此不可能无限制地调低国有经济的比例，国有经济的规模存在一个最优水平，应使国有经济向其最优规模收敛。另外，要通过对国有经济本身的改革，来降低国有经济的波动性，最终为提高经济增长稳定性服务。

④通过持续扩大有效投资，适度降低资本形成率。与我国最终消费率持续下降形成反差的是，资本形成率逐年上升，结果使我国的资本积累水平也逐年上升以至资本积累已超过其最优水平（黄金律资本存量）。具体措施包括：调整投资结构，对已出现产能过剩的产业，压缩其投资；加大对新兴产业及新兴科技的投资。

⑤加大研发投入，提升技术水平。根据本书数值模拟分析，技术进步率上升会导致最优消费率的上升，因此推动技术进步有利于消费率向其最优值收敛。经过30多年的发展，我国的技术水平与发达国家的差距逐步缩小，通过技术引进的方式来提升生产技术水平的空间已很小，必须加大对自主研发的投入。

⑥保持适度的人口增长速度。根据模拟分析结果，人口增长率上升会使最优消费率下降。人口增长虽然在后续一段时间使经济收获"人口红利"，但这种效应的发挥需要很长的时间，此后也会使经济收获其负效应"老龄化"稳态。

⑦采取措施减少最终消费和资本形成总额的波动。经济增长的稳定性取决于其构成最终消费、资本形成总额和净出口的稳定性，由于净出口占比较小且受国际市场的影响较大，净出口率的变动对经济增长稳定性的影响也相对较小。因此，最终消费和资本形成总额的稳定性对经济增长的稳定起到了决定性的作用。具体措施包括：尽量少用如2008年4万亿投资之类的政策来刺激经济，因为短期的稳定会给未来的长期埋下隐患；提高各类消费和投资政策的持续性，提高新的消费和投资政策与老政策的协调性。

⑧减缓某些领域资本的折旧使消费率更快向最优消费率收敛。拉姆齐模型和DSGE模型研究都表明，较低的折旧率有利于保持较高的消费率，进而有助于稳定经济增长。减少折旧，减少的部分可用做消费，提高消费率。我国很多地方的建筑，今年建，明后年就拆，使资本白白地损耗了，虽然GDP上去了，但国民的福利并没有得到明显的改善。进行资本投资前，做好相关规划工作，提高资本使用效率。

第三节　研究不足与展望

本书研究最优消费率与我国经济稳定增长的关系，就目前形成的成果来看，主要不足体现在以下两方面。

第一，从研究方法来看，当前宏观经济研究中流行的研究范式是通过动态一般均衡模型（DSGE）来进行分析宏观经济问题，本书也就这一问题进行了相关探索，如情景分析、数值模拟、参数校准、DSGE等方法均有采用，但构建模型考虑的因素较少，如没有考虑开放经济、金融市场、劳动力市场等因素。

第二，本书关于最优消费率与经济增长稳定性的研究，还缺少一个逻辑严谨一致的框架来统筹各章节内容。特别是对最优消费率的研究中，是在各经济增长模型中进行分别阐述，由于各增长模型假设、均衡等方面存在较大差异，研究结论有时难以统一。

第三，从最优消费率对经济增长稳定性的影响角度看，由于缺乏相应的理论分析方面的文献，本书主要从实证分析层面进行了探讨。

基于本书上述不足，将来可从以下两方面来拓展研究。

第一，构建更符合经济现实的 DSGE 模型来分析最优消费率与我国经济稳定增长问题，将开放经济、金融市场、劳动力市场等因素放入模型中，进而使模型的解释能力得到加强。

第二，借鉴统一增长理论（Unified Growth Theory）及经济增长领域前沿文献，构建一个逻辑严谨一致的逻辑框架来统筹研究最优消费率与经济增长稳定性等相关问题。

参考文献

蔡跃洲、王玉霞：《投资消费结构影响因素及合意投资消费区间——基于跨国数据的国际比较和实证分析》，《经济理论与经济管理》2010年第1期。

蔡跃洲、袁静：《消费率影响因素与促进居民消费的几点建议》，《中国经贸导刊》2009年第23期。

陈斌开：《收入分配与中国居民消费——理论和基于中国的实证研究》，《南开经济研究》2012年第1期。

陈乐一、李玉双、李星：《我国经济增长与波动的实证研究》，《经济纵横》2010年第2期。

陈亮：《外生冲击、要素投入变化及产出波动》，硕士学位论文，复旦大学经济学院，2010。

陈梦根：《关于投资与消费最优结构问题的探讨》，《财贸研究》2014年第2期。

陈守东、刘洋：《经济增长的稳定性测度与经验分析》，《山东大学学报》（哲学社会科学版）2016年第4期。

陈彦斌：《中国商业周期的福利成本》，《世界经济》2006年第2期。

陈宗胜、李清彬：《中国资本积累动态效率的检验、解释和改善路径：一个综述》，《上海经济研究》2010年第6期。

钞小静、惠康：《中国经济增长质量的测度》，《数量经济技术经济研究》2009年第6期。

〔美〕戴维·罗默：《高级宏观经济学》，苏剑、罗涛译，商务印书馆，1999。

〔美〕戴维·罗默：《高级宏观经济学》（第四版），吴化斌、龚关译，上海财经大学出版社，2014。

丁海云：《中国经济增长的最优储蓄率研究》，硕士学位论文，首都经济贸易大学经济学院，2014。

丁建勋：《资本深化与我国消费率的关系研究》，《上海经济研究》2015 年第 9 期。

范祚军、常雅丽、黄立群：《国际视野下最优储蓄率及其影响因素测度——基于索洛经济增长模型的研究》，《经济研究》2014 年第 9 期。

方福前：《中国居民消费需求不足原因研究——基于中国城乡分省数据》，《中国社会科学》2009 年第 2 期。

方福前、詹新宇：《我国产业结构升级对经济波动的熨平效应分析》，《经济理论与经济管理》2011 年第 9 期。

付立春：《中国消费率问题研究》，博士学位论文，中国社会科学院研究生院，2011。

干春晖、郑若谷、余典范：《中国产业结构变迁对经济增长和波动的影响》，《经济研究》2011 年第 5 期。

高帆：《劳动者报酬占比、城乡收入分配与中国居民消费率——基于省际面板数据的实证研究》，《学术月刊》2014 年第 11 期。

高莉：《非国有经济投资减缓实证分析——通货紧缩微观形成机制》，《改革》2000 年第 6 期。

高敏雪：《隐性收入对当前中国居民消费率低估的影响机理——基于国民经济核算原理和实务的探讨》，《统计研究》2014 年第 7 期。

高铁梅：《计量经济分析方法与建模——Eviews 应用及实例》（第二版），清华大学出版社，2009。

弓戈：《最优投资率及其实现途径》，硕士学位论文，华北电力大学（北京），2010。

龚敏、李文溥：《中国高资本报酬率与低消费率的一个解释——基于动态一般均衡模型的分析与校准》，《学术月刊》2013 年第 9 期。

郭守亭、王宇骅、吴振球：《我国扩大居民消费与宏观经济稳定研究》，《经济经纬》2017 年第 2 期。

顾六宝、么海亮、陈伯飞：《中国居民消费跨期替代弹性的年序递推统计估算研究》，《经济统计学（季刊）》2013 年第 4 期。

顾六宝、肖红叶：《中国消费跨期替代弹性的两种统计估算方法》，《统计研究》2004 年第 9 期。

郭庆旺、贾俊雪：《中国经济波动的解释：投资冲击与全要素生产率冲击》，《管理世界》2004 年第 7 期。

韩金蓉：《我国居民消费率变动及其影响因素的实证分析——基于省际面板数据》，硕士学位论文，华中科技大学，2015。

黄飞鸣：《中国经济动态效率——基于消费—收入视角的检验》，《数量经济技术经济研究》2010 年第 4 期。

黄伟力、隋广军：《中国经济的动态效率——基于修正黄金律的研究》，《山西财经大学学报》2007 年第 3 期。

黄赜琳：《中国经济周期特征和财政政策效应：一个基于三部门 RBC 模型的实证分析》，《经济研究》2005 年第 6 期。

〔美〕霍利斯·钱纳里、〔以〕莫伊斯·塞尔昆：《发展的型式：1950—1970》，李新华等译，经济科学出版社，1988。

〔美〕霍利斯·钱纳里、〔以〕莫伊斯·塞尔昆：《工业化和经济增长的比较研究》，吴奇等译，上海三联书店、上海人民出版社，1995。

贺铿：《中国投资、消费比例与经济发展政策》，《数量经济技术经济研究》2006 年第 5 期。

纪明、刘志彪：《中国需求结构演进对经济增长及经济波动的影响》，《经济科学》2014 年第 1 期。

纪明、刘志彪、芩树田：《消费率稳态、演进及中国经济持续均衡增长的现实选择——基于 R－C－K 模型的分析框架》，《经济与管理研究》2013 年第 4 期。

贾俊雪、郭庆旺：《财政支出类型、财政政策作用机理与最优财政货币规则》，《世界经济》2012 年第 11 期。

姜海林、申登明：《制度变迁对云南经济增长影响的实证分析》，《云南财经大学学报》2013 年第 4 期。

江林、马椿荣、康俊：《我国与世界各国最终消费率的比较分析》，《消费经济》2009 年第 1 期。

〔美〕杰夫里·弗兰克尔、〔美〕彼得·欧尔萨格：《美国90年代的经济政策》，徐卫宇等译，中信出版社，2004。

荆林波、王雪峰：《消费率决定理论模型及应用研究》，《经济学动态》2011年第11期。

经济增长前沿课题组：《高投资、宏观成本与经济增长的持续性》，《经济研究》2005年第10期。

康远志：《消费不足还是低估？——兼论扩大内需话语下适度消费理念的构建》，《消费经济》2014年第2期。

雷辉：《改革以来我国投资率、消费率的国际比较及趋势分析》，《开发研究》2009年第4期。

李春吉：《投资冲击、全要素生产率冲击与中国经济波动——基于RBC模型估计结果的分析》，《经济问题》2010年第9期。

李承政、邱俊杰：《中国农村人口结构与居民消费研究》，《人口与经济》2012年第1期。

李稻葵、徐欣、江红平：《中国经济国民投资率的福利经济学分析》，《经济研究》2012年第9期。

李稻葵、徐翔：《中国经济结构调整及其动力研究》，《新金融》2013年第6期。

李建强：《中国财政支出对居民消费影响的实证研究》，博士学位论文，苏州大学，2012。

李建伟：《投资率和消费率的演变规律及其与经济增长的关系》，《经济学动态》2003年第3期。

李立辉、何慧：《我国最终消费率与各影响因素的灰关联分析》，《知识经济》2010年第5期。

李猛：《产业结构与经济波动的关联性研究》，《经济评论》2010年第6期。

李萍、冯梦黎：《利率市场化对我国经济增长质量的影响：一个新的解释思路》，《经济评论》2016年第2期。

李强：《产业结构变动加剧还是抑制经济波动——基于中国的实证分析》，《经济与管理研究》2012年第7期。

李善同、吴三忙：《中国地区经济增长中的"四驾马车"拉动作用测度——基于分省投入产出表的实证分析》，资源型地区可持续发展与政策国际会议暨国际区域科学学会第三次年会，北京，2012 年 3 月。

李延军、金浩：《经济增长质量与效益评价研究》，《工业技术经济》2007 年第 2 期。

梁东黎：《我国高投资率、低消费率现象研究》，《南京师大学报》（社会科学版）2006 年第 1 期。

林建浩、王美今：《中国宏观经济波动的"大稳健"——时点识别与原因分析》，《经济学》（季刊）2013 年第 2 期。

林艳玉：《我国中上等收入阶段最优消费率测算》，《成都大学学报》（社会科学版）2016 年第 3 期。

宁军明、涂大坤：《投资率与消费率的国际比较及启示——基于钱纳里一般工业化模型》，《河南商业高等专科学校学报》2010 年第 4 期。

刘斌：《我国 DSGE 模型的开发及在货币政策分析中的应用》，《金融研究》2008 年第 10 期。

刘东皇、沈坤荣：《劳动收入占比与居民消费率：机理与中国经验》，《社会科学研究》2017 年第 1 期。

刘国光：《对我国经济形势与宏观调控一些问题的看法》，《经济学动态》1999 年第 10 期。

刘国光：《中国经济增长形势分析》，《经济研究》2000 年第 6 期。

刘国光：《中国经济增长形势分析和前景展望》，《现代经济探讨》2000 年第 6 期。

刘华军、李运胜、尹奥：《山东经济增长的稳定性与持续性实证分析》，《山东轻工业学院学报》2004 年第 3 期。

刘金全、刘志刚：《我国经济周期波动中实际产出波动性的动态模式与成因分析》，《经济研究》2005 年第 3 期。

刘金全、王俏茹：《最终消费率与经济增长的非线性关系——基于 PSTR 模型的国际经验分析》，《国际经贸探索》2017 年第 3 期。

刘铠豪：《人口年龄结构变化影响城乡居民消费率的效应差异研究——来自中国省级面板数据的证据》，《人口研究》2016 年第 2 期。

刘铠豪、刘渝琳：《中国居民消费增长的理论机理与实证检验——来自人口结构变化的解释》，《劳动经济研究》2014 年第 2 期。

刘瑞明、石磊：《国有企业的双重效率损失与经济增长》，《经济研究》2010 年第 1 期。

刘溶沧、马拴友：《论税收与经济增长——对中国劳动、资本和消费征税的效应分析》，《中国社会科学》2002 年第 1 期。

刘社建、李振明：《扩大消费研究：提高劳动者报酬份额的思路》，《上海经济研究》2010 年第 2 期。

刘树成：《论又好又快发展》，《经济研究》2007 年第 6 期。

刘伟、李绍荣：《所有制变化与经济增长和要素效率提升》，《经济研究》2001 年第 1 期。

刘宪：《中国经济中存在资本的过度积累吗?》，《财经研究》2004 年第 10 期。

刘迎秋：《次高增长阶段的中国经济》，中国社会科学出版社，2002。

吕冰洋：《中国资本积累的动态效率：1978—2005》，《经济学》（季刊）2008 年第 1 期。

吕冰洋、毛捷：《高投资、低消费的财政基础》，《经济研究》2014 年第 5 期。

吕小宁：《山西经济增长的稳定性分析》，《生产力研究》2002 年第 3 期。

〔美〕罗斯托：《经济成长的阶段——非共产党宣言》，国际关系研究所编辑室译，商务印书馆，1962。

罗云毅：《我国当前消费率水平是否"偏低"》，《宏观经济研究》2000 年第 5 期。

罗云毅：《低消费、高投资是现阶段我国经济运行的常态》，《宏观经济研究》2004 年第 5 期。

罗云毅：《投资消费比例关系理论研究回顾》，《宏观经济研究》1999 年第 12 期。

罗云毅：《关于最优消费投资比例存在性的思考》，《宏观经济研究》2006 年第 12 期。

〔英〕马尔萨斯：《人口原理》，朱泱等译，商务印书馆，1992。

〔美〕曼昆：《宏观经济学》（第6版），张帆译，中国人民大学出版社，2006。

毛中根、孙豪、黄容：《中国最优居民消费率的估算及变动机制分析》，《数量经济技术经济研究》2014年第3期。

毛彦军、王晓芳、徐文成：《消费约束与货币政策的宏观经济效应——基于动态随机一般均衡模型的分析》，《南开经济研究》2013年第1期。

孟祥仲、严法善、王晓：《对我国经济增长动态效率的实证考察》，《世界经济文汇》2008年第5期。

〔美〕莫瑞斯·奥博斯特尔德、肯尼斯·罗格夫：《国际宏观经济学基础》，刘红忠译，中国金融出版社，2010。

么海亮：《河北省居民消费行为计量模型研究》，硕士学位论文，河北大学，2010。

欧阳峣、傅元海、王松：《居民消费的规模效应及其演变机制》，《经济研究》2016年第2期。

蒲艳萍、王维群：《我国资本投入动态效率及区域差异：1952—2006》，《经济问题探索》2009年第4期。

潘春阳、杜莉、蔡璟孜：《中国消费率下降之谜：基于资金流量表的分析（1992—2007）》，《上海经济研究》2010年第7期。

〔美〕彼得·伯奇·索伦森、汉斯·乔根·惠特–雅各布森：《高级宏观经济学导论：增长与经济周期》（第二版），王文平等译，中国人民大学出版社，2012。

乔为国、潘必胜：《我国经济增长中合理投资率的确定》，《中国软科学》2005年第7期。

乔为国：《我国投资率偏高消费率偏低的成因与对策》，《宏观经济研究》2005年第8期。

冉光和、曹跃群、钟德华：《要素投入、货币供应与中国经济波动》，《管理世界》2008年第2期。

单豪杰：《中国资本存量K的再估算：1952—2006年》，《数量经济技术经济研究》2008年第10期。

沈利生：《最终需求结构变动怎样影响产业结构变动——基于投入产出模型的分析》，《数量经济技术经济研究》2011年第12期。

沈利生：《三驾马车的拉动作用评估》，《数量经济技术研究》2009年第4期。

沈利生、吴振宇：《出口对中国GDP增长的贡献——基于投入产出表的实证分析》，《经济研究》2004年第9期。

史耀远：《中国经济结构变化的投入产出分析》，《系统工程理论与实践》1999年第10期。

史永东、杜两省：《资产定价泡沫对经济的影响》，《经济研究》2001年第10期。

史永东、齐鹰飞：《中国经济的动态效率》，《世界经济》2002年第8期。

孙烽、寿伟光：《最优消费、经济增长与经常账户动态——从跨期角度对中国开放经济的思考》，《财经研究》2001年第5期。

宋金宇：《开放经济条件下的资本黄金规则研究》，《云南财贸学院学报》2003年第4期。

谭政勋：《我国住宅业泡沫及其影响居民消费的理论与实证研究》，《经济学家》2010年第3期。

谭小芳、王迪明、邹存慧：《我国投资和消费结构合理区间的实证研究》，《财经问题研究》2006年第3期。

谭鑫、赵鑫铖：《经济动态效率研究综述》，《云南财经大学学报》2011年第4期。

田卫民：《基于经济增长的中国最优消费规模：1978—2006》，《财贸研究》2008年第6期。

田卫民、景维民：《基于经济增长的最优所有制结构安排——中国所有制结构与经济增长关系的实证研究》，《经济问题》2008年第8期。

万春、邱长溶：《基于福利经济学的最优自愿性储蓄率分析——从中国养老保险制度角度》，《数量经济技术经济研究》2005年第12期。

王必达、张忠杰：《中国刘易斯拐点及阶段研究——基于31个省际面板数据》，《经济学家》2014年第7期。

王弟海、龚六堂：《增长经济中的消费和储蓄——兼论中国高储蓄率的原因》，《金融研究》2007 年第 12 期。

王欢、黄健元：《中国人口年龄结构与城乡居民消费关系的实证分析》，《人口与经济》2015 年第 2 期。

王秋石、王一新：《中国消费率低估研究——兼议中国"投资过热论"》，《山东大学学报》（哲学社会科学版）2013 年第 3 期。

王秋石、王一新：《中国居民消费率真的这么低么——中国真实居民消费率研究与估算》，《经济学家》2013 年第 8 期。

王文成：《不同所有制形式对经济增长的影响》，《中国软科学》2011 年第 6 期。

王晓芳、王维华：《我国经济运行的"动态效率"——基于居民储蓄﹣消费决策机制的实证判断》，《山西财经大学学报》2007 年第 8 期。

王小鲁：《结构调整与中国经济增长前景》，《比较》2016 年第 5 期。

王玉凤、肖宏伟：《财政支出、居民消费与经济波动——基于动态随机一般均衡模型（DSGE）的分析》，《科学决策》2015 年第 2 期。

王岳平：《我国产业结构的投入产出关联分析》，《管理世界》2000 年第 4 期。

闻潜：《消费启动与收入增长分解机制》，中国财政经济出版社，2005。

吴振球、王芳、周昱：《我国经济发展中合意消费率与合意居民消费率确定与预测研究》，《中央财经大学学报》2014 年第 11 期。

吴振球：《我国扩大居民消费：理论模型与实证研究》，《学习与实践》2017 年第 9 期。

吴先满、蔡笑、徐春铭：《中外投资、消费关系的比较研究》，《世界经济与政治论坛》2006 年第 1 期。

吴忠群：《中国经济增长中消费和投资的确定》，《中国社会科学》2002 年第 3 期。

吴忠群：《最优消费率的存在性及其相关问题》，《中国软科学》2009 年第 S1 期。

吴忠群、张群群：《中国的最优消费率及其政策含义》，《财经问题研究》2011 年第 3 期。

武晓利、晁江锋：《财政支出结构对居民消费率影响及传导机制研究——

基于三部门动态随机一般均衡模型的模拟分析》，《财经研究》2014 年第 6 期。

武晓利、龚敏、晁江锋：《家庭消费行为变迁、经济波动与居民消费率——基于 Bayes 估计的 DSGE 模型》，《经济问题》2014 年第 6 期。

吴振宇、张文魁：《国有经济比重对宏观经济运行的影响——2000—2012 年的经验研究》，《管理世界》2015 年第 2 期。

项本武：《中国经济的动态效率：1992—2003》，《数量经济技术经济研究》2008 年第 3 期。

向爱保：《改革以来我国经济增长稳定性研究》，硕士学位论文，湖南大学，2008。

肖泽群：《用科学发展观协调投资与消费的比例关系》，《湖南社会科学》2004 年第 5 期。

肖红叶、顾六宝：《中国经济增长路径中稳定状态推移的政策模拟——基于拉姆齐模型的实证研究》，《统计研究》2007 年第 4 期。

徐汝嘉：《中等收入背景下我国消费率的影响因素研究》，硕士学位论文，湖南师范大学，2015。

杨继军、范从来：《"中国制造"对全球经济"大稳健"的影响——基于价值链的实证检验》，《中国社会科学》2015 年第 10 期。

杨汝岱、朱诗娥：《公平与效率不可兼得吗？——基于居民边际消费倾向的研究》，《经济研究》2007 年第 12 期。

杨圣明：《杨圣明文集》，上海辞书出版社，2005。

杨天宇、刘韵婷：《中国经济结构调整对宏观经济波动的"熨平效应"分析》，《经济理论与经济管理》2011 年第 7 期。

晁钢令、王丽娟：《我国消费率合理性的评判标准——钱纳里模型能解释吗？》，《财贸经济》2009 年第 4 期。

易行健、杨碧云：《世界各国（地区）居民消费率决定因素的经验检验》，《世界经济》2015 年第 1 期。

袁志刚、何樟勇：《20 世纪 90 年代以来中国经济的动态效率》，《经济研究》2003 年第 7 期。

袁志刚、宋铮：《人口年龄结构、养老保险制度与最优储蓄率》，《经济研究》2000 年第 11 期。

袁志刚、朱国林:《消费理论中的收入分配与总消费——及对中国消费不振的分析》,《中国社会科学》2002 年第 2 期。

战明华、许月丽、宋洋:《转轨时期中国经济增长的可持续性条件及其转换路径:中国高投资、低消费经济增长模式的一个解释框架》,《世界经济》2006 年第 8 期。

张军:《中国特色的经济增长与转型》,《学习与探索》2012 年第 3 期。

张军、吴桂英、张吉鹏:《中国省际物质资本存量估算:1952—2000》,《经济研究》2004 年第 10 期。

赵进文、温宇静:《中国经济结构变动的投入产出分析》,《财经问题研究》2004 年第 4 期。

赵鑫铖:《中国经济增长稳定性评价及其影响因素分析》,《工业技术经济》2015 年第 1 期。

赵鑫铖、李娅:《经济动态效率与我国最优消费率:1992—2013》,《云南财经大学学报》2016 年第 4 期。

曾令华:《理论最优消费率之我见》,《求索》1997 年第 3 期。

周灵:《供给侧结构性改革下我国居民消费率变动影响因素实证研究》,《商业经济研究》2016 年第 24 期。

郑纯雄:《中国最优储蓄率的决定及宏观经济效应》,博士学位论文,中共中央党校,2008。

郑容、吴婷婷:《云南 30 年来经济增长因素分析》,《经济问题探索》2010 年第 2 期。

朱天、张军:《中国的消费率被低估了多少?》,《经济学报》2014 年第 2 期。

邹红、喻开志:《劳动收入份额、城乡收入差距与中国居民消费》,《经济理论与经济管理》2011 年第 3 期。

朱国林、范建勇、严燕:《中国的消费不振与收入分配:理论和数据》,《经济研究》2002 年第 5 期。

Abel, A., N. G. Mankiw, L. H. Summers, and R. J. Zeckhauser. "Assessing Dynamic Efficiency: Theory and Evidence," *Review of Economic Studies*, 1989, 56 (1): 1 - 20.

Abramowitz, Moses. "Resource and Output Trends in the United States since 1870," *American Economic Review*, 1956, 46 (2): 5 – 23.

Bernanke, B. "The Great Moderation," Remarks at the meetings of the Eastern Economic Association, 2004.

Blanchard, O. , J. Simon. "The Long and Large Decline in U. S. Output Volatility," *Brookings Papers on Economic Activity*, 2001, 32 (1): 135 – 164.

Clark, Todd. "Is the Great Moderation Over? An Empirical Analysis," *Federal Reserve Bank of Kansas City Economic Review*, Fourth Quarter (2009): 5 – 42.

Cass, David. "Optimum Growth in an Aggregative Model of Capital Accumulation," *Review of Economic Studies*, 1965 (July), 32 (3): 223 – 240.

Diamond, P. "National Debt in a Neoclassical Growth Model," *American Economic Review*, 1965, 55 (5): 1126 – 1150.

Eggers, A. , Y. M. Ioannides. "The Role of Output Composition in the Stabilization of U. S. Output Growth," Discussion Papers, 2006, 28 (3): 585 – 595.

Gong, Gang. *Contemporary Chinese Economy*, Routledge Press, 2012.

Hodrick, R. J. , E. C. Prescott. "Postwar U. S. Business Cycles: An Empirical Investigation," *Journal of Money Credit & Banking*, 1981, 29 (1): 1 – 16.

Ireland, P. "A New Keynesian Perspective on the Great Recession," *Journal of Money, Credit and Banking*, 2011, 43 (1): 31 – 54.

Koopmans, Tjalling C. *On the Concept of Optimal Economic Growth: In the Economic Approach to Development Planning.* Amsterdam: Elsvier, 1965.

Linnemann, L. "The Effect of Government Spending on Private Consumption: A Puzzle?" *Journal of Money Credit & Banking*, 2006, 38 (7): 1715 – 1735.

Mcgrattan, E. R. , R. Rogerson, R. Wright. "An Equilibrium Model of the Business Cycle with Household Production and Fiscal Policy," *International Economic Review*, 1997, 38 (2): 267 – 290.

Phelps, E. "The Golden Rule of Accumulation: A Fable for Growthmen," *American Economic Review*, 1961, 51 (4): 638 – 643.

Peneder, M. "Industrial Structure and Aggregate Growth," *Economic Dy-*

namics, 2003, 14 (4): 427 – 448.

Perkins, D. H. "Reforming China's Economic System," *Journal of Economic Literature*, 1988, 26 (2): 601 – 645.

Ramsey, F. P. "A Mathematical Theory of Saving," *The Economic Journal*, 1928 (December), 38 (152): 543 – 559.

Robert, E. Hall, Charles I. Jones. "Why do Some Countries Produce So Much More Output Per Worker than Others?" *Quarterly Journal of Economics*, 1999, 114 (1): 83 – 116.

Solow, Robert M. "Technical Change and the Aggregate Production Function," *Review of Economics and Statistics*, 1957, 39 (3): 312 – 320.

Stock, J. H. , M. W. Watson. "Has the Business Cycle Changed and Why?" *NBER Macroeconomics Annual*, 2002, 17 (1): 159 – 218.

Uhlig, H. "A Toolkit for Analyzing Nonlinear Dynamic Stochastic Models Easily," Discussion Paper, 1995, 1995 – 97: 30 – 62.

Wang, Yan, and Yudong Yao. "Sources of China's Economic Growth 1952 – 1999: Incorporating Human Capital Accumulation," World Bank Working Paper, 2001.

Young, Alwyn. "Gold into Base Metals: Productivity Growth in the People's Republic of China during the Reform Period," *Journal of Political Economy*, 2003, 111 (6): 1220 – 1260.

附 表

附表 1 1993～2016 年北京动态效率与最优消费率关系

年份	最终消费支出（亿元）	劳动收入（亿元）	总消费与劳动收入之差（亿元）	动态效率	最终消费率（%）	劳动收入占比（%）	差额占 GDP 比重（%）	现实消费率与最优消费率比较
1993	310.28	407.13	-96.85	动态无效	30.43	39.93	-9.50	消费率低于最优消费率
1994	396.29	533.46	-137.17	动态无效	30.05	40.46	-10.40	消费率低于最优消费率
1995	506.58	680.33	-173.75	动态无效	29.89	40.14	-10.25	消费率低于最优消费率
1996	617.85	798.98	-181.13	动态无效	36.81	47.60	-10.79	消费率低于最优消费率
1997	703.36	924.15	-220.79	动态无效	37.59	49.40	-11.80	消费率低于最优消费率
1998	809.80	1058.90	-249.10	动态无效	39.57	51.75	-12.17	消费率低于最优消费率
1999	954.14	1192.05	-237.91	动态无效	43.88	54.82	-10.94	消费率低于最优消费率
2000	1687.96	1394.06	293.90	动态有效	53.39	44.09	9.30	消费率高于最优消费率
2001	1911.65	1615.58	296.07	动态有效	51.56	43.57	7.98	消费率高于最优消费率
2002	2300.26	1901.15	399.11	动态有效	53.31	44.06	9.25	消费率高于最优消费率

续表

年份	最终消费支出（亿元）	劳动收入（亿元）	总消费与劳动收入之差（亿元）	动态效率	最终消费率（%）	劳动收入占比（%）	差额占GDP比重（%）	现实消费率与最优消费率比较
2003	2636.50	2225.71	410.79	动态有效	52.65	44.45	8.20	消费率高于最优消费率
2004	3085.28	2725.25	360.03	动态有效	51.14	45.17	5.97	消费率高于最优消费率
2005	3486.51	3338.91	147.60	动态有效	50.03	47.91	2.12	消费率高于最优消费率
2006	4138.53	3840.14	298.39	动态有效	50.98	47.31	3.68	消费率高于最优消费率
2007	5108.67	4626.11	482.56	动态有效	51.88	46.98	4.90	消费率高于最优消费率
2008	6026.41	5896.59	129.82	动态有效	54.22	53.05	1.17	消费率高于最优消费率
2009	6930.41	6448.68	481.73	动态有效	57.03	53.06	3.96	消费率高于最优消费率
2010	8032.80	7265.99	766.81	动态有效	56.92	51.48	5.43	消费率高于最优消费率
2011	9488.19	8392.00	1096.19	动态有效	58.38	51.64	6.74	消费率高于最优消费率
2012	10655.05	9557.77	1097.28	动态有效	59.59	53.46	6.14	消费率高于最优消费率
2013	11946.10	10728.86	1217.24	动态有效	61.26	55.02	6.24	消费率高于最优消费率
2014	13329.20	11674.30	1654.90	动态有效	62.49	54.73	7.76	消费率高于最优消费率
2015	14503.60	13332.17	1171.44	动态有效	63.02	57.93	5.09	消费率高于最优消费率
2016	15406.53	14157.87	1248.66	动态有效	60.02	55.16	4.86	消费率高于最优消费率

附表 2　1993～2016 年天津动态效率与最优消费率关系

年份	最终消费支出（亿元）	劳动收入（亿元）	总消费与劳动收入之差（亿元）	动态效率	最终消费率（%）	劳动收入占比（%）	差额占 GDP 比重（%）	现实消费率与最优消费率比较
1993	244.85	234.91	9.94	动态有效	45.67	43.82	1.85	消费率高于最优消费率
1994	323.76	335.98	-12.22	动态无效	44.65	46.33	-1.69	消费率低于最优消费率
1995	402.95	437.87	-34.92	动态无效	43.91	47.72	-3.81	消费率低于最优消费率
1996	513.32	561.20	-47.88	动态无效	46.69	51.04	-4.36	消费率低于最优消费率
1997	575.77	666.50	-90.73	动态无效	46.61	53.96	-7.34	消费率低于最优消费率
1998	622.70	734.84	-112.14	动态无效	46.60	54.99	-8.39	消费率低于最优消费率
1999	716.80	785.45	-68.65	动态无效	49.43	54.17	-4.73	消费率低于最优消费率
2000	843.89	750.87	93.02	动态有效	49.59	44.12	5.47	消费率高于最优消费率
2001	948.42	813.18	135.24	动态有效	49.42	42.37	7.05	消费率高于最优消费率
2002	1040.49	876.99	163.50	动态有效	48.38	40.78	7.60	消费率高于最优消费率
2003	1193.05	936.83	256.22	动态有效	46.28	36.34	9.94	消费率高于最优消费率
2004	1343.65	1102.65	241.00	动态有效	43.19	35.44	7.75	消费率高于最优消费率
2005	1509.06	1289.45	219.61	动态有效	38.64	33.02	5.62	消费率高于最优消费率
2006	1767.99	1493.56	274.43	动态有效	39.62	33.47	6.15	消费率高于最优消费率
2007	2072.90	1743.93	328.97	动态有效	39.46	33.20	6.26	消费率高于最优消费率
2008	2534.01	2631.91	-97.90	动态无效	37.71	39.17	-1.46	消费率低于最优消费率
2009	2879.25	2978.82	-99.57	动态无效	38.28	39.60	-1.32	消费率低于最优消费率
2010	3538.18	3733.98	-195.80	动态无效	38.36	40.48	-2.12	消费率低于最优消费率
2011	4286.34	4597.05	-310.71	动态无效	37.91	40.66	-2.75	消费率低于最优消费率
2012	4879.39	5292.39	-413.00	动态无效	37.84	41.05	-3.20	消费率低于最优消费率
2013	5634.80	6043.35	-408.55	动态无效	39.21	42.05	-2.84	消费率低于最优消费率
2014	6253.61	6615.33	-361.72	动态无效	39.76	42.06	-2.30	消费率低于最优消费率
2015	7155.66	7060.19	95.47	动态有效	43.27	42.69	0.58	消费率高于最优消费率
2016	8012.04	7550.29	461.75	动态有效	44.80	42.21	2.58	消费率高于最优消费率

附表3 1993~2016年河北动态效率与最优消费率关系

年份	最终消费支出（亿元）	劳动收入（亿元）	总消费与劳动收入之差（亿元）	动态效率	最终消费率（%）	劳动收入占比（%）	差额占GDP比重（%）	现实消费率与最优消费率比较
1993	870.45	874.39	-3.94	动态无效	51.48	51.71	-0.23	消费率低于最优消费率
1994	1059.29	1258.39	-199.10	动态无效	48.42	57.53	-9.10	消费率低于最优消费率
1995	1348.75	1725.31	-376.56	动态无效	47.33	60.55	-13.21	消费率低于最优消费率
1996	1553.79	1969.74	-415.95	动态无效	45.00	57.04	-12.05	消费率低于最优消费率
1997	1740.18	2212.69	-472.51	动态无效	44.01	55.96	-11.95	消费率低于最优消费率
1998	1819.20	2366.64	-547.44	动态无效	42.74	55.61	-12.86	消费率低于最优消费率
1999	1983.79	2576.81	-593.02	动态无效	43.42	56.40	-12.98	消费率低于最优消费率
2000	2240.68	2810.22	-569.54	动态无效	44.42	55.71	-11.29	消费率低于最优消费率
2001	2490.38	3045.85	-555.47	动态无效	45.14	55.21	-10.07	消费率低于最优消费率
2002	2838.41	3160.57	-322.16	动态无效	47.16	52.52	-5.35	消费率低于最优消费率
2003	3029.25	3520.77	-491.52	动态无效	43.77	50.87	-7.10	消费率低于最优消费率
2004	3677.23	3656.49	20.74	动态有效	43.38	43.13	0.24	消费率高于最优消费率
2005	4273.61	4514.70	-241.09	动态无效	42.68	45.09	-2.41	消费率低于最优消费率
2006	4966.60	5438.52	-471.92	动态无效	43.31	47.43	-4.12	消费率低于最优消费率
2007	5871.11	6893.85	-1022.74	动态无效	43.15	50.66	-7.52	消费率低于最优消费率
2008	6695.14	9037.30	-2342.16	动态无效	41.81	56.44	-14.63	消费率低于最优消费率
2009	7220.83	10009.72	-2788.89	动态无效	41.90	58.08	-16.18	消费率低于最优消费率
2010	8326.02	11844.63	-3518.61	动态无效	40.83	58.08	-17.25	消费率低于最优消费率
2011	9633.82	13121.83	-3488.01	动态无效	39.30	53.52	-14.23	消费率低于最优消费率
2012	11081.10	14339.51	-3258.41	动态无效	41.70	53.96	-12.26	消费率低于最优消费率
2013	11886.59	15034.90	-3148.31	动态无效	42.00	53.12	-11.12	消费率低于最优消费率
2014	12538.97	15582.79	-3043.82	动态无效	42.62	52.96	-10.35	消费率低于最优消费率
2015	13197.78	16168.48	-2970.70	动态无效	44.28	54.25	-9.97	消费率低于最优消费率
2016	14536.13	17107.98	-2571.85	动态无效	45.33	53.34	-8.02	消费率低于最优消费率

附表 4 1993～2016 年山西动态效率与最优消费率关系

年份	最终消费支出（亿元）	劳动收入（亿元）	总消费与劳动收入之差（亿元）	动态效率	最终消费率（%）	劳动收入占比（%）	差额占 GDP 比重（%）	现实消费率与最优消费率比较
1993	418.60	300.02	118.58	动态有效	59.41	42.58	16.83	消费率高于最优消费率
1994	494.90	372.67	122.23	动态有效	57.96	43.65	14.32	消费率高于最优消费率
1995	627.20	478.26	148.94	动态有效	57.41	43.78	13.63	消费率高于最优消费率
1996	754.50	580.90	173.60	动态有效	57.68	44.41	13.27	消费率高于最优消费率
1997	852.50	650.11	202.39	动态有效	57.60	43.92	13.67	消费率高于最优消费率
1998	791.30	710.83	80.47	动态有效	49.58	44.54	5.04	消费率高于最优消费率
1999	857.14	719.53	137.61	动态有效	57.09	47.93	9.17	消费率高于最优消费率
2000	946.04	798.24	147.80	动态有效	51.77	43.68	8.09	消费率高于最优消费率
2001	1046.43	869.96	176.47	动态有效	52.97	44.04	8.93	消费率高于最优消费率
2002	1236.00	999.39	236.61	动态有效	53.17	42.99	10.18	消费率高于最优消费率
2003	1399.60	1135.37	264.24	动态有效	50.27	40.78	9.49	消费率高于最优消费率
2004	1702.10	1345.02	357.08	动态有效	48.92	38.66	10.26	消费率高于最优消费率
2005	1979.05	1597.28	381.77	动态有效	47.65	38.46	9.19	消费率高于最优消费率
2006	2330.01	1863.68	466.33	动态有效	47.05	37.63	9.42	消费率高于最优消费率
2007	2717.89	2143.46	574.43	动态有效	45.13	35.59	9.54	消费率高于最优消费率
2008	3208.86	3095.53	113.33	动态有效	43.78	42.23	1.55	消费率高于最优消费率
2009	3385.33	3543.36	-158.03	动态无效	45.51	47.64	-2.12	消费率低于最优消费率
2010	4130.68	3820.25	310.43	动态有效	44.89	41.52	3.37	消费率高于最优消费率
2011	4868.11	4909.21	-41.10	动态无效	43.32	43.69	-0.37	消费率低于最优消费率
2012	5506.09	5585.14	-79.05	动态无效	45.46	46.11	-0.65	消费率低于最优消费率
2013	6182.79	6051.64	131.15	动态有效	49.06	48.02	1.04	消费率高于最优消费率
2014	6365.56	6290.78	74.78	动态有效	49.88	49.30	0.59	消费率高于最优消费率
2015	7134.70	6381.50	753.20	动态有效	55.89	49.99	5.90	消费率高于最优消费率
2016	7451.46	6520.28	931.18	动态有效	57.10	49.96	7.14	消费率高于最优消费率

附表 5　1993～2016 年内蒙古动态效率与最优消费率关系

年份	最终消费支出（亿元）	劳动收入（亿元）	总消费与劳动收入之差（亿元）	动态效率	最终消费率（%）	劳动收入占比（%）	差额占 GDP 比重（%）	现实消费率与最优消费率比较
1993	320.92	344.75	-23.83	动态无效	60.24	64.72	-4.47	消费率低于最优消费率
1994	406.88	440.87	-33.99	动态无效	59.67	64.65	-4.99	消费率低于最优消费率
1995	505.84	530.62	-24.78	动态无效	60.73	63.71	-2.97	消费率低于最优消费率
1996	573.13	615.90	-42.77	动态无效	58.20	62.54	-4.34	消费率低于最优消费率
1997	639.84	682.99	-43.15	动态无效	58.18	62.10	-3.92	消费率低于最优消费率
1998	664.00	746.52	-82.52	动态无效	56.80	63.85	-7.06	消费率低于最优消费率
1999	724.54	770.55	-46.01	动态无效	57.74	61.41	-3.67	消费率低于最优消费率
2000	873.65	801.10	72.55	动态有效	56.76	52.05	4.71	消费率高于最优消费率
2001	974.99	863.14	111.85	动态有效	56.89	50.36	6.53	消费率高于最优消费率
2002	1137.21	959.82	177.39	动态有效	58.59	49.45	9.14	消费率高于最优消费率
2003	1259.57	1173.89	85.68	动态有效	52.74	49.15	3.59	消费率高于最优消费率
2004	1495.19	1373.80	121.39	动态有效	49.17	45.17	3.99	消费率高于最优消费率
2005	1802.84	1684.03	118.81	动态有效	46.17	43.12	3.04	消费率高于最优消费率
2006	2129.59	1897.75	231.84	动态有效	43.07	38.38	4.69	消费率高于最优消费率
2007	2630.87	2311.60	319.27	动态有效	40.96	35.99	4.97	消费率高于最优消费率
2008	3278.65	3566.09	-287.44	动态无效	38.59	41.97	-3.38	消费率低于最优消费率
2009	3941.11	4746.64	-805.53	动态无效	40.46	48.73	-8.27	消费率低于最优消费率
2010	4588.14	5340.59	-752.45	动态无效	39.31	45.76	-6.45	消费率低于最优消费率
2011	5526.64	6552.47	-1025.83	动态无效	38.49	45.63	-7.14	消费率低于最优消费率
2012	6244.16	7308.81	-1064.65	动态无效	39.32	46.02	-6.70	消费率低于最优消费率
2013	6889.61	8011.24	-1121.63	动态无效	40.93	47.59	-6.66	消费率低于最优消费率
2014	7158.23	9195.08	-2036.85	动态无效	40.28	51.75	-11.46	消费率低于最优消费率
2015	7452.82	9237.38	-1784.56	动态无效	41.80	51.80	-10.01	消费率低于最优消费率
2016	8030.92	9424.67	-1393.75	动态无效	44.30	51.99	-7.69	消费率低于最优消费率

附表 6　1993～2016 年辽宁动态效率与最优消费率关系

年份	最终消费支出（亿元）	劳动收入（亿元）	总消费与劳动收入之差（亿元）	动态效率	最终消费率（%）	劳动收入占比（%）	差额占 GDP 比重（%）	现实消费率与最优消费率比较
1993	962.51	939.63	22.88	动态有效	47.87	46.73	1.14	消费率高于最优消费率
1994	1239.61	1178.72	60.89	动态有效	50.35	47.88	2.47	消费率高于最优消费率
1995	1501.84	1389.43	112.41	动态有效	53.76	49.74	4.02	消费率高于最优消费率
1996	1728.74	1647.61	81.13	动态有效	54.91	52.33	2.58	消费率高于最优消费率
1997	1877.85	1902.56	-24.71	动态无效	53.80	54.51	-0.71	消费率低于最优消费率
1998	2128.10	2072.96	55.14	动态有效	54.82	53.40	1.42	消费率高于最优消费率
1999	2330.53	2125.47	205.06	动态有效	55.87	50.95	4.92	消费率高于最优消费率
2000	2587.52	2204.13	383.39	动态有效	55.42	47.21	8.21	消费率高于最优消费率
2001	2828.09	2323.66	504.43	动态有效	56.19	46.17	10.02	消费率高于最优消费率
2002	3031.47	2559.22	472.25	动态有效	55.54	46.89	8.65	消费率高于最优消费率
2003	3102.51	2802.81	299.70	动态有效	51.69	46.69	4.99	消费率高于最优消费率
2004	3248.30	3039.27	209.03	动态有效	48.69	45.55	3.13	消费率高于最优消费率
2005	3688.94	4524.42	-835.48	动态无效	45.84	56.22	-10.38	消费率低于最优消费率
2006	4054.93	5128.57	-1073.64	动态无效	43.58	55.12	-11.54	消费率低于最优消费率
2007	4717.14	6067.11	-1349.97	动态无效	42.25	54.34	-12.09	消费率低于最优消费率
2008	5595.95	7297.91	-1701.96	动态无效	40.94	53.39	-12.45	消费率低于最优消费率
2009	6311.05	7868.25	-1557.20	动态无效	41.49	51.72	-10.24	消费率低于最优消费率
2010	7374.14	9431.14	-2057.00	动态无效	39.95	51.10	-11.14	消费率低于最优消费率
2011	8867.21	10782.35	-1915.14	动态无效	39.89	48.51	-8.62	消费率低于最优消费率
2012	10073.24	12137.58	-2064.34	动态无效	40.54	48.85	-8.31	消费率低于最优消费率
2013	11214.85	12283.51	-1068.66	动态无效	41.42	45.36	-3.95	消费率低于最优消费率
2014	12192.71	13926.97	-1734.26	动态无效	42.59	48.65	-6.06	消费率低于最优消费率
2015	13019.49	13446.80	-427.31	动态无效	45.41	46.90	-1.49	消费率低于最优消费率
2016	13149.51	10388.89	2760.62	动态有效	59.11	46.70	12.41	消费率高于最优消费率

附表 7 1993～2016 年吉林动态效率与最优消费率关系

年份	最终消费支出（亿元）	劳动收入（亿元）	总消费与劳动收入之差（亿元）	动态效率	最终消费率（%）	劳动收入占比（%）	差额占 GDP 比重（%）	现实消费率与最优消费率比较
1993	436.06	408.84	27.22	动态有效	60.74	56.95	3.79	消费率高于最优消费率
1994	577.59	601.30	-23.71	动态无效	59.62	62.07	-2.45	消费率低于最优消费率
1995	703.38	715.41	-12.03	动态无效	61.73	62.79	-1.06	消费率低于最优消费率
1996	811.44	870.01	-58.57	动态无效	60.02	64.35	-4.33	消费率低于最优消费率
1997	928.35	949.12	-20.77	动态无效	63.23	64.64	-1.41	消费率低于最优消费率
1998	969.20	1040.39	-71.19	动态无效	61.69	66.22	-4.53	消费率低于最优消费率
1999	1030.43	1087.25	-56.82	动态无效	61.33	64.72	-3.38	消费率低于最优消费率
2000	1185.61	1224.48	-38.87	动态无效	63.56	65.64	-2.08	消费率低于最优消费率
2001	1331.32	1474.40	-143.08	动态无效	63.76	70.62	-6.85	消费率低于最优消费率
2002	1444.68	1604.46	-159.78	动态无效	62.33	69.23	-6.89	消费率低于最优消费率
2003	1678.60	1818.66	-140.06	动态无效	64.59	69.98	-5.39	消费率低于最优消费率
2004	1693.27	1481.51	211.76	动态有效	56.21	49.18	7.03	消费率高于最优消费率
2005	1921.64	1699.59	222.05	动态有效	51.09	45.18	5.90	消费率高于最优消费率
2006	2137.57	1941.82	195.75	动态有效	43.05	39.11	3.94	消费率高于最优消费率
2007	2588.42	2278.79	309.63	动态有效	46.21	40.68	5.53	消费率高于最优消费率
2008	3057.70	2731.33	326.37	动态有效	45.02	40.22	4.81	消费率高于最优消费率
2009	3416.95	3070.80	346.15	动态有效	44.57	40.06	4.52	消费率高于最优消费率
2010	3778.84	3538.93	239.91	动态有效	40.40	37.84	2.57	消费率高于最优消费率
2011	4423.67	4290.24	133.43	动态有效	39.63	38.44	1.20	消费率高于最优消费率
2012	4942.04	4818.66	123.38	动态有效	38.95	37.98	0.97	消费率高于最优消费率
2013	5500.45	5270.48	229.97	动态有效	39.44	37.79	1.65	消费率高于最优消费率
2014	5407.99	5966.36	-558.37	动态无效	39.18	43.22	-4.05	消费率低于最优消费率
2015	5593.22	6430.99	-837.77	动态无效	39.77	45.73	-5.96	消费率低于最优消费率
2016	5567.07	6744.56	-1177.49	动态无效	37.67	45.64	-7.97	消费率低于最优消费率

附表 8　1993～2016 年黑龙江动态效率与最优消费率关系

年份	最终消费支出（亿元）	劳动收入（亿元）	总消费与劳动收入之差（亿元）	动态效率	最终消费率（%）	劳动收入占比（%）	差额占 GDP 比重（%）	现实消费率与最优消费率比较
1993	603.90	517.44	86.46	动态有效	50.39	43.18	7.21	消费率高于最优消费率
1994	805.40	692.16	113.24	动态有效	50.18	43.13	7.06	消费率高于最优消费率
1995	1081.30	994.35	86.95	动态有效	54.30	49.93	4.37	消费率高于最优消费率
1996	1245.40	1196.16	49.24	动态有效	52.54	50.46	2.08	消费率高于最优消费率
1997	1313.60	1326.57	-12.97	动态无效	49.24	49.73	-0.49	消费率低于最优消费率
1998	1364.10	1380.75	-16.65	动态无效	49.17	49.77	-0.60	消费率低于最优消费率
1999	1431.20	1405.95	25.25	动态有效	49.93	49.05	0.88	消费率高于最优消费率
2000	1580.00	1448.16	131.84	动态有效	50.14	45.95	4.18	消费率高于最优消费率
2001	1752.30	1645.04	107.27	动态有效	51.69	48.52	3.16	消费率高于最优消费率
2002	1872.30	1804.22	68.09	动态有效	51.48	49.60	1.87	消费率高于最优消费率
2003	2076.30	1992.06	84.24	动态有效	51.17	49.10	2.08	消费率高于最优消费率
2004	2304.10	1805.49	498.61	动态有效	48.50	38.01	10.50	消费率高于最优消费率
2005	2660.75	2061.55	599.20	动态有效	48.28	37.40	10.87	消费率高于最优消费率
2006	2961.21	2342.29	618.92	动态有效	47.85	37.85	10.00	消费率高于最优消费率
2007	3514.30	2722.39	791.91	动态有效	49.47	38.32	11.15	消费率高于最优消费率
2008	4297.71	3292.52	1005.19	动态有效	51.69	39.60	12.09	消费率高于最优消费率
2009	4850.25	3661.86	1188.39	动态有效	56.48	42.64	13.84	消费率高于最优消费率
2010	5585.71	4031.76	1553.95	动态有效	53.87	38.88	14.99	消费率高于最优消费率
2011	6586.71	4884.78	1701.93	动态有效	52.35	38.82	13.53	消费率高于最优消费率
2012	7260.45	5688.82	1571.63	动态有效	53.03	41.55	11.48	消费率高于最优消费率
2013	7963.60	6360.86	1602.74	动态有效	55.37	44.23	11.14	消费率高于最优消费率
2014	8877.27	6878.57	1998.70	动态有效	58.12	45.03	13.08	消费率高于最优消费率
2015	8986.69	7444.74	1541.95	动态有效	59.58	49.36	10.22	消费率高于最优消费率
2016	9579.97	7772.82	1807.15	动态有效	62.26	50.52	11.75	消费率高于最优消费率

附表9 1993～2016年上海动态效率与最优消费率关系

年份	最终消费支出（亿元）	劳动收入（亿元）	总消费与劳动收入之差（亿元）	动态效率	最终消费率（%）	劳动收入占比（%）	差额占GDP比重（%）	现实消费率与最优消费率比较
1993	679.35	591.77	87.58	动态无效	44.94	39.15	5.79	消费率低于最优消费率
1994	873.89	727.02	146.87	动态无效	44.32	36.87	7.45	消费率低于最优消费率
1995	1085.33	946.92	138.41	动态无效	44.07	38.45	5.62	消费率低于最优消费率
1996	1252.33	1119.14	133.19	动态无效	43.15	38.56	4.59	消费率低于最优消费率
1997	1423.63	1255.41	168.22	动态无效	42.37	37.36	5.01	消费率低于最优消费率
1998	1526.30	1408.28	118.02	动态无效	41.38	38.18	3.20	消费率低于最优消费率
1999	1719.48	1594.17	125.31	动态无效	42.61	39.51	3.11	消费率低于最优消费率
2000	2244.52	1810.50	434.02	动态有效	47.04	37.95	9.10	消费率高于最优消费率
2001	2476.20	2030.98	445.22	动态有效	47.53	38.98	8.55	消费率高于最优消费率
2002	2791.06	2316.08	474.98	动态有效	48.62	40.34	8.27	消费率高于最优消费率
2003	3217.59	2574.94	642.65	动态有效	48.07	38.47	9.60	消费率高于最优消费率
2004	3832.59	2910.36	922.23	动态有效	47.48	36.05	11.42	消费率高于最优消费率
2005	4480.34	3477.93	1002.41	动态有效	48.45	37.61	10.84	消费率高于最优消费率
2006	5175.15	4038.36	1136.79	动态有效	48.95	38.20	10.75	消费率高于最优消费率
2007	6170.38	4706.01	1464.37	动态有效	49.39	37.67	11.72	消费率高于最优消费率
2008	7172.67	5688.83	1483.84	动态有效	50.98	40.43	10.55	消费率高于最优消费率
2009	7868.64	6196.93	1671.71	动态有效	52.30	41.19	11.11	消费率高于最优消费率
2010	9424.29	7079.15	2345.14	动态有效	54.90	41.24	13.66	消费率高于最优消费率
2011	10821.18	8095.10	2726.08	动态有效	56.37	42.17	14.20	消费率高于最优消费率
2012	11528.58	8808.60	2719.98	动态有效	57.12	43.65	13.48	消费率高于最优消费率
2013	12516.27	9782.19	2734.08	动态有效	57.94	45.28	12.66	消费率高于最优消费率
2014	13858.14	10811.27	3046.87	动态有效	58.80	45.87	12.93	消费率高于最优消费率
2015	14854.50	11639.67	3214.83	动态有效	59.13	46.33	12.80	消费率高于最优消费率
2016	16177.04	12850.06	3326.98	动态有效	57.41	45.60	11.81	消费率高于最优消费率

附表 10　1993～2016 年江苏动态效率率与最优消费率关系

年份	最终消费支出（亿元）	劳动收入（亿元）	总消费与劳动收入之差（亿元）	动态效率	最终消费率（%）	劳动收入占比（%）	差额占 GDP 比重（%）	现实消费率与最优消费率比较
1993	1251.08	1352.49	−101.41	动态无效	41.73	45.11	−3.38	消费率低于最优消费率
1994	1721.45	1919.36	−197.91	动态无效	42.43	47.31	−4.88	消费率低于最优消费率
1995	2250.66	2549.06	−298.40	动态无效	43.66	49.45	−5.79	消费率低于最优消费率
1996	2721.84	2982.20	−260.36	动态无效	45.33	49.67	−4.34	消费率低于最优消费率
1997	3020.94	3320.30	−299.36	动态无效	45.22	49.70	−4.48	消费率低于最优消费率
1998	3161.90	3541.23	−379.33	动态无效	44.08	49.37	−5.29	消费率低于最优消费率
1999	3339.79	3707.78	−367.99	动态无效	43.83	48.66	−4.83	消费率低于最优消费率
2000	3710.72	4110.16	−399.44	动态无效	43.38	48.05	−4.67	消费率低于最优消费率
2001	4141.92	4549.56	−407.64	动态无效	43.80	48.11	−4.31	消费率低于最优消费率
2002	4801.91	5070.44	−268.53	动态无效	45.27	47.80	−2.53	消费率低于最优消费率
2003	5484.04	5910.92	−426.88	动态无效	44.07	47.50	−3.43	消费率低于最优消费率
2004	6227.21	6359.81	−132.60	动态无效	41.50	42.39	−0.88	消费率低于最优消费率
2005	7658.70	7977.81	−319.11	动态无效	41.18	42.89	−1.72	消费率低于最优消费率
2006	9045.95	9292.84	−246.89	动态无效	41.61	42.74	−1.14	消费率低于最优消费率
2007	10933.68	10168.98	764.70	动态有效	42.02	39.08	2.94	消费率高于最优消费率
2008	12843.37	13146.64	−303.27	动态无效	41.45	42.43	−0.98	消费率低于最优消费率
2009	14375.40	15770.06	−1394.66	动态无效	41.72	45.77	−4.05	消费率低于最优消费率
2010	17238.08	17998.71	−760.63	动态无效	41.61	43.45	−1.84	消费率低于最优消费率
2011	20649.28	21549.29	−900.01	动态无效	42.05	43.88	−1.83	消费率低于最优消费率
2012	22714.57	24011.04	−1296.47	动态无效	42.02	44.42	−2.40	消费率低于最优消费率
2013	26422.79	27074.93	−652.14	动态无效	44.66	45.76	−1.10	消费率低于最优消费率
2014	31067.33	30093.22	974.11	动态有效	47.73	46.23	1.50	消费率高于最优消费率
2015	35041.42	32722.13	2319.29	动态无效	49.98	46.67	3.31	消费率高于最优消费率
2016	39499.88	35382.10	4117.78	动态无效	51.04	45.72	5.32	消费率高于最优消费率

附表11 1993～2016年浙江动态效率与最优消费率关系

年份	最终消费支出（亿元）	劳动收入（亿元）	总消费与劳动收入之差（亿元）	动态效率	最终消费率（%）	劳动收入占比（%）	差额占GDP比重（%）	现实消费率与最优消费率比较
1993	849.96	851.96	-2.00	动态无效	44.51	44.62	-0.10	消费率低于最优消费率
1994	1173.68	1221.42	-47.74	动态无效	44.01	45.80	-1.79	消费率低于最优消费率
1995	1495.24	1600.94	-105.70	动态无效	41.89	44.85	-2.96	消费率低于最优消费率
1996	1806.91	1812.51	-5.60	动态无效	43.39	43.53	-0.13	消费率低于最优消费率
1997	2004.31	2082.95	-78.64	动态无效	43.39	45.09	-1.70	消费率低于最优消费率
1998	2172.30	2204.71	-32.41	动态无效	43.65	44.31	-0.65	消费率低于最优消费率
1999	2355.39	2348.82	6.57	动态有效	43.86	43.74	0.12	消费率高于最优消费率
2000	3150.88	2781.41	369.47	动态有效	51.31	45.29	6.02	消费率高于最优消费率
2001	3579.14	3025.68	553.46	动态有效	51.88	43.86	8.02	消费率高于最优消费率
2002	4062.46	3381.30	681.16	动态有效	50.76	42.25	8.51	消费率高于最优消费率
2003	4623.26	4074.86	548.40	动态有效	47.64	41.99	5.65	消费率高于最优消费率
2004	5416.73	4926.23	490.50	动态有效	46.50	42.29	4.21	消费率高于最优消费率
2005	6347.60	5596.34	751.26	动态有效	47.31	41.71	5.60	消费率高于最优消费率
2006	7499.76	6658.50	841.26	动态有效	47.71	42.36	5.35	消费率高于最优消费率
2007	8620.50	7814.04	806.46	动态有效	45.97	41.67	4.30	消费率高于最优消费率
2008	9828.95	9295.10	533.85	动态有效	45.80	43.31	2.49	消费率高于最优消费率
2009	10864.59	9560.64	1303.95	动态有效	47.26	41.59	5.67	消费率高于最优消费率
2010	12765.63	11328.31	1437.32	动态有效	46.05	40.86	5.18	消费率高于最优消费率
2011	15041.98	13844.83	1197.15	动态有效	46.54	42.84	3.70	消费率高于最优消费率
2012	16509.40	15312.87	1196.53	动态有效	47.63	44.17	3.45	消费率高于最优消费率
2013	17737.24	18793.69	-1056.45	动态无效	47.21	50.03	-2.81	消费率低于最优消费率
2014	19365.42	19460.97	-95.55	动态无效	48.21	48.44	-0.24	消费率低于最优消费率
2015	20936.30	21601.92	-665.62	动态无效	48.82	50.37	-1.55	消费率低于最优消费率
2016	22751.65	23290.76	-539.11	动态有效	48.15	49.29	-1.14	消费率低于最优消费率

附表 12　1993~2016 年安徽动态效率与最优消费率关系

年份	最终消费支出（亿元）	劳动收入（亿元）	总消费与劳动收入之差（亿元）	动态效率	最终消费率（%）	劳动收入占比（%）	差额占 GDP 比重（%）	现实消费率与最优消费率比较
1993	664.74	658.60	6.14	动态有效	62.13	61.56	0.57	消费率高于最优消费率
1994	882.64	785.69	96.95	动态有效	59.30	52.79	6.51	消费率高于最优消费率
1995	1174.65	1089.72	84.93	动态有效	58.63	54.39	4.24	消费率高于最优消费率
1996	1368.54	1244.58	123.96	动态有效	58.50	53.20	5.30	消费率高于最优消费率
1997	1612.22	1414.58	197.64	动态有效	60.38	52.98	7.40	消费率高于最优消费率
1998	1690.40	1467.34	223.06	动态有效	60.25	52.30	7.95	消费率高于最优消费率
1999	1861.17	1484.45	376.72	动态有效	63.99	51.04	12.95	消费率高于最优消费率
2000	1947.78	1517.59	430.19	动态有效	64.05	49.90	14.15	消费率高于最优消费率
2001	2108.09	1604.48	503.61	动态有效	64.07	48.77	15.31	消费率高于最优消费率
2002	2262.95	1752.09	510.86	动态有效	63.68	49.31	14.38	消费率高于最优消费率
2003	2520.31	1776.35	743.96	动态有效	63.44	44.71	18.73	消费率高于最优消费率
2004	2835.44	2230.66	604.78	动态有效	58.89	46.33	12.56	消费率高于最优消费率
2005	3006.70	2556.88	449.82	动态有效	56.20	47.79	8.41	消费率高于最优消费率
2006	3374.70	2872.20	502.50	动态有效	55.21	46.99	8.22	消费率高于最优消费率
2007	3979.71	3413.77	565.94	动态有效	54.07	46.38	7.69	消费率高于最优消费率
2008	4571.97	4943.41	-371.44	动态无效	51.65	55.85	-4.20	消费率低于最优消费率
2009	5179.08	5291.13	-112.05	动态无效	51.47	52.58	-1.11	消费率低于最优消费率
2010	6213.15	6361.47	-148.32	动态无效	50.27	51.47	-1.20	消费率低于最优消费率
2011	7604.30	7807.07	-202.77	动态无效	49.70	51.02	-1.33	消费率低于最优消费率
2012	8439.01	8867.45	-428.44	动态无效	49.03	51.52	-2.49	消费率低于最优消费率
2013	9189.29	9231.52	-42.23	动态无效	53.39	53.63	-0.25	消费率低于最优消费率
2014	10136.81	10089.36	47.45	动态有效	48.62	48.39	0.23	消费率高于最优消费率
2015	10970.50	10789.77	180.73	动态有效	49.85	49.03	0.82	消费率高于最优消费率
2016	12112.78	11761.93	350.85	动态有效	49.63	48.19	1.44	消费率高于最优消费率

附表13 1993~2016年福建动态效率与最优消费率关系

年份	最终消费支出（亿元）	劳动收入（亿元）	总消费与劳动收入之差（亿元）	动态效率	最终消费率（%）	劳动收入占比（%）	差额占GDP比重（%）	现实消费率与最优消费率比较
1993	682.09	654.17	27.92	动态有效	61.22	58.71	2.51	消费率高于最优消费率
1994	946.94	873.69	73.25	动态有效	57.59	53.13	4.45	消费率高于最优消费率
1995	1174.13	1156.77	17.36	动态有效	56.05	55.22	0.83	消费率高于最优消费率
1996	1406.39	1355.60	50.79	动态有效	56.61	54.57	2.04	消费率高于最优消费率
1997	1630.58	1573.62	56.96	动态有效	56.80	54.81	1.98	消费率高于最优消费率
1998	1723.93	1732.77	-8.84	动态无效	54.56	54.84	-0.28	消费率低于最优消费率
1999	1831.55	1858.08	-26.53	动态无效	53.65	54.42	-0.78	消费率低于最优消费率
2000	2049.66	1916.03	133.63	动态有效	54.45	50.90	3.55	消费率高于最优消费率
2001	2214.11	2058.83	155.28	动态有效	54.36	50.55	3.81	消费率高于最优消费率
2002	2412.57	2280.92	131.66	动态有效	54.00	51.06	2.95	消费率高于最优消费率
2003	2651.77	2532.79	118.98	动态有效	53.21	50.82	2.39	消费率高于最优消费率
2004	2975.97	2666.42	309.55	动态有效	51.64	46.27	5.37	消费率高于最优消费率
2005	3295.55	3035.33	260.22	动态有效	50.17	46.21	3.96	消费率高于最优消费率
2006	3837.08	3501.02	336.07	动态有效	49.06	44.77	4.30	消费率高于最优消费率
2007	4356.31	4197.02	159.29	动态有效	46.21	44.52	1.69	消费率高于最优消费率
2008	5191.28	6014.43	-823.15	动态无效	44.87	51.99	-7.12	消费率低于最优消费率
2009	5576.66	6835.55	-1258.89	动态无效	43.65	53.50	-9.85	消费率低于最优消费率
2010	6440.40	7770.03	-1329.63	动态无效	43.13	52.04	-8.90	消费率低于最优消费率
2011	7300.48	9178.86	-1878.38	动态无效	40.71	51.18	-10.47	消费率低于最优消费率
2012	7882.88	10478.07	-2595.19	动态无效	40.01	53.18	-13.17	消费率低于最优消费率
2013	8389.94	11841.45	-3451.51	动态无效	38.56	54.42	-15.86	消费率低于最优消费率
2014	9299.33	13129.78	-3830.45	动态无效	38.66	54.58	-15.92	消费率低于最优消费率
2015	10328.90	14537.64	-4208.74	动态无效	39.76	55.96	-16.20	消费率低于最优消费率
2016	11614.37	16116.75	-4502.38	动态无效	40.31	55.94	-15.63	消费率低于最优消费率

附表 14　1993～2016 年江西动态效率与最优消费率关系

年份	最终消费支出（亿元）	劳动收入（亿元）	总消费与劳动收入之差（亿元）	动态效率	最终消费率（%）	劳动收入占比（%）	差额占 GDP 比重（%）	现实消费率与最优消费率比较
1993	460.22	486.03	-25.81	动态无效	63.65	67.22	-3.57	消费率低于最优消费率
1994	597.07	644.56	-47.49	动态无效	63.20	68.23	-5.03	消费率低于最优消费率
1995	790.36	754.47	35.89	动态有效	64.94	61.99	2.95	消费率低于最优消费率
1996	953.63	943.87	9.76	动态有效	64.89	64.23	0.66	消费率低于最优消费率
1997	1030.36	1096.91	-66.55	动态无效	61.90	65.90	-4.00	消费率低于最优消费率
1998	1102.40	1135.92	-33.52	动态无效	61.33	63.20	-1.86	消费率低于最优消费率
1999	1171.61	1208.88	-37.27	动态无效	61.28	63.23	-1.95	消费率低于最优消费率
2000	1269.58	1279.64	-10.06	动态无效	64.05	64.56	-0.51	消费率低于最优消费率
2001	1357.47	1337.85	19.62	动态有效	62.79	61.89	0.91	消费率低于最优消费率
2002	1459.65	1469.71	-10.06	动态无效	59.32	59.73	-0.41	消费率低于最优消费率
2003	1525.90	1633.22	-107.32	动态无效	54.20	58.01	-3.81	消费率低于最优消费率
2004	1822.14	2029.63	-207.49	动态无效	52.59	58.58	-5.99	消费率低于最优消费率
2005	2117.30	1937.95	179.35	动态有效	52.13	47.71	4.42	消费率高于最优消费率
2006	2348.66	2247.25	101.41	动态有效	49.03	46.91	2.12	消费率高于最优消费率
2007	2782.34	2671.50	110.84	动态有效	48.11	46.19	1.92	消费率高于最优消费率
2008	3302.78	3156.64	146.14	动态有效	47.22	45.13	2.09	消费率高于最优消费率
2009	3538.42	3273.98	264.44	动态有效	46.27	42.81	3.46	消费率高于最优消费率
2010	4496.69	4471.65	25.04	动态有效	47.54	47.28	0.26	消费率高于最优消费率
2011	5593.93	5401.18	192.75	动态有效	47.80	46.15	1.65	消费率高于最优消费率
2012	6314.31	5805.46	508.85	动态有效	48.76	44.83	3.93	消费率高于最优消费率
2013	7042.13	6521.66	520.47	动态有效	49.11	45.48	3.63	消费率高于最优消费率
2014	7082.56	6703.43	379.13	动态有效	45.07	42.66	2.41	消费率高于最优消费率
2015	8418.28	7421.27	997.01	动态有效	50.34	44.38	5.96	消费率高于最优消费率
2016	9362.73	8141.99	1220.74	动态有效	50.61	44.01	6.60	消费率高于最优消费率

附表15　1993~2016年山东动态效率与最优消费率关系

年份	最终消费支出（亿元）	劳动收入（亿元）	总消费与劳动收入之差（亿元）	动态效率	最终消费率（%）	劳动收入占比（%）	差额占GDP比重（%）	现实消费率与最优消费率比较
1993	1263.34	1338.68	-75.34	动态无效	46.18	48.93	-2.75	消费率低于最优消费率
1994	1889.34	1831.84	57.50	动态有效	49.59	48.08	1.51	消费率高于最优消费率
1995	2479.05	2393.45	85.60	动态有效	50.64	48.89	1.75	消费率高于最优消费率
1996	2997.89	2763.02	234.87	动态有效	50.86	46.87	3.98	消费率高于最优消费率
1997	3293.88	3128.37	165.51	动态有效	49.72	47.22	2.50	消费率高于最优消费率
1998	3533.30	3381.17	152.13	动态有效	49.33	47.21	2.12	消费率高于最优消费率
1999	3809.13	3643.49	165.64	动态有效	49.71	47.55	2.16	消费率高于最优消费率
2000	4021.46	4189.11	-167.65	动态无效	48.23	50.24	-2.01	消费率低于最优消费率
2001	4479.42	4620.65	-141.23	动态无效	48.72	50.25	-1.54	消费率低于最优消费率
2002	4887.40	5100.18	-212.78	动态无效	47.56	49.63	-2.07	消费率低于最优消费率
2003	5608.60	5914.16	-305.56	动态无效	46.44	48.97	-2.53	消费率低于最优消费率
2004	6568.66	5562.59	1006.08	动态有效	43.73	37.03	6.70	消费率高于最优消费率
2005	7478.35	7242.82	235.53	动态有效	40.72	39.43	1.28	消费率高于最优消费率
2006	8888.17	8993.33	-105.16	动态无效	40.58	41.07	-0.48	消费率低于最优消费率
2007	10352.82	11448.09	-1095.27	动态无效	40.16	44.41	-4.25	消费率低于最优消费率
2008	12368.40	14452.76	-2084.36	动态无效	39.98	46.72	-6.74	消费率低于最优消费率
2009	13574.79	15960.42	-2385.63	动态无效	40.05	47.09	-7.04	消费率低于最优消费率
2010	15331.20	16229.86	-898.66	动态无效	39.14	41.43	-2.29	消费率低于最优消费率
2011	18095.43	18315.86	-220.43	动态无效	39.89	40.38	-0.49	消费率低于最优消费率
2012	20543.68	20197.11	346.57	动态有效	41.08	40.38	0.69	消费率高于最优消费率
2013	22601.63	23202.69	-601.06	动态无效	41.33	42.43	-1.10	消费率低于最优消费率
2014	24193.05	25001.06	-808.01	动态无效	40.71	42.07	-1.36	消费率低于最优消费率
2015	26144.42	29400.57	-3256.15	动态无效	41.50	46.67	-5.17	消费率低于最优消费率
2016	32149.67	31013.15	1136.52	动态有效	47.26	45.59	1.67	消费率高于最优消费率

附表 16　1993～2016 年河南动态效率与最优消费率关系

年份	最终消费支出（亿元）	劳动收入（亿元）	总消费与劳动收入之差（亿元）	动态效率	最终消费率（%）	劳动收入占比（%）	差额占 GDP 比重（%）	现实消费率与最优消费率比较
1993	879.25	936.44	-57.19	动态无效	52.88	56.32	-3.44	消费率低于最优消费率
1994	1198.86	1421.36	-222.50	动态无效	53.90	63.90	-10.00	消费率低于最优消费率
1995	1595.23	1913.96	-318.73	动态无效	53.13	63.74	-10.61	消费率低于最优消费率
1996	1944.97	2243.00	-298.03	动态无效	53.12	61.26	-8.14	消费率低于最优消费率
1997	2154.98	2377.75	-222.77	动态无效	52.83	58.29	-5.46	消费率低于最优消费率
1998	2235.10	2387.18	-152.08	动态无效	51.30	54.79	-3.49	消费率低于最优消费率
1999	2358.34	2434.99	-76.65	动态无效	51.54	53.21	-1.68	消费率低于最优消费率
2000	2745.80	2623.78	122.02	动态有效	54.34	51.93	2.41	消费率高于最优消费率
2001	3086.15	2839.19	246.96	动态有效	55.78	51.31	4.46	消费率高于最优消费率
2002	3386.68	2970.03	416.65	动态有效	56.11	49.21	6.90	消费率高于最优消费率
2003	3891.70	3145.73	745.97	动态有效	56.67	45.80	10.86	消费率高于最优消费率
2004	4568.52	4022.06	546.46	动态有效	53.41	47.02	6.39	消费率高于最优消费率
2005	5353.67	4925.67	428.00	动态有效	50.57	46.52	4.04	消费率高于最优消费率
2006	6102.27	5355.72	746.55	动态有效	49.36	43.32	6.04	消费率高于最优消费率
2007	6831.27	6475.97	355.30	动态有效	45.50	43.14	2.37	消费率高于最优消费率
2008	7759.33	8886.47	-1127.14	动态无效	43.06	49.32	-6.26	消费率低于最优消费率
2009	8742.69	10044.55	-1301.86	动态无效	44.88	51.56	-6.68	消费率低于最优消费率
2010	10209.83	12078.38	-1868.55	动态无效	44.21	52.30	-8.09	消费率低于最优消费率
2011	11783.07	14111.40	-2328.33	动态无效	43.75	52.40	-8.65	消费率低于最优消费率
2012	13338.44	15576.26	-2237.82	动态无效	45.06	52.62	-7.56	消费率低于最优消费率
2013	15287.41	16985.58	-1698.17	动态无效	47.54	52.82	-5.28	消费率低于最优消费率
2014	16850.13	18342.47	-1492.34	动态无效	48.23	52.50	-4.27	消费率低于最优消费率
2015	18722.62	19671.95	-949.33	动态无效	50.60	53.16	-2.57	消费率低于最优消费率
2016	20777.02	21547.46	-770.44	动态无效	51.34	53.24	-1.90	消费率低于最优消费率

附表17 1993~2016年湖北动态效率与最优消费率关系

年份	最终消费支出（亿元）	劳动收入（亿元）	总消费与劳动收入之差（亿元）	动态效率	最终消费率（%）	劳动收入占比（%）	差额占GDP比重（%）	现实消费率与最优消费率比较
1993	870.27	716.75	153.52	动态有效	60.52	49.85	10.68	消费率高于最优消费率
1994	1058.13	953.28	104.85	动态有效	55.82	50.29	5.53	消费率高于最优消费率
1995	1333.82	1288.39	45.43	动态有效	54.78	52.91	1.87	消费率高于最优消费率
1996	1646.74	1682.57	-35.83	动态无效	56.14	57.36	-1.22	消费率低于最优消费率
1997	1783.40	1929.21	-145.81	动态无效	52.93	57.26	-4.33	消费率低于最优消费率
1998	1941.20	2062.84	-121.64	动态无效	53.60	56.96	-3.36	消费率低于最优消费率
1999	1983.14	2052.30	-69.16	动态无效	52.10	53.92	-1.82	消费率低于最优消费率
2000	2030.07	2278.35	-248.28	动态无效	53.98	60.59	-6.60	消费率低于最优消费率
2001	2262.67	2457.00	-194.33	动态无效	55.16	59.90	-4.74	消费率低于最优消费率
2002	2499.95	2691.17	-191.22	动态无效	56.60	60.93	-4.33	消费率低于最优消费率
2003	2819.24	2794.93	24.31	动态有效	57.41	56.92	0.50	消费率高于最优消费率
2004	3174.18	2644.12	530.06	动态有效	56.35	46.94	9.41	消费率高于最优消费率
2005	3645.71	3111.05	534.67	动态有效	55.91	47.71	8.20	消费率高于最优消费率
2006	4245.68	3360.84	884.84	动态有效	53.26	42.16	11.10	消费率高于最优消费率
2007	4999.66	4031.02	968.64	动态有效	52.35	42.21	10.14	消费率高于最优消费率
2008	5892.03	6084.66	-192.63	动态无效	50.24	51.88	-1.64	消费率低于最优消费率
2009	6325.15	6509.12	-183.97	动态无效	47.77	49.16	-1.39	消费率低于最优消费率
2010	7389.80	7127.26	262.54	动态有效	45.67	44.04	1.62	消费率高于最优消费率
2011	8931.48	9904.20	-972.72	动态无效	44.29	49.11	-4.82	消费率低于最优消费率
2012	9982.79	11354.86	-1372.07	动态无效	44.06	50.11	-6.06	消费率低于最优消费率
2013	11161.21	12679.72	-1518.51	动态无效	43.89	49.86	-5.97	消费率低于最优消费率
2014	12562.76	14013.86	-1451.10	动态无效	43.73	48.78	-5.05	消费率低于最优消费率
2015	13799.70	15137.98	-1338.28	动态无效	46.70	51.23	-4.53	消费率低于最优消费率
2016	15254.99	16665.54	-1410.55	动态无效	46.70	51.02	-4.32	消费率低于最优消费率

附表 18　1993~2016 年湖南动态效率与最优消费率关系

年份	最终消费支出（亿元）	劳动收入（亿元）	总消费与劳动收入之差（亿元）	动态效率	最终消费率（%）	劳动收入占比（%）	差额占 GDP 比重（%）	现实消费率与最优消费率比较
1993	885.05	745.35	139.70	动态有效	69.24	58.31	10.93	消费率高于最优消费率
1994	1113.62	1079.62	34.00	动态有效	65.72	63.72	2.01	消费率高于最优消费率
1995	1396.88	1488.59	-91.70	动态无效	63.62	67.80	-4.18	消费率低于最优消费率
1996	1753.27	1712.49	40.78	动态有效	66.23	64.69	1.54	消费率高于最优消费率
1997	1956.22	1914.89	41.33	动态有效	65.36	63.98	1.38	消费率高于最优消费率
1998	2062.80	1973.11	89.69	动态有效	64.23	61.44	2.79	消费率高于最优消费率
1999	2212.47	2013.22	199.25	动态有效	66.51	60.52	5.99	消费率高于最优消费率
2000	2471.77	2192.51	279.27	动态有效	69.60	61.73	7.86	消费率高于最优消费率
2001	2638.39	2372.36	266.03	动态有效	68.85	61.91	6.94	消费率高于最优消费率
2002	2754.62	2511.00	243.62	动态有效	66.35	60.48	5.87	消费率高于最优消费率
2003	3046.50	2720.11	326.39	动态有效	65.38	58.37	7.00	消费率高于最优消费率
2004	3552.05	2930.52	621.53	动态有效	62.96	51.94	11.02	消费率高于最优消费率
2005	4026.02	3505.03	520.99	动态有效	61.04	53.14	7.90	消费率高于最优消费率
2006	4608.61	4127.71	480.90	动态有效	59.94	53.69	6.25	消费率高于最优消费率
2007	5275.29	5106.62	168.67	动态有效	55.88	54.10	1.79	消费率高于最优消费率
2008	5988.91	6339.13	-350.22	动态无效	51.83	54.86	-3.03	消费率低于最优消费率
2009	6644.74	6889.60	-244.86	动态无效	50.88	52.75	-1.87	消费率低于最优消费率
2010	7603.53	8442.20	-838.67	动态无效	47.41	52.64	-5.23	消费率低于最优消费率
2011	9088.73	10292.21	-1203.48	动态无效	46.21	52.33	-6.12	消费率低于最优消费率
2012	10166.09	11537.48	-1371.39	动态无效	45.89	52.08	-6.19	消费率低于最优消费率
2013	11281.02	12925.45	-1644.43	动态无效	46.04	52.75	-6.71	消费率低于最优消费率
2014	12463.11	14470.89	-2007.78	动态无效	46.10	53.52	-7.43	消费率低于最优消费率
2015	14755.76	15445.10	-689.34	动态无效	51.05	53.44	-2.39	消费率低于最优消费率
2016	16122.55	16777.64	-655.09	动态无效	51.10	53.18	-2.08	消费率低于最优消费率

附表 19　1993～2016 年广东动态效率与最优消费率关系

年份	最终消费支出（亿元）	劳动收入（亿元）	总消费与劳动收入之差（亿元）	动态效率	最终消费率（%）	劳动收入占比（%）	差额占 GDP 比重（%）	现实消费率与最优消费率比较
1993	1852.06	1913.86	−61.80	动态无效	53.45	55.23	−1.78	消费率低于最优消费率
1994	2598.57	2573.61	24.96	动态有效	56.27	55.73	0.54	消费率高于最优消费率
1995	3363.38	3231.75	131.63	动态有效	56.69	54.47	2.22	消费率高于最优消费率
1996	3859.32	3763.56	95.76	动态有效	56.46	55.06	1.40	消费率高于最优消费率
1997	4245.18	4256.00	−10.82	动态无效	54.60	54.74	−0.14	消费率低于最优消费率
1998	4582.16	5101.89	−519.73	动态无效	53.71	59.80	−6.09	消费率低于最优消费率
1999	5083.60	5364.52	−280.92	动态无效	54.95	57.99	−3.04	消费率低于最优消费率
2000	5714.46	5880.66	−166.20	动态无效	53.20	54.75	−1.55	消费率低于最优消费率
2001	6255.92	6410.07	−154.15	动态无效	51.96	53.24	−1.28	消费率低于最优消费率
2002	7286.63	7471.81	−185.18	动态无效	53.97	55.34	−1.37	消费率低于最优消费率
2003	8643.44	8338.08	305.36	动态有效	54.55	52.62	1.93	消费率高于最优消费率
2004	10162.04	9467.30	694.74	动态有效	53.87	50.19	3.68	消费率高于最优消费率
2005	11450.96	11149.85	301.12	动态有效	50.76	49.43	1.33	消费率高于最优消费率
2006	12635.59	12679.79	−44.20	动态无效	47.52	47.69	−0.17	消费率低于最优消费率
2007	14842.85	14923.48	−80.63	动态无效	46.71	46.96	−0.25	消费率低于最优消费率
2008	17202.13	17491.30	−289.17	动态无效	46.75	47.53	−0.79	消费率低于最优消费率
2009	19179.39	18789.19	390.20	动态有效	48.56	47.58	0.99	消费率高于最优消费率
2010	22480.91	21496.52	984.39	动态有效	48.83	46.69	2.14	消费率高于最优消费率
2011	26074.76	25549.55	525.21	动态有效	48.97	47.98	0.99	消费率高于最优消费率
2012	29264.26	28660.91	603.36	动态有效	51.21	50.15	1.06	消费率高于最优消费率
2013	30437.61	31300.08	−862.47	动态无效	48.72	50.10	−1.38	消费率低于最优消费率
2014	33920.56	33979.63	−59.07	动态无效	50.02	50.11	−0.09	消费率低于最优消费率
2015	37211.27	37564.36	−353.09	动态无效	51.11	51.59	−0.48	消费率低于最优消费率
2016	40885.91	41072.22	−186.31	动态无效	50.57	50.80	−0.23	消费率低于最优消费率

附表 20　1993～2016 年广西动态效率与最优消费率关系

年份	最终消费支出（亿元）	劳动收入（亿元）	总消费与劳动收入之差（亿元）	动态效率	最终消费率（%）	劳动收入占比（%）	差额占 GDP 比重（%）	现实消费率与最优消费率比较
1993	564.25	529.27	34.98	动态有效	64.73	60.72	4.01	消费率高于最优消费率
1994	778.82	777.01	1.81	动态有效	64.99	64.84	0.15	消费率高于最优消费率
1995	993.95	1030.59	-36.64	动态无效	66.37	68.82	-2.45	消费率低于最优消费率
1996	1202.63	1097.78	104.86	动态有效	70.83	64.65	6.18	消费率高于最优消费率
1997	1255.76	1208.47	47.29	动态有效	69.10	66.50	2.60	消费率高于最优消费率
1998	1308.70	1238.98	69.72	动态有效	68.77	65.11	3.66	消费率高于最优消费率
1999	1342.88	1250.96	91.92	动态有效	68.75	64.04	4.71	消费率高于最优消费率
2000	1448.32	1288.89	159.43	动态有效	69.63	61.96	7.66	消费率高于最优消费率
2001	1595.34	1383.32	212.02	动态有效	69.99	60.69	9.30	消费率高于最优消费率
2002	1699.73	1507.73	192.00	动态有效	67.35	59.74	7.61	消费率高于最优消费率
2003	1859.55	1590.72	268.83	动态有效	65.92	56.39	9.53	消费率高于最优消费率
2004	2097.15	1755.61	341.54	动态有效	61.08	51.13	9.95	消费率高于最优消费率
2005	2463.52	2504.36	-40.84	动态无效	61.83	62.86	-1.02	消费率低于最优消费率
2006	2779.59	2974.25	-194.66	动态无效	58.57	62.67	-4.10	消费率低于最优消费率
2007	3343.41	3589.52	-246.11	动态无效	57.41	61.64	-4.23	消费率低于最优消费率
2008	3880.17	4567.31	-687.14	动态无效	55.27	65.05	-9.79	消费率低于最优消费率
2009	4375.89	4857.64	-481.75	动态无效	56.40	62.61	-6.21	消费率低于最优消费率
2010	4942.23	5966.34	-1024.11	动态无效	51.64	62.35	-10.70	消费率低于最优消费率
2011	5601.59	7146.77	-1545.18	动态无效	47.79	60.97	-13.18	消费率低于最优消费率
2012	6517.95	7542.53	-1024.58	动态无效	50.00	57.86	-7.86	消费率低于最优消费率
2013	7407.67	7266.00	141.67	动态有效	51.52	50.54	0.99	消费率高于最优消费率
2014	8187.66	8538.98	-351.32	动态无效	52.24	54.48	-2.24	消费率低于最优消费率
2015	8878.53	9332.05	-453.52	动态无效	52.84	55.54	-2.70	消费率低于最优消费率
2016	9834.45	10279.09	-444.64	动态无效	53.69	56.12	-2.43	消费率低于最优消费率

附表 21　1993~2016 年海南动态效率与最优消费率关系

年份	最终消费支出（亿元）	劳动收入（亿元）	总消费与劳动收入之差（亿元）	动态效率	最终消费率（%）	劳动收入占比（%）	差额占 GDP 比重（%）	现实消费率与最优消费率比较
1993	125.20	123.05	2.15	动态有效	48.08	47.25	0.83	消费率高于最优消费率
1994	150.30	165.57	-15.27	动态无效	45.27	49.87	-4.60	消费率低于最优消费率
1995	178.90	186.82	-7.92	动态无效	49.24	51.42	-2.18	消费率低于最优消费率
1996	212.60	199.67	12.93	动态有效	54.55	51.24	3.32	消费率高于最优消费率
1997	228.40	212.19	16.21	动态有效	55.54	51.60	3.94	消费率高于最优消费率
1998	245.60	225.15	20.45	动态有效	55.55	50.93	4.63	消费率高于最优消费率
1999	258.70	245.84	12.86	动态有效	54.27	51.57	2.70	消费率高于最优消费率
2000	290.70	275.48	15.22	动态有效	55.18	52.29	2.89	消费率高于最优消费率
2001	310.50	294.44	16.06	动态有效	55.61	52.73	2.88	消费率高于最优消费率
2002	347.60	331.13	16.47	动态有效	55.88	53.24	2.65	消费率高于最优消费率
2003	378.60	368.87	9.74	动态有效	54.62	53.21	1.40	消费率高于最优消费率
2004	428.30	422.86	5.44	动态有效	53.61	52.93	0.68	消费率高于最优消费率
2005	470.46	469.18	1.28	动态有效	52.39	52.25	0.14	消费率高于最优消费率
2006	554.22	523.03	31.19	动态有效	53.04	50.05	2.99	消费率高于最优消费率
2007	660.23	554.00	106.23	动态有效	52.64	44.17	8.47	消费率高于最优消费率
2008	737.49	871.90	-134.41	动态无效	49.07	58.01	-8.94	消费率低于最优消费率
2009	808.72	911.02	-102.30	动态无效	48.89	55.07	-6.18	消费率低于最优消费率
2010	953.19	1091.60	-138.41	动态无效	46.17	52.87	-6.70	消费率低于最优消费率
2011	1180.02	1337.04	-157.02	动态无效	46.78	53.00	-6.22	消费率低于最优消费率
2012	1386.25	1519.73	-133.48	动态无效	48.55	53.22	-4.67	消费率低于最优消费率
2013	1590.38	1855.83	-265.45	动态无效	50.05	58.40	-8.35	消费率低于最优消费率
2014	1722.68	2136.54	-413.86	动态无效	49.21	61.03	-11.82	消费率低于最优消费率
2015	2242.65	2158.52	84.13	动态有效	60.57	58.29	2.27	消费率高于最优消费率
2016	2489.56	2359.36	130.20	动态有效	61.42	58.21	3.21	消费率高于最优消费率

附表 22　1993～2016 年重庆动态效率与最优消费率关系

年份	最终消费支出（亿元）	劳动收入（亿元）	总消费与劳动收入之差（亿元）	动态效率	最终消费率（%）	劳动收入占比（%）	差额占 GDP 比重（%）	现实消费率与最优消费率比较
1993	365.66	287.41	78.25	动态有效	66.12	51.97	14.15	消费率高于最优消费率
1994	475.38	378.65	96.73	动态有效	62.88	50.09	12.80	消费率高于最优消费率
1995	592.57	545.60	46.97	动态有效	58.31	53.69	4.62	消费率高于最优消费率
1996	739.84	809.94	-70.10	动态无效	62.75	68.69	-5.95	消费率低于最优消费率
1997	827.15	901.32	-74.17	动态无效	61.27	66.76	-5.49	消费率低于最优消费率
1998	862.20	952.61	-90.41	动态无效	60.32	66.65	-6.33	消费率低于最优消费率
1999	924.14	971.93	-47.79	动态无效	62.45	65.68	-3.23	消费率低于最优消费率
2000	997.92	1019.83	-21.91	动态无效	55.72	56.94	-1.22	消费率低于最优消费率
2001	1081.24	1118.23	-36.99	动态无效	54.69	56.57	-1.87	消费率低于最优消费率
2002	1230.77	1246.35	-15.58	动态无效	55.12	55.82	-0.70	消费率低于最优消费率
2003	1387.96	1400.37	-12.41	动态无效	54.31	54.79	-0.49	消费率低于最优消费率
2004	1572.83	1671.63	-98.80	动态无效	51.83	55.09	-3.26	消费率低于最优消费率
2005	1780.96	1929.42	-148.46	动态无效	51.36	55.64	-4.28	消费率低于最优消费率
2006	2020.59	2206.34	-185.75	动态无效	51.71	56.47	-4.75	消费率低于最优消费率
2007	2434.76	2634.09	-199.33	动态无效	52.07	56.33	-4.26	消费率低于最优消费率
2008	2886.31	3149.35	-263.04	动态无效	49.82	54.36	-4.54	消费率低于最优消费率
2009	3237.21	3473.88	-236.67	动态无效	49.57	53.20	-3.62	消费率低于最优消费率
2010	3811.85	4096.77	-284.92	动态无效	48.10	51.69	-3.59	消费率低于最优消费率
2011	4641.64	5176.93	-535.29	动态无效	46.36	51.71	-5.35	消费率低于最优消费率
2012	5393.05	5963.09	-570.04	动态无效	47.27	52.26	-5.00	消费率低于最优消费率
2013	6001.56	5410.65	590.91	动态有效	47.42	42.75	4.67	消费率高于最优消费率
2014	6764.67	6163.32	601.35	动态有效	47.43	43.21	4.22	消费率高于最优消费率
2015	7503.21	6919.75	583.46	动态有效	47.74	44.03	3.71	消费率高于最优消费率
2016	8444.45	7729.64	714.81	动态有效	47.60	43.57	4.03	消费率高于最优消费率

附表 23 1993～2016 年四川动态效率与最优消费率关系

年份	最终消费支出（亿元）	劳动收入（亿元）	总消费与劳动收入之差（亿元）	动态效率	最终消费率（%）	劳动收入占比（%）	差额占 GDP 比重（%）	现实消费率与最优消费率比较
1993	971.00	903.85	67.15	动态有效	65.34	60.82	4.52	消费率高于最优消费率
1994	1290.51	1207.72	82.79	动态有效	64.48	60.34	4.14	消费率高于最优消费率
1995	1580.62	1455.64	124.98	动态有效	63.10	58.11	4.99	消费率高于最优消费率
1996	1879.66	1721.88	157.78	动态有效	62.97	57.68	5.29	消费率高于最优消费率
1997	2065.60	1949.59	116.01	动态有效	62.21	58.72	3.49	消费率高于最优消费率
1998	2153.80	2081.45	72.35	动态有效	60.16	58.14	2.02	消费率高于最优消费率
1999	2247.20	2229.35	17.85	动态有效	60.55	60.06	0.48	消费率高于最优消费率
2000	2545.13	2385.67	159.46	动态有效	64.79	60.73	4.06	消费率高于最优消费率
2001	2778.76	2589.44	189.32	动态有效	64.72	60.31	4.41	消费率高于最优消费率
2002	3014.27	2887.38	126.89	动态有效	63.79	61.11	2.69	消费率高于最优消费率
2003	3330.47	3182.95	147.52	动态有效	62.45	59.68	2.77	消费率高于最优消费率
2004	3805.64	3312.63	493.01	动态有效	59.65	51.93	7.73	消费率高于最优消费率
2005	4267.69	3616.23	651.46	动态有效	57.79	48.97	8.82	消费率高于最优消费率
2006	4824.88	4182.87	642.01	动态有效	55.52	48.13	7.39	消费率高于最优消费率
2007	5671.56	5129.84	541.72	动态有效	53.70	48.57	5.13	消费率高于最优消费率
2008	6540.17	7160.24	-620.07	动态无效	51.90	56.82	-4.92	消费率低于最优消费率
2009	7212.50	7108.12	104.38	动态有效	50.97	50.23	0.74	消费率高于最优消费率
2010	8609.53	8493.82	115.71	动态有效	50.10	49.42	0.67	消费率高于最优消费率
2011	10424.40	9850.90	573.50	动态有效	49.58	46.85	2.73	消费率高于最优消费率
2012	11926.70	11064.60	862.10	动态有效	49.96	46.35	3.61	消费率高于最优消费率
2013	13223.08	11916.10	1306.98	动态有效	50.35	45.38	4.98	消费率高于最优消费率
2014	14529.94	13294.72	1235.22	动态有效	50.92	46.59	4.33	消费率高于最优消费率
2015	15774.96	15228.86	546.10	动态有效	52.49	50.67	1.82	消费率高于最优消费率
2016	17237.92	16614.12	623.80	动态有效	52.34	50.45	1.89	消费率高于最优消费率

附表 24　1993～2016 年贵州动态效率与最优消费率关系

年份	最终消费支出（亿元）	劳动收入（亿元）	总消费与劳动收入之差（亿元）	动态效率	最终消费率（%）	劳动收入占比（%）	差额占 GDP 比重（%）	现实消费率与最优消费率比较
1993	302. 10	263. 21	38. 89	动态有效	72. 61	63. 26	9. 35	消费率高于最优消费率
1994	388. 91	347. 05	41. 86	动态有效	74. 62	66. 59	8. 03	消费率高于最优消费率
1995	513. 46	433. 06	80. 40	动态有效	79. 20	66. 80	12. 40	消费率高于最优消费率
1996	595. 59	487. 16	108. 43	动态有效	81. 82	66. 92	14. 90	消费率高于最优消费率
1997	652. 57	538. 27	114. 30	动态有效	80. 69	66. 55	14. 13	消费率高于最优消费率
1998	685. 10	592. 46	92. 64	动态有效	78. 28	67. 69	10. 58	消费率高于最优消费率
1999	725. 77	640. 52	85. 25	动态有效	79. 59	70. 24	9. 35	消费率高于最优消费率
2000	920. 46	652. 76	267. 70	动态有效	89. 37	63. 38	25. 99	消费率高于最优消费率
2001	1000. 35	663. 42	336. 93	动态有效	88. 27	58. 54	29. 73	消费率高于最优消费率
2002	1085. 75	721. 47	364. 28	动态有效	87. 32	58. 02	29. 30	消费率高于最优消费率
2003	1169. 55	825. 75	343. 80	动态有效	82. 00	57. 89	24. 10	消费率高于最优消费率
2004	1367. 94	806. 70	561. 24	动态有效	81. 53	48. 08	33. 45	消费率高于最优消费率
2005	1640. 41	959. 60	680. 82	动态有效	81. 80	47. 85	33. 95	消费率高于最优消费率
2006	1854. 35	1260. 39	593. 96	动态有效	79. 28	53. 89	25. 39	消费率高于最优消费率
2007	2087. 54	1584. 50	503. 04	动态有效	72. 38	54. 94	17. 44	消费率高于最优消费率
2008	2354. 11	1970. 92	383. 19	动态有效	66. 10	55. 34	10. 76	消费率高于最优消费率
2009	2603. 31	2199. 72	403. 59	动态有效	66. 54	56. 22	10. 31	消费率高于最优消费率
2010	2931. 13	2566. 60	364. 53	动态有效	63. 69	55. 77	7. 92	消费率高于最优消费率
2011	3438. 71	3131. 57	307. 14	动态有效	60. 31	54. 92	5. 39	消费率高于最优消费率
2012	3950. 64	3833. 34	117. 30	动态有效	57. 66	55. 94	1. 71	消费率高于最优消费率
2013	4535. 82	4543. 30	- 7. 48	动态无效	56. 65	56. 74	- 0. 09	消费率低于最优消费率
2014	5288. 50	5272. 93	15. 57	动态无效	57. 07	56. 90	0. 17	消费率高于最优消费率
2015	5957. 73	6138. 08	- 180. 35	动态无效	56. 73	58. 44	- 1. 72	消费率低于最优消费率
2016	6745. 95	6873. 87	- 127. 92	动态无效	57. 28	58. 37	- 1. 09	消费率低于最优消费率

附表25 1993～2016年云南动态效率与最优消费率关系

年份	最终消费支出（亿元）	劳动收入（亿元）	总消费与劳动收入之差（亿元）	动态效率	最终消费率（%）	劳动收入占比（%）	差额占GDP比重（%）	现实消费率与最优消费率比较
1993	471.26	377.69	93.58	动态有效	60.48	48.47	12.01	消费率高于最优消费率
1994	570.45	452.99	117.46	动态有效	58.57	46.51	12.06	消费率高于最优消费率
1995	689.39	592.60	96.79	动态有效	57.13	49.11	8.02	消费率高于最优消费率
1996	858.69	753.96	104.73	动态有效	57.57	50.55	7.02	消费率高于最优消费率
1997	983.77	824.86	158.91	动态有效	59.83	50.17	9.66	消费率高于最优消费率
1998	1089.90	864.12	225.78	动态有效	60.76	48.17	12.59	消费率高于最优消费率
1999	1256.46	957.34	299.12	动态有效	67.71	51.59	16.12	消费率高于最优消费率
2000	1524.48	936.53	587.95	动态有效	75.80	46.57	29.23	消费率高于最优消费率
2001	1473.30	1050.06	423.24	动态有效	68.90	49.11	19.79	消费率高于最优消费率
2002	1581.97	1110.15	471.82	动态有效	68.40	48.00	20.40	消费率高于最优消费率
2003	1656.30	1242.70	413.60	动态有效	64.80	48.62	16.18	消费率高于最优消费率
2004	2042.43	1433.43	609.00	动态有效	66.27	46.51	19.76	消费率高于最优消费率
2005	2364.21	1719.74	644.47	动态有效	68.28	49.66	18.61	消费率高于最优消费率
2006	2659.07	1927.18	731.89	动态有效	66.67	48.32	18.35	消费率高于最优消费率
2007	2955.03	2394.48	560.55	动态有效	61.92	50.17	11.75	消费率高于最优消费率
2008	3410.47	2981.75	428.72	动态有效	59.92	52.38	7.53	消费率高于最优消费率
2009	3768.76	3211.11	557.65	动态有效	61.08	52.05	9.04	消费率高于最优消费率
2010	4332.64	3511.27	821.37	动态有效	59.97	48.60	11.37	消费率高于最优消费率
2011	5273.62	4484.91	788.71	动态有效	59.30	50.43	8.87	消费率高于最优消费率
2012	6306.75	5474.71	832.04	动态有效	61.17	53.10	8.07	消费率高于最优消费率
2013	7364.18	6293.40	1070.78	动态无效	62.83	53.69	9.14	消费率低于最优消费率
2014	8207.52	6760.20	1447.32	动态有效	64.05	52.75	11.29	消费率高于最优消费率
2015	8855.33	7167.22	1688.11	动态有效	65.02	52.63	12.40	消费率高于最优消费率
2016	9592.74	7984.16	1608.58	动态有效	64.87	53.99	10.88	消费率高于最优消费率

附表 26　1993～2016 年陕西动态效率与最优消费率关系

年份	最终消费支出（亿元）	劳动收入（亿元）	总消费与劳动收入之差（亿元）	动态效率	最终消费率（%）	劳动收入占比（%）	差额占 GDP 比重（%）	现实消费率与最优消费率比较
1993	442.73	422.85	19.88	动态有效	66.94	63.93	3.01	消费率高于最优消费率
1994	570.34	509.25	61.09	动态有效	69.84	62.36	7.48	消费率高于最优消费率
1995	673.42	658.70	14.72	动态有效	67.34	65.87	1.47	消费率高于最优消费率
1996	779.37	732.32	47.05	动态有效	66.28	62.28	4.00	消费率高于最优消费率
1997	884.58	799.65	84.93	动态有效	68.04	61.51	6.53	消费率高于最优消费率
1998	899.90	813.91	85.99	动态有效	65.14	58.91	6.22	消费率高于最优消费率
1999	903.79	841.22	62.57	动态有效	60.75	56.55	4.21	消费率高于最优消费率
2000	1042.94	1037.47	5.47	动态有效	57.81	57.51	0.30	消费率高于最优消费率
2001	1337.30	1131.89	205.41	动态有效	66.51	56.30	10.22	消费率高于最优消费率
2002	1475.50	1176.97	298.53	动态有效	65.48	52.23	13.25	消费率高于最优消费率
2003	1619.30	1241.25	378.05	动态有效	62.58	47.97	14.61	消费率高于最优消费率
2004	1827.70	1332.18	495.52	动态有效	57.55	41.95	15.60	消费率高于最优消费率
2005	2112.91	1705.48	407.43	动态有效	53.71	43.36	10.36	消费率高于最优消费率
2006	2389.24	1984.48	404.76	动态有效	50.37	41.83	8.53	消费率高于最优消费率
2007	2842.40	2279.87	562.54	动态有效	49.37	39.60	9.77	消费率高于最优消费率
2008	3461.00	3479.52	-18.52	动态无效	47.32	47.57	-0.25	消费率低于最优消费率
2009	3897.41	3876.06	21.35	动态有效	47.71	47.44	0.26	消费率高于最优消费率
2010	4640.10	4229.65	410.45	动态有效	45.84	41.78	4.05	消费率高于最优消费率
2011	5573.25	5157.24	416.01	动态有效	44.54	41.22	3.32	消费率高于最优消费率
2012	6387.07	5844.83	542.25	动态有效	44.19	40.44	3.75	消费率高于最优消费率
2013	7051.85	7096.68	-44.83	动态无效	43.95	44.23	-0.28	消费率低于最优消费率
2014	7816.10	7683.56	132.54	动态有效	44.18	43.43	0.75	消费率高于最优消费率
2015	8199.95	8111.63	88.32	动态有效	45.50	45.01	0.49	消费率高于最优消费率
2016	8790.91	8895.14	-104.23	动态无效	45.31	45.85	-0.54	消费率低于最优消费率

附表27 1993～2016年甘肃动态效率与最优消费率关系

年份	最终消费支出（亿元）	劳动收入（亿元）	总消费与劳动收入之差（亿元）	动态效率	最终消费率（%）	劳动收入占比（%）	差额占GDP比重（%）	现实消费率与最优消费率比较
1993	263.00	201.39	61.61	动态有效	70.65	54.10	16.55	消费率高于最优消费率
1994	319.11	244.02	75.09	动态有效	70.65	54.03	16.63	消费率高于最优消费率
1995	376.81	294.69	82.12	动态有效	68.10	53.26	14.84	消费率高于最优消费率
1996	485.42	416.78	68.64	动态有效	67.97	58.36	9.61	消费率高于最优消费率
1997	516.84	445.60	71.24	动态有效	66.15	57.03	9.12	消费率高于最优消费率
1998	528.10	496.24	31.86	动态有效	60.72	57.05	3.66	消费率高于最优消费率
1999	547.75	537.94	9.81	动态有效	58.83	57.78	1.05	消费率高于最优消费率
2000	635.71	662.22	-26.51	动态无效	60.38	62.90	-2.52	消费率低于最优消费率
2001	702.29	658.13	44.16	动态有效	62.41	58.48	3.92	消费率高于最优消费率
2002	770.54	696.34	74.20	动态有效	62.54	56.52	6.02	消费率高于最优消费率
2003	863.46	748.21	115.25	动态有效	61.68	53.45	8.23	消费率高于最优消费率
2004	1047.66	894.66	153.00	动态有效	62.05	52.99	9.06	消费率高于最优消费率
2005	1217.63	933.26	284.37	动态有效	62.96	48.26	14.70	消费率高于最优消费率
2006	1367.12	1107.90	259.22	动态有效	60.03	48.65	11.38	消费率高于最优消费率
2007	1593.89	1240.42	353.47	动态有效	58.95	45.87	13.07	消费率高于最优消费率
2008	1897.06	1760.27	136.79	动态无效	59.90	55.58	4.32	消费率高于最优消费率
2009	2127.01	1669.92	457.09	动态有效	62.79	49.30	13.49	消费率高于最优消费率
2010	2462.03	2253.24	208.79	动态有效	59.75	54.68	5.07	消费率高于最优消费率
2011	2967.02	2422.43	544.59	动态有效	59.10	48.25	10.85	消费率高于最优消费率
2012	3327.97	2760.30	567.67	动态有效	58.90	48.85	10.05	消费率高于最优消费率
2013	3682.89	3285.46	397.43	动态无效	58.76	52.42	6.34	消费率低于最优消费率
2014	4035.59	3509.47	526.12	动态有效	59.03	51.33	7.70	消费率高于最优消费率
2015	4374.19	3646.78	727.41	动态有效	64.42	53.71	10.71	消费率高于最优消费率
2016	4751.39	3882.97	868.42	动态有效	65.99	53.93	12.06	消费率高于最优消费率

附表 28　1993～2016 年青海动态效率与最优消费率关系

年份	最终消费支出（亿元）	劳动收入（亿元）	总消费与劳动收入之差（亿元）	动态效率	最终消费率（％）	劳动收入占比（％）	差额占 GDP 比重（％）	现实消费率与最优消费率比较
1993	72.80	65.71	7.09	动态有效	66.41	59.94	6.47	消费率高于最优消费率
1994	92.17	79.86	12.31	动态有效	66.67	57.77	8.90	消费率高于最优消费率
1995	112.24	95.00	17.24	动态有效	67.69	57.30	10.40	消费率高于最优消费率
1996	131.10	114.59	16.51	动态有效	69.86	61.06	8.80	消费率高于最优消费率
1997	132.67	125.93	6.74	动态有效	63.76	60.52	3.24	消费率高于最优消费率
1998	139.30	130.67	8.63	动态有效	62.08	58.23	3.84	消费率高于最优消费率
1999	151.45	140.91	10.54	动态有效	62.71	58.35	4.36	消费率高于最优消费率
2000	171.70	146.36	25.34	动态有效	65.12	55.51	9.61	消费率高于最优消费率
2001	202.88	164.61	38.27	动态有效	67.60	54.85	12.75	消费率高于最优消费率
2002	227.58	180.93	46.65	动态有效	66.81	53.11	13.70	消费率高于最优消费率
2003	257.75	199.24	58.51	动态有效	66.06	51.06	15.00	消费率高于最优消费率
2004	309.76	231.32	78.45	动态有效	66.46	49.63	16.83	消费率高于最优消费率
2005	360.72	271.46	89.26	动态有效	66.39	49.96	16.43	消费率高于最优消费率
2006	423.49	330.11	93.38	动态有效	65.30	50.90	14.40	消费率高于最优消费率
2007	509.45	426.23	83.22	动态有效	63.89	53.46	10.44	消费率高于最优消费率
2008	593.51	563.43	30.08	动态有效	58.27	55.31	2.95	消费率低于最优消费率
2009	616.51	610.77	5.74	动态有效	57.02	56.49	0.53	消费率高于最优消费率
2010	720.57	667.11	53.46	动态有效	53.36	49.40	3.96	消费率高于最优消费率
2011	859.75	793.93	65.82	动态有效	51.47	47.53	3.94	消费率高于最优消费率
2012	997.36	864.76	132.60	动态有效	52.67	45.67	7.00	消费率高于最优消费率
2013	1048.49	1004.93	43.56	动态有效	49.41	47.36	2.05	消费率低于最优消费率
2014	1154.40	1125.19	29.21	动态有效	50.12	48.85	1.27	消费率高于最优消费率
2015	1485.98	1181.46	304.52	动态有效	61.48	48.88	12.60	消费率高于最优消费率
2016	1676.44	1317.49	358.95	动态有效	65.17	51.21	13.95	消费率高于最优消费率

附表29 1993~2016年宁夏动态效率与最优消费率关系

年份	最终消费支出（亿元）	劳动收入（亿元）	总消费与劳动收入之差（亿元）	动态效率	最终消费率（%）	劳动收入占比（%）	差额占GDP比重（%）	现实消费率与最优消费率比较
1993	72.16	50.72	21.45	动态有效	69.24	48.66	20.58	消费率高于最优消费率
1994	95.17	71.97	23.20	动态有效	70.90	53.61	17.29	消费率高于最优消费率
1995	113.31	94.87	18.44	动态有效	66.75	55.89	10.86	消费率高于最优消费率
1996	124.59	111.16	13.43	动态有效	64.35	57.41	6.93	消费率高于最优消费率
1997	130.72	119.71	11.01	动态有效	61.98	56.76	5.22	消费率高于最优消费率
1998	141.50	132.86	8.64	动态有效	62.17	58.37	3.80	消费率高于最优消费率
1999	153.97	144.19	9.78	动态有效	63.76	59.71	4.05	消费率高于最优消费率
2000	193.89	159.02	34.87	动态有效	65.72	53.90	11.82	消费率低于最优消费率
2001	231.99	176.49	55.50	动态有效	68.75	52.30	16.45	消费率高于最优消费率
2002	260.38	197.87	62.51	动态有效	69.04	52.46	16.57	消费率高于最优消费率
2003	291.69	231.15	60.54	动态有效	65.50	51.90	13.59	消费率高于最优消费率
2004	338.66	273.15	65.51	动态有效	63.05	50.85	12.20	消费率高于最优消费率
2005	401.11	320.69	80.42	动态有效	65.48	52.35	13.13	消费率高于最优消费率
2006	460.41	391.92	68.49	动态有效	63.43	53.99	9.43	消费率高于最优消费率
2007	538.50	482.77	55.73	动态有效	58.59	52.53	6.06	消费率高于最优消费率
2008	652.95	677.74	-24.79	动态无效	54.24	56.29	-2.06	消费率低于最优消费率
2009	656.05	756.86	-100.81	动态无效	48.48	55.93	-7.45	消费率低于最优消费率
2010	824.91	967.42	-142.51	动态无效	48.82	57.26	-8.43	消费率低于最优消费率
2011	1020.18	1114.73	-94.55	动态无效	48.53	53.03	-4.50	消费率低于最优消费率
2012	1184.01	1208.39	-24.38	动态无效	50.57	51.61	-1.04	消费率低于最优消费率
2013	1340.08	1348.83	-8.75	动态无效	52.24	52.58	-0.34	消费率低于最优消费率
2014	1468.62	1480.49	-11.87	动态无效	53.36	53.79	-0.43	消费率低于最优消费率
2015	1719.65	1684.50	35.15	动态有效	59.06	57.85	1.21	消费率高于最优消费率
2016	1891.59	1745.25	146.34	动态有效	59.70	55.08	4.62	消费率高于最优消费率

附表 30　1993~2016 年新疆动态效率与优消费率关系

年份	最终消费支出（亿元）	劳动收入（亿元）	总消费与劳动收入之差（亿元）	动态效率	最终消费率（%）	劳动收入占比（%）	差额占 GDP 比重（%）	现实消费率与最优消费率比较
1993	300.75	281.81	18.94	动态有效	59.48	55.73	3.75	消费率高于最优消费率
1994	375.20	364.58	10.62	动态有效	55.69	54.12	1.58	消费率高于最优消费率
1995	497.56	474.73	22.83	动态有效	60.30	57.53	2.77	消费率高于最优消费率
1996	579.68	532.43	47.25	动态有效	63.55	58.37	5.18	消费率高于最优消费率
1997	640.26	615.24	25.02	动态有效	60.97	58.59	2.38	消费率高于最优消费率
1998	677.20	671.01	6.19	动态有效	60.64	60.09	0.55	消费率高于最优消费率
1999	745.20	681.14	64.06	动态有效	63.77	58.29	5.48	消费率高于最优消费率
2000	758.05	706.50	51.55	动态有效	55.59	51.81	3.78	消费率高于最优消费率
2001	854.60	823.76	30.84	动态有效	57.29	55.23	2.07	消费率高于最优消费率
2002	948.92	863.03	85.89	动态有效	58.84	53.52	5.33	消费率高于最优消费率
2003	1012.26	1024.17	-11.91	动态无效	53.66	54.29	-0.63	消费率低于最优消费率
2004	1125.12	1250.96	-125.84	动态无效	50.93	56.63	-5.70	消费率低于最优消费率
2005	1260.06	1328.90	-68.84	动态无效	48.39	51.03	-2.64	消费率低于最优消费率
2006	1453.37	1428.01	25.36	动态有效	47.73	46.89	0.83	消费率高于最优消费率
2007	1728.39	1645.14	83.25	动态有效	49.06	46.70	2.36	消费率高于最优消费率
2008	2068.55	2190.16	-121.61	动态无效	49.45	52.36	-2.91	消费率低于最优消费率
2009	2256.64	2445.84	-189.20	动态无效	52.76	57.19	-4.42	消费率低于最优消费率
2010	2893.86	2970.52	-76.66	动态无效	53.22	54.63	-1.41	消费率低于最优消费率
2011	3518.82	3512.28	6.54	动态有效	53.23	53.14	0.10	消费率高于最优消费率
2012	4262.51	4178.23	84.28	动态有效	56.79	55.67	1.12	消费率高于最优消费率
2013	4599.24	4809.67	-210.43	动态无效	55.01	57.53	-2.52	消费率低于最优消费率
2014	5024.50	5355.36	-330.86	动态无效	54.18	57.75	-3.57	消费率低于最优消费率
2015	5639.84	5774.08	-134.24	动态无效	60.48	61.92	-1.44	消费率低于最优消费率
2016	6155.26	6003.43	151.83	动态有效	63.79	62.21	1.57	消费率高于最优消费率

图书在版编目(CIP)数据

最优消费率与中国经济稳定增长研究 / 赵鑫铖著
. -- 北京:社会科学文献出版社,2019.4
(云南省哲学社会科学创新团队成果文库)
ISBN 978 - 7 - 5201 - 4290 - 8

Ⅰ.①最… Ⅱ.①赵… Ⅲ.①消费 - 关系 - 经济增长
- 研究 - 中国 Ⅳ.①F126.1 ②F124.1

中国版本图书馆 CIP 数据核字(2019)第 028248 号

· 云南省哲学社会科学创新团队成果文库 ·
最优消费率与中国经济稳定增长研究

著 者 /	赵鑫铖
出 版 人 /	谢寿光
责任编辑 /	袁卫华
出 版 /	社会科学文献出版社 · 人文分社 (010) 59367215
	地址:北京市北三环中路甲 29 号院华龙大厦 邮编:100029
	网址:www. ssap. com. cn
发 行 /	市场营销中心 (010) 59367081 59367083
印 装 /	三河市东方印刷有限公司
规 格 /	开 本:787mm × 1092mm 1/16
	印 张:19 字 数:300 千字
版 次 /	2019 年 4 月第 1 版 2019 年 4 月第 1 次印刷
书 号 /	ISBN 978 - 7 - 5201 - 4290 - 8
定 价 /	128.00 元

本书如有印装质量问题,请与读者服务中心 (010 - 59367028) 联系